中国翻译协会"2021'傅雷'青年翻译人才发展计划"项目

"中法航海术语双语词典开发与出版"最终成果

简明法汉航海词汇手册

Lexique maritime français-chinois

主编 柴元元

上海交通大学出版社
SHANGHAI JIAO TONG UNIVERSITY PRESS

内容提要

在"海洋强国"的战略指导下,本词汇手册致力于为中法、中非航海事业提供语言支撑,为航海及法语从业人员提供语言帮助。通过该类词汇手册的编辑出版,在填补国内外中法航海词汇领域语言资源空白的基础上,丰富我国海事语言资源建设。本书内容包括"前言、体例说明、正文",主要涵盖"船舶、港口、航海"三方面词汇,兼收机械、数学、计算机、海洋、商贸、渔业等词汇。本书适合航海专业学生及从业人员、法语学习者及社会人员、词典学者及研究人员等使用。

图书在版编目(CIP)数据

简明法汉航海词汇手册/柴元元主编. —上海:
上海交通大学出版社,2024.7
ISBN 978-7-313-29948-2

Ⅰ.①简… Ⅱ.①柴… Ⅲ.①航海—词汇—手册—法、汉 Ⅳ.①U675-61

中国国家版本馆 CIP 数据核字(2023)第 228104 号

简明法汉航海词汇手册
JIANMING FAHAN HANGHAI CIHUI SHOUCE

主　　编:柴元元
出版发行:上海交通大学出版社　　　　　地　　址:上海市番禺路 951 号
邮政编码:200030　　　　　　　　　　　电　　话:021-64071208
印　　制:上海万卷印刷股份有限公司　　经　　销:全国新华书店
开　　本:880 mm×1230 mm　1/32　　　印　　张:6.875
字　　数:296 千字
版　　次:2024 年 7 月第 1 版　　　　　　印　　次:2024 年 7 月第 1 次印刷
书　　号:ISBN 978-7-313-29948-2
定　　价:68.00 元

鸣　谢

中国翻译协会、上海市浦东新区文化体育和旅游局、上海市浦东新区周浦镇人民政府、上海浦东傅雷文化发展专项基金、《中国翻译》杂志、上海傅雷图书馆

前　　言

在中国"海洋强国"国家战略、共建"21 世纪海上丝绸之路"的背景指导下,推动航海类语言资源的建设具有重要意义。法国作为一个航海大国,三面临海,海岸线绵长,其海上运输事业在历史上曾发挥重要的作用。由于殖民历史,非洲有 21 个国家将法语作为官方语言,5 个国家将法语作为通用语。此外,法国作为欧盟的重要成员国,中法两国的经贸合作具有牢固的基础和广阔的前景。

在国际航运、贸易、管理及外交等领域,联合国国际海事组织(International Maritime Organization , IMO)颁布的《海事培训、颁证及值班国际法》从法律意义上把英语明确为国际海事领域的"通用语"(lingua franca)。在我国,航海类双语词典主要为英汉词典,如《英汉航海轮机词典》(金永兴,2002)、《英汉航海大词典》(王建平,2004)等。这些词典大量收录了航海技术、轮机工程、港口工程、海事法、水运管理等方面的英汉词条,为从事航运及相关工作人员和航海研究者们提供了极为重要的参考及语言服务。尽管英语作为国际海事领域的"通用语",但其他国家现存有各种版本的多语种航海词典,如法国现有 *DICTIONNAIRE MARITIME QUADRILINGUE. Français-anglais-espagnol-italien*(Jean-Luc Garnier,1996)、*Dictionnaire illustré des termes marins en 9 langues*(Vanessa Bird,2014)。然而目前,国内未见正式出版的中法对照的航海词典,关于中法航海类语言资源稀缺。

为丰富和拓展我国海事语言资源的建设,本词汇手册中收录了围绕"船舶、港口、航海"主题的相关词汇,"船舶"主题相关的词条包涵船舶的类型、结构、机械、原理等,"港口"主题相关的词条包涵港口的结构、操作、业务等,"航海"主题的词条包括航海指令、术语、海洋、商贸等。该手册主要适合航海专业学生及从业人员、法语学习者及社会人员、词典学者及研究人员等使用。通过对中法航海词汇的汇编,本书致力于为中法航海事业的交流合作提供语言支撑,拓展和深化语言对服务国家战略和行业需求的适用性,以多种语言来建构和传播中国"海洋强国、海上丝绸之路"话语概念,从而为我国的国际海洋合作、海事外交及国际海事管理领域获得有效话语权等问题提供有力支持。

本书是中国翻译协会"2021'傅雷'青年翻译人才发展计划"项目"中法航海术语双语词典开发与出版"的最终成果。在此要特别感谢中国翻译协会的工作人员、专家和领导们在项目申报评估过程中给予的指导和协助;感谢上海海事大学尤其是外国语学院的领导与老师们的支持与帮助;感谢上海交通大学出版社的编辑老师们在图书编辑校对等过程的付出和指导;感谢我的家人和朋友们在手册编写过程中给予我的理解与鼓励。

由于时间仓促及笔者水平有限,书中错漏之处在所难免,还望广大热心读者及专家们批评指正,不吝赐教。

体 例 说 明

1. 词条的收录

词条围绕"船舶、港口、航海"主题,具有专门意义的法语单词、词组或缩略语作为一个词条收录在本手册中。"船舶"主题相关的词条包涵船舶的类型、结构、机械、原理等,"港口"主题相关的词条包涵港口的结构、操作、业务等,"航海"主题的词条包括航海指令、术语、海洋、商贸等。

2. 词条的排列和格式

● 全部词条按法文字母顺序排列,排序的原则为:以字母起首的词条在后,按首字母 A-Z 排序。在排序中,连字符"-"不计,也就是说,利用"-"连接起来的词作为一个词对待。

● 词条包括中心词条和以中心词条为首个单词所构成的词组词条:中心词条的主要构成部分包括词目、词性和释义,词组词条的主要构成包括词目和释义。在词组词条,中心词目利用"~"代替,如:

> acquit　*n.m.* 收据
>
> 　～ à caution　免税转运单
>
> 　～ de libre transit　海关结关,海关出关许可证
>
> 　～ de douane　免税过境单

3. 词条体例

● 词目均不采用音标注音。

● 词目中需要使用缩写的,其缩写形式在完整词组后的小括号

内注明。

- 中心词目的词性以缩略形式注明,词组词条中不注词性。词性按语法范畴用法语缩略形式标注,本手册使用的词性缩略形式主要有: *n.*(名词)、*n.m.*(阳性名词)、*n.f.*(阴性名词)、*pl.*(复数)、*v.i.*(不及物动词)、*v.t.*(及物动词)、*adj.*(形容词)、*adj.inv.*(不变形容词)、*adv.*(副词)、*prép.*(介词)、*art.*(冠词)、*art.contr.*(缩合冠词)、*loc.*(短语)。

- 逗号",",用于区分单个单词的阴阳性,如"flottant, e";也用于分隔相近的释义,如"靠岸,着陆"。

- 分号";"用于分隔含义较远的释义,如"冰;破冰船"。

- 顿号"、"用于分隔中文释义中同类的并列的事物,如"(燃料、淡水、伙食等的)供应"。

- 感叹号"!"用于法语词目中航海的指令性术语后,如"à bâbord!"。

- 小括号"( )"用于补充词目中词组的缩写形式,如"coût assurance fret(CAF)";或在词目和释义中用于增加限定或补充说明内容,如"(两船)碰撞";或在释义中用于表示航海中的指令性术语,如"左舵(令)";或标明介词词条词性,如"à(介词)表示方向、位置、方式等"。

- 方括号"[ ]"用于表示中文释义中同义的事物,如"流速[表、计]";或用于标示中文释义中的地域,如"巴拿马运河[拉丁美洲]"

- 鱼尾号"【 】"用于标注释义某些词目所属的类别,如"【航海】短索"。

目　录

A	1	N	115
B	18	O	122
C	36	P	125
D	63	Q	159
E	71	R	162
F	83	S	175
G	90	T	185
H	93	U	197
I	96	V	198
J	98	W	205
L	99	Y	206
M	105	Z	207

A

à *prép.* （介词）表示方向、位置、方式等
- ~ bâbord! 左舵(令)
- ~ bord 在船上
- ~ courte distance 近距离；非常接近
- ~ grande distance 保持安全距离；远离
- ~ l'ancre en pleine côte 沿岸锚泊
- ~ l'avant 船艏的；向前的，前面的
- ~ l'œil nu 直观地，目视地
- ~ pic 立锚

abandon *n.m.* 放弃
- ~ d'ancre 弃锚
- ~ de navire 弃船

abordage *n.m.* （两船）碰撞；靠岸，登陆

about *n.m.* 接头，连接端
- ~ fileté 螺纹接头
- ~ recouvert 搭接
- ~ trou 连接孔

accalmie *n.f.* （暴风中出现的）暂时平静，息静

accélération *n.f.* 加速度

accès *n.m.* 入口；通道；存取
- ~ à distance 远端存储；远程访问
- ~ à la cale 货舱入口
- ~ à l'internet 上网
- ~ au port 进港
- ~ au riseau 入网
- ~ direct 直接访问；直接存储
- ~ hors-bande 带外访问；频外存储
- ~ interdit 禁止进入

accessibilité *n.f.* 方便性，可达性

accessoire *n.m.* 附件，配件

acconage *n.m.* 驳运

accorage *n.m.* 支撑

accord *n.m.* 协定，协议书；同意，一致
- ~ cadre 框架协议
- ~ d'agence 代理合同，代理协议
- ~ de commerce multilatéral 多边贸易协定
- ~ de conférence 协会共识
- ~ de normalisation et de spécialisation 标准化和专业化协定
- ~ formel 正式批准
- ~ supplémentaire 附加协定
- ~ tacite 默认
- ~ tripartite（entre le fournisseur, le bailleur, et le preneur）（供应商、出租人、承租人之间的）三方协定

accostage *n.m.* 泊岸，靠岸
- ~ latéral 侧靠
- ~ longitudinal 并靠，靠码头
- ~ par l'arrière 靠泊尾船

accoster *v.t.* 泊岸，靠岸
- ~ le quai 靠码头
- ~ le quai un navire （船）并靠

accouplement *n.m.* 连接器，联轴

accumulateur *n.m.* 蓄电池；储压器

A

~ acide 酸性蓄电池

alcalin 碱性蓄电池

~ d'anode 阳极蓄电池

~ de chauffage 灯丝蓄电池

~ du type amorçable 触发式蓄电池

~ pneumatique 气压蓄电池

~ portatif 便携式蓄电池

~ servocommande 伺服控制蓄电池

~ à grillage 栅状极板式蓄电池

~ à piston 活塞蓄电池

~ épuisé 乏蓄电池

~ additionneur 加法累加器

achat *n.m.* 购置

acheminement *n.m.* 前进;发送

achèvement *n.m.* 完成

acier *n.m.* 钢

~ au nickel 镍钢

acquit *n.m.* 收据

~ à caution 免税转运单

~ de douane 结关,海关放行,海关出许可证

~ de libre transit 免税过境单

actif *n.m.* 资产,资金

action *n.f.* 作用;进程,行动过程

~ de gelée 冰冻作用

~ des vagues 波浪作用

~ du vent 风力作用

activité *n.f.* 活动;能动性;作用

~ de stockage 存储容量

~ d'emmagasinage 存储容量

~ de signal 信号活动

administration *n.f.* 管理,经营;行政部门

~ de la douane 海关官员

~ de la marine 海军管理局,领航站

~ des côtes 海岸管理局

~ portuaire 港务局

~ publique 国家行政机关

aération *n.f.* 通气,换气,气泡影响

aéroglisseur *n.m.* 气垫船;气垫车;气垫工具

~ à jupe souple 全浮式气垫船

~ à jupes rigides 刚性围裙气垫船

~ à parois latérales 侧壁式气垫船

~ à passagers 气垫客船

~ à sustentation aérostatique 空气静升力气垫船

~ amphibie 两栖气垫船

~ anti sous marine 反潜气垫船

~ brise-glace 气垫破冰船

~ guidé 指导气垫船

~ lance missiles 导弹气垫船

~ lance torpilles 鱼雷气垫船

~ marin 气垫船

~ terrestre 气垫车

affaire *n.f.* 事,事务,交易

~ à terme 定期送达业务

~ maritime 海事

affrètement *n.m.* 租船,租船契约

~ à forfait 包船,包租

~ à terme 期租,船舶定期租赁

~ au voyage 航程租船契约

~ coque nue 光船契约,空船租赁

~ de navire nu 光船租赁

affréteur *n.m.* 租船者,承租人

~ armateur 租船船主

agate *n.f.* 玛瑙

âge *n.m.* 年龄;时期

~ de la flotte mondiale 世界船队船龄

~ du navire 船龄

agence *n.f.* 代理,代办处,代理公司

~ de vente 代销社

~ de voyages 旅行社

~ du tourisme 旅行社

~ exclusive 独家代理

~ maritime 海运代理
~ propre 我方代理
agent *n. m.* 代理人,代理商,经纪人;作用剂,媒介物
~ de brevets 专利代理人
~ commercial 商务代办,代理商行
~ d'assurance 保险代理商
~ d'amateurs 船主代理人
~ d'assurance salarié 代薪保险代理
~ d'avarie 海损代理人
~ de change 经纪人
~ de commande 订货代理人
~ de fret 租船代理人
~ de ligne 班轮,班船
~ de maîtrise 值班长,工长
~ de manœuvre 调度员
~ de police 警察
~ de règlement 理赔代理人
~ de réservation 装货代理,定舱经济
~ de transport maritime 海运代理人
~ de vente 代销人
~ de voyage 旅行代理人
~ dédié 指定代理人
~ d'usine 厂家货代
~ fiscal 税务代理人
~ général 总代理
~ immobilier 不动产代理人
~ légal 法人
~ maritime 海运代理人
~ occasionnel 临时代理
~ provocateur 诱发因素,诱因
~ réceptionnaire 验收人
~ sous-traitant 分包代理商
~ transitaire 过境代理人
~ d'usine 厂家代理

aide *n.f.* 帮助,支持
~ à la navigation 助航设备,航标
~ à la recherche 搜索引擎
~ à l'opérateur 助理操纵员
~ au dépannage 维修指南
~ budgétaire 财政补贴
~ désintéressée 无私援助
~ économique 经济援助
~ électronique 电子设备
~ filitre 助滤剂
~ financière 资金援助
~ financière de l'état 政府财政
~ mémoire 备忘录
~ opérateur 操作员指南
~ ouvrier 辅助技工
~ pilote 副驾驶员
~ technique 技术援助
aiglefin *n.m.* 黑线鳕
aiguille *n.f.* 针;指针;记录针
~ aimantée 磁针
~ de boussole 罗盘指针
~ de compas 罗盘指针
~ de minutes 分针
~ d'enregistrement 记录笔
~ des secondes 秒针
~ d'inclinaison 磁偏计
~ d'inscription 记录笔
~ en acier 钢针
~ fine 毫针
~ indicatrice 指针
~ magnétique 磁针
aiguillot *n.m.* 船栓,船销
~ à tête 锁紧舵销
~ de talon 底舵销
~ inférieur 底舵销
aile *n.f.* 翅膀;翼,机翼
~ avant 前挡泥板
~ bordière 向斜翼
~ portante avant 船首水翼

aileron *n.m.* 增加舵效板；尾轴鳍

ailette *n.f.* 翼形螺钉，散热片

aimant *n.m.* 磁铁，磁体
- ~ compensateur 自差校正磁铁
- ~ correcteur 校正磁铁
- ~ déclencheur 解锁电磁铁
- ~ de détente 解锁电磁铁
- ~ naturel 磁石
- ~ amortisseur 阻尼磁铁
- ~ d'embrayage 耦合电磁铁
- ~ de Ceylan 电石，磁石
- ~ de levage 电磁吸盘
- ~ de perforation 步进磁铁
- ~ de retenue 吸持磁铁
- ~ de réenclenchement 复位磁铁
- ~ de soufflage 吹弧磁铁
- ~ droit 磁棒
- ~ en fer à checal 马蹄形磁铁
- ~ frein 制动磁铁
- ~ mobile 动磁铁，动磁
- ~ permanent 永久磁铁
- ~ solénoïdal 螺旋管磁铁
- ~ à lames 叠片磁铁
- ~ de l'aimant 电磁衔铁

air *n.m.* 大气；空间
- ~ air 空对空的
- ~ bag 气囊
- ~ car 气垫汽车
- ~ comprimé 压缩空气
- ~ courant 潮气
- ~ entraîné 夹带空气，掺气；气窝
- ~ frais 新鲜空气
- ~ libre 露天
- ~ lift （水井的）风动升降器
- ~ neuf 新鲜空气
- ~ primaire 一次送风
- ~ profondeurs marines 空对潜
- ~ sol 空中地面
- ~ terre 空中地面

aire *n.f.* 空地，平地；面积；风向方位
- à contenours 集装箱场
- ~ battue 探明地区
- ~ de lancement 发射场，发射台
- ~ de ralentissement 减速区
- ~ de stationnement 停机坪
- ~ de stockage 货场，贮存场
- ~ de surélévation 隆起地区
- ~ de transition 过渡带
- ~ de triage 铁路货运编组站
- ~ d'effondrement 断裂带
- ~ d'extension 沉积分布区
- ~ du domaine 域面积
- ~ épicentrale 震中范围
- ~ explorée 探明地区
- ~ latérale 侧面积
- ~ nulle 零面积
- ~ superficielle 表面积
- ~ unitaire 单位面积
- ~ variable 变面积

ajusteur *n.m.* 校准仪，调节装置；装配工
- ~ de quantité 数量调节器

alarme *n.f.* 警报，报警器

alésage *n.m.* 孔，铰孔，镗孔

alidade *n.f.* 指标杆，游标
- ~ à lunettes 平板仪
- ~ à pinnule 带瞄准器的方位针
- ~ de relèvement 方位仪
- ~ du sextant 六分仪游标盘
- ~ horizontale 横棒；平板仪

alimentation *n.f.* 供给
- ~ d'eau 供水
- ~ en eau 供水
- ~ électrique 供电
- ~ en combustible 燃料供给
- ~ en huile 供油

allège *n.f.* 驳船，平底船

aller *v.i.* 去

n.m. 去,去程
- ~ en câle sèche 进干坞,坞修;入丁船坞,进坞
- ~ -retour 往返

allocation *n.f.* 分配
- ~ de la marchandise 货物配载
- ~ de mémoire 配置(地址分配、定位置、规定)

allumage *n.m.* 点火,点燃

almanach *n.m.* 天文年历
- ~ nautique 航海天文历

alourdi, e *adj.* 受力的,已加载荷的

alternateur *n.m.* 交流发电机
- ~ à fer tournant 旋磁发电机,感应子发电机
- ~ asynchrone 异步发电机
- ~ auto excitateur 自励交流发电机
- ~ biphasé 双相发电机
- ~ flux alterné 旋磁发电机,感应子发电机
- ~ hétéropolaire 异极发电机
- ~ homopolaire 单极发电机
- ~ musical 音频发电机

alterne *adj.* 交替的,交互的

amarre *n.f.* 缆绳

amarrer *v.t.* 系泊,停泊;系住(缆绳)
- ~ de hanche 尾缆
- ~ de mine 水雷系缆
- ~ de tonnage 拖缆
- ~ d'embelle 船中系缆
- ~ en acier 钢系缆

amarrage *n.m.* 停泊;拴紧;缆绳
- ~ sur point fixe unique 单点系泊

ambre *n.m.* 琥珀
  adj. 琥珀色的,淡黄色
- ~ blanc 鲸蜡
- ~ gris 龙涎香
- ~ jaune 琥珀

âme *n.f.* 电缆芯;夹层
- ~ de cordage 缆绳心线

amer *n.m.* 陆标,地界标
- ~ arrière 尾导标
- ~ côtier 陆标
- ~ de mer 航标
- ~ de terre 地界标,地面标记
- ~ d'été 夏季陆标
- ~ flottant 浮动陆标
- ~ radar 雷达新标
- ~ situé à terre 助航陆标

amorçage *n.m.* 触发,点火

amortissement *n.m.* 减弱

amortisseur *n.m.* 缓冲器,减震器

amplificateur *n.m.* 放大器,扩音器

amplitude *n.f.* 振幅,幅度
- ~ d'oscillation 摆幅
- ~ angulaire 角振幅
- ~ crête à crête 交变应力范围
- ~ d'onde 波幅
- ~ de contrainte oscillante 应力幅
- ~ de diffusion atomique 原子散射振幅
- ~ de déformation de cisaille 剪切变形振幅
- ~ de déphasage 相位移动振幅
- ~ de déviation 偏移振幅
- ~ de houle 浪高
- ~ de l'embardée 船首偏航幅度
- ~ de la marée 潮差
- ~ de pression 最大声压
- ~ de vive eau 大潮潮差
- ~ décroissante 递减振幅
- ~ en morte eau 小潮潮差
- ~ en vive eau 朔望潮差
- ~ harmonique 简谐振幅
- ~ instantanée 瞬时振幅
- ~ réelle 真振幅

ampoule *n.f.* 球形物;灯泡

A

~ Edison　螺口灯泡
~ compte gouttes　滴管
~ de phare　信标灯
~ injectable　针剂
~ métallisée　泛光灯
~ pour injection　注射剂
~ électro ionique　离子管

ampoulette *n.f.*　小漏斗;计时沙漏

anchois *n.m.*　凤尾鱼,鳀鱼

ancrage *n.m.*　抛锚;锚地;锚泊费, 停泊税;锚定件
~ de noyau　型芯固紧
~ dynamique　动力定位
~ interdit　禁止抛锚
~ statique　抛锚停泊

ancre *n.f.*　锚,锚定物
~ à déjaler　活动横杆锚
~ à demeure　系船锚
~ à deux pattes　双爪锚
~ à glace　冰锚
~ à jas　有杆锚
~ à jet　多爪锚,小艇锚
~ à long pic　长爪锚
~ à pattes articulées　铰接爪锚
~ Ansaldo　海军无杆锚,安索多 式锚
~ arrière　尾锚
~ articulée　折爪锚
~ articulée sans jas　铰接无杆锚
~ BAAS　短爪球头杆锚,巴斯 式锚
~ Baldt　波尔特锚,球端锚
~ borgne　单爪锚
~ d'affourche　抛八字锚
~ de bâbord　左舷锚
~ de ballon　球锚
~ de bossoir　主锚
~ de bouée　浮筒锚
~ de cape　十字架锚

~ de croupiat　船尾锚,大流锚
~ de dérive　浮锚
~ de détroit　中锚
~ de flot　涨潮锚
~ de grand panneau　备用锚
~ de jussant　退潮锚
~ de l'amirauté anglaise　英式海 军锚
~ de poste　主锚
~ de poupe　尾锚
~ de terre　地锚
~ d'empennelage　小锚
~ dérapante　拖锚
~ d'étrave　船首锚
~ du côté du vent　抗风锚
~ du large　海锚
~ flottante　浮锚
~ flottante de fortune　应急浮锚
~ grappin　四爪锚
~ maîtresse　主锚
~ multisoc　多犁刃锚
~ parasoc　防钩锚
~ pliante　折爪锚
~ principale　主锚
~ Stimson　深水锚

angle *n.m.*　角
~ aigu　锐角
~ alterne externe　外错角
~ alternes　错角
~ antérieur de côtes　肋前角
~ au centre　圆心角
~ au sommet　顶角,锥角
~ cironférence　周角
~ complémentaire　余角
~ compris　夹角
~ conicité　锥度角
~ correspondant　同位角
~ d'aberration　光行差角,像差角
~ d'acuité　锐角

~ d'admission　入射角

~ d'altitude　仰角,射角

~ d'amortissement　衰减角

~ d'anticapotage　防倒立角

~ d'appui de courroie　包角

~ d'attaque　攻角,迎角

~ d'attaque de rotor　旋翼迎角

~ d'attaque des pales　桨叶迎角

~ d'atterrissage　着陆角

~ d'attque de chasseur　歼击机投影角

~ d'aube　叶片安装角

~ d'avance à l'allumage　点火提前角

~ d'avance à l'injection　喷射提前角

~ d'azimut　方位角

~ de 360°　周角

~ de basculement　倾斜角

~ de basculement de la benne　翻斗倾斜角

~ de basculement du fond de caisse　车厢底板倾斜角

~ de braquage　偏转角,转向角

~ de cabrage　上仰角

~ de calage de balais　电刷偏移角

~ de calage des manetons　曲柄销夹角

~ de came　凸轮角

~ de chambre antérieure　前房角

~ de champ　视野角

~ de chanfrein　坡口角度

~ de cisaillement　剪切角

~ de cône　锥角

~ de cône complémentaire externe　背锥角

~ de conicité　斜角

~ de contact　包角

~ de contingence　邻接角

~ de coupe latéral d'outils　侧前角

~ de coupe normal d'outil　法向前角

~ de coupe orthogonal d'outil　刀具主前角

~ de coupe orthogonal en travail　工作主前角

~ de coupe vers arrière d'outil　轴向前角

~ de chavirement statique　静态倾覆角

~ de gîte permanente　平衡倾角（正浮力矩与倾侧力矩相等时的倾角）

~ de décalage　滞后角

~ de décalage en avance　超前角

~ de décollement　气流分离角

~ de dégagement négatif　负前角

~ de dégagement positif　正前角

~ de denture　轮齿收缩角

~ de dépôt　熔敷角

~ de dépouille　后角

~ de dérapage　侧滑角

~ de dérivation　偏流角

~ de déviation　斜视角

~ de direction auxiliaire d'outil　端面切削角

~ de direction complémentaire d'outil　刀具超前角

~ de direction d'arête d'outil　主偏角

~ de direction d'arête en travail　工作主偏角

~ de direction d'avance　进给运动角

~ de direction résultante de coupe　合成切削速度角

~ de divergence des vagues　散波角

~ de filet　牙型角

A

~ de frottement　摩擦角
~ de fusée　环向节倾角
~ de garde　防倒立角
~ de giration　旋转角
~ de l'enrayage　楔角
~ de l'obstacle　碰撞角
~ de manivelle　曲柄角
~ de pente　坡度
~ de phase　相角
~ de piquage　俯冲角
~ de pointe　顶角
~ de pointe d'outil　刀尖角
~ de présentation　相遇角
~ de prise de vue　航摄测量角
~ de projection　射角
~ de quadrant　象限角
~ de recouvrement　重叠角
~ de redan　断级角
~ de réflexion　反射角
~ de réfraction　折射角
~ de rencontre　遭遇角
~ de retard　滞后角
~ de retard à l'allumage　点火延迟角
~ de rotation　角位移
~ de rotation de la section　截面转角
~ de roulis　横摇角
~ de route　航线角, 方向角, 航向角
~ de route magnétique　磁航向角
~ de Russel　罗素角
~ de safran　舵叶角
~ de segment circulaire　弓形角
~ de site　仰角
~ de stratification　地层倾角
~ de tangage　俯仰角
~ de tatus　倾斜角
~ de torsion　扭转角

~ de tranchant　楔角
~ de transit　飞越角
~ de vecteur　向量角
~ de vertex　顶角
~ de vision　视角
~ de zénith　天顶角
~ decrochage　气流分离角
~ d'effleurement　掠射角
~ d'élévation　仰角
~ d'embardée　偏航角,漂航角
~ d'émergence　出射角
~ d'empiétement　重叠角
~ d'entassement　堆放角度
~ des axes　轴交角
~ d'évolution　行进角
~ d'extrusion de matrice　凹模锥角
~ dièdre　二面角
~ d'impact　相遇角
~ d'inadaptation　失配角
~ d'incidence　入射角
~ d'incidence carrossage　车轮外倾角
~ d'inclinaison　倾斜角
~ d'inclinaison d'arête d'outil　刀倾角
~ d'inclinaison de la benne　自卸车厢倾角
~ d'inclinaison d'hélice　螺旋角
~ d'insertion de l'aiguille　针刺角度
~ d'interception　截击机,交角,相交角
~ d'orbite　轨道倾斜角
~ d'orientation　定向角
~ d'oscillation　摆角
~ d'outil　刀刃角
~ d'ouverture　坡口角度
~ d'ouverture de la porte　车门开

启角

~ droit　直角

~ du cône primitif de pignon　齿轮节锥角

~ du parallélisme　平行角

~ en retard　滞后角

~ étroit　狭角

~ extérieur　外角

~ externe　外角

~ inférieur　劣角,凸角

~ inscrit　圆周角

~ intérieur　内角

~ interne　内角

~ miltiple　倍角

~ mort　阴影扇形区

~ normal　法角

~ oblique　斜角

~ obus　钝角

~ optique　视角

~ ouvert　宽角

~ parallactique　视差角

~ plat　平角

~ réflexe　反射角

~ rentrant　优角,凹角

~ rotation　旋转角

~ saillant　劣角,凸角

~ sortant　外角

~ sphérique　球面角

~ strabisme　斜视角

~ subsidiaire　辅助角

~ supérieur　优角,凹角

~ supplémentaire　补角

~ taillant　楔角

~ tétraédral　四面[体的]角

~ trièdre　三面角

~ vif　锐角

~ viseul　视角

~ zénithal　顶角,天顶角

~s adjacents　邻角

~s alternes　交错角

~s alternes internes　内错角

~s homologues　对应角

~s opposés　对顶角,对角

~s opposés au somment　对顶角

~s opposés par le sommet　对顶角

anneau *n.m.*　环,环状物

~ affin　仿射环

~ brisé　开口环

~ chaîne　环链

~ collecteur　汇流环,滑环

~ commutatif　交换环

~ compensateur　均压环

~ d'alimentation　给水环

~ d'amarrage　导缆孔,系索环

~ d'amarrage au sol　系留环

~ d'ancre　锚环

~ dansant　浮动环

~ d'arrêt　锁环,锁圈

~ de bandage　转子护环

~ de blocage　限动环

~ de buté　锁紧环

~ de consolidation　密封环

~ de cordage　导缆环

~ de cuvelage　支撑环

~ de déphasage　相位保护环

~ de feutre　毡圈

~ de fixation　轮胎锁圈

~ de freinage　制动环

~ de garde　保护环

~ de garniture　装饰环,填密环

~ de graisse　润滑油环

~ de joint　密封环

~ de levage　吊环

~ de maintien　法兰环

~ de nickel　镍环

~ de poussée　推力环

~ de prise de courant　集电环

~ de protection　防护圈

~ de protection d'enregistrement 禁写环

~ de remorque 牵引环

~ de retenu 限动环

~ de retenu d'huile 挡油环, 封油圈

~ de serrage 固定环, 紧箍

~ de verrouillage 轮胎锁圈

~ d'écartement 隔环

~ dégivreur 防冰环(螺旋桨)

~ d'émeri 砂轮

~ d'étanchéité 密封环

~ d'étanchéité entre cuve et piscine 压力壳环

~ d'inhibition d'écriture 禁写环

~ diviseur 刻度环

~ d'orthodontie 带环

~ en caoutchouc 橡皮环, 胶圈

~ en cuir embouti 皮圈

~ équipotentiel 均压环

~ fendu 拼合环

~ fibreux 纤维环

~ fixe 固定环, 紧箍

~ glissant 滑环

~ horizontal 水平拱环

~ joint 接合环

~ joint d'arbre 角密封圈

~ métallique 金属环

~ obturateur 止动环

~ plat 平面环

~ pour aviron 桨索耳

~ régulier 正则环

~ tournant 旋转环

~x de transmission d'huile 供油环

anode *n.f.* 阳极, 负极

antenne *n.f.* 天线；触角

anti-clapotis *n.m.* 抗干扰, 抗杂波干扰

anti-collision *n.f.* 避碰, 防撞

apiquer *v.t.* 【航海】把(桁的一端)吊高

apparaux *n.m.pl.* 船具, 船上设备

~ à embarquer 装载设备

~ d'amarrage 系泊设备

~ de levage 起重设备

~ de manœuvre 操船设备

~ de mouillage 锚泊设备

~ de signalisation 信号设备

~ des ancres 锚泊设备

appareil *n.m.* 仪器, 装置, 设备

~ à aiguille 指针式仪表

~ à bâton 路签机

~ à cadran 指针式仪器

~ à cadre mobile 动圈式仪器

~ à cintrer les rails 弯轨机

~ à collimation fine 精细准直仪

~ à contacts 触点式仪表

~ à contrôler le pointage 瞄准校准仪

~ à couteau 切缝机

~ à criblage 筛选机

~ à dénuder 剥线钳

~ à dessiner 绘图仪

~ à dilatation 电热仪表

~ à distillation électrique 电热蒸馏水器

~ à doser du carbon 定碳仪

~ à doser le soufre 定硫仪

~ à échange d'ion pour purification d'eau 离子交换纯水器

~ à électro acupuncture 电针仪

~ à électrophorèse 电泳仪

~ à fermeture 锁闭机构

~ à gouverner 操舵装置, 操舵仪, 操纵机构

~ à gouverner à drosses 链式舵机

~ à incendie 防火装置

~ à index lumineux 光标式仪表

A

~ à induction 感应式仪表

~ à jet de sable 喷砂机

~ à lames vibrantes 振簧式仪表

~ à lancer les amarres 抛缆器

~ à lever l'ancre 起锚机

~ à limite de liquidité 液限仪

~ à mesurer le point de rosée 露点 [计、表]

~ à miroir 转镜式仪表

~ à ondes courtes 短波设备;短波仪器

~ à palettes 流速[表、计]

~ à pâtes fraîches 打浆机

~ à rayon lumineux 光束仪器

~ à rénover 修复器

~ à résoudre des équations 方程解算[机、器]

~ à rénover les filetages 螺纹修复器

~ à sonder 测深机,机械测深仪

~ à tirer les bleus 晒图机

~ à traits 刻度量具

~ adapteur 附件

~ anti tartre 防垢装置

~ antidéflagrant 防火装置

~ asdic 声纳

~ astatique 无定向仪表

~ auto foreur 自动钻机

~ autonome 独立仪表

~ carburateur 增碳器

~ chasseneige 扫雪机

~ chiffreur 密码机

~ cirulatoire 循环系统

~ cribleur 筛选装置

~ d'alerte 警报装置

~ d'attaque 蚀刻仪

~ d'attaque électrolytique 电解蚀刻仪

~ de bâtons 操舵装置,操舵仪,操纵机构

~ de broyage 捣碎机

~ de calfeutrage 封接缝机

~ de chauffage d'air 空气加热器

~ de comparaison 比较器

~ de compression simple 无侧限压缩[仪、计]

~ de concassage 碎石机

~ de consigne 定值器

~ de consolidation 固结仪

~ de contrôle 检查[器、仪],校验器

~ de contrôle des roues 车轮定位检查[器、仪]

~ de coupure 开关装置

~ de déneigement 除雪设备

~ de dosage 配料器;投料器

~ de dosage continu 连续投料器

~ de drainage à trop plein 潮式引流装置

~ de forage 钻井设备

~ de la barre 操舵装置,操舵仪,操纵机构

~ de la barre à vis 螺杆式舵机

~ de la poulie à extension 滑车牵引装置

~ de l'immobilisation 固定器

~ de manutention 搬运机械;货物装卸机械;起吊装置

~ de mesure 测量仪表

~ de mesure de gonflement 膨胀量测仪

~ de mesure de la rugosité 粗糙度测定[计、器、仪]

~ de mesure de profils 断面测量仪[表]

~ de navigation 导航仪

~ de niveau 水准仪

~ de niveau latéral 横倾仪

~ de niveau longitudinal 纵倾仪

~ de noctovision 夜视仪

~ de noyage 定深器

~ de pêche 捕捞设备

~ de pénétration en profondeur 深水探测［器、仪］

~ de pesage 衡器

~ de pointage 瞄准具

~ de prélèvement 收集器

~ de prélèvement des matériaux carriés 底砂取样器

~ de prise de courant 集电器,受电器

~ de propulsion 推进设备

~ de recherche 搜索仪

~ de recherche de pêche 探鱼仪

~ de recherche en plongée 水下搜索仪

~ de repérage 测位仪,定位仪

~ de reprise 复拌机械

~ de reprise à roue pelle 复拌鼓轮机械

~ de sablage 喷砂机

~ de sauvetage 救生设备

~ de scaphandre 潜水装置

~ de serrage 卡具

~ de signalisation sonore 声音信号装置

~ de sondage à plomb 测深锤;水砣

~ de sondage profond 深层探测设备

~ de surveillance 监测［仪、器］

~ de tamisage automatique 自动筛分机

~ de torsion cisaillement 扭剪仪

~ de traction avec poulie 滑车牵引架

~ de turbulance 差动仪

~ de visée nocturne 夜视瞄准具

~ de visite 翻板机

~ de vulcanisation （橡胶）硫化器

~ d'éclairage de secours 应急照明装置

~ d'éclairage marin 船用灯具

~ d'écoute 监听器,监听装置

~ d'écoute sous l'eau 潜听器

~ d'électropuncture 电针刺仪

~ d'empaquetage 包装机

~ d'enrobage à marche discontinue 分批式拌和机

~ diathermique 透热器

~ directeur 指挥仪

~ diviseur 分度头

~ d'observation 观测仪器

~ d'usure 磨耗试验机

~ échelle 定标器

~ électique à acupuncture 电针仪

~ électrique 电器,电动工具

~ électrodynamique 电动仪表

~ électromagnétique 电磁仪表

~ électronique 电子仪表

~ électrostatique 静电仪表

~ élévateur d'eau 提水机

~ en buses 喷嘴组

~ en circuit fermé 密闭循环呼吸装置(潜水)

~ étalon 标准仪表

~ ferromagnétique 铁磁性仪表

~ frein 制动装置

~ fumivore 排烟器

~ goniométrique 测向器;测角器

~ horodateur 自动计时器

~ hydrostatique 定深器

~ indépendant 独立仪表

~ infrarouge 夜视机

~ lance torpilles 鱼雷发射装置

~ magasin de bâtons 路签机

~ nautique 航海仪

~ pare torpille　防鱼雷网
~ percutant　碰炸引信
~ porte bâtons　路签机
~ pour alimentation　馈给器
~ pour aspiration électrique　电动吸引器
~ pour essai de traction　拉力试验机
~ pour inhalation d'oxygène　氧气吸入器
~ pour la commande de rotation de tubes　方向瞄准控制器（鱼雷管）
~ pour succion　吸引器
~ réducteur　缩影仪
~ respiratoire filtrant　过滤型面罩
~s de criblage　筛分设备
~s de pointage　火炮瞄准具
~ scintigraphique　扫描器
~ segmentaire　节段装置
~ sismique　地震仪
~ thermique à fil chaud　电热仪表
~ totalisateur　加法器
~ volant　飞行器

appareillage *n.m.*　起航,开航操作;设备
~ électronique　电动工具
~ de plongée　潜水装置
~ du guindeau　锚机（卧式）

appendice *n.m.*　附属物;附属人员;附体,附件（舵和螺旋桨等）

appoint *n.m.*　补充,添加
~ d'eau　加水

appréciation *n.f.*　估价,鉴定,估算
~ de la visibilité　能见度估算
~ de marchandises　货价评定

approche *n.f.*　接近,驶近;入口,进港航道
~ d'un port　进港航道

approvisionnement *n.m.*　供应,物料;船舶备品

approximation *n.f.*　大约,大概,近似值

arbitrage *n.m.*　仲裁,裁判

arbitre *n.m.*　仲裁人;中间人

arbre *n.m.*　树,树枝状;轴
~ à bride　法兰轴
~ à cames　凸轮轴
~ à cames baladeur　可移动凸轮轴
~ à débrayage　离合轴
~ à gradins　阶梯轴
~ à méplat　平头轴
~ à rotule　铰接轴
~ articulé　万向轴
~ cannelé　花键轴
~ commandé　从动轴
~ coudé　曲柄轴
~ coulissant　滑动轴
~ creux　空心轴
~ d'attaque de tambour　滚筒转动轴
~ de butée　止推轴
~ de cardan　万向轴
~ de commande　驱动轴
~ de couche　驱动轴
~ de frein　制动轴
~ de manivelle　曲柄轴
~ de pivotement　枢轴
~ de relevage　反向轴
~ de rotation　摇臂轴
~ de rotor　旋翼轴
~ de rotule　球形方向轴
~ de roue　后轮轴
~ de transmission　传动轴
~ d'expansion radial　径向进给调整杆
~ d'induit　电枢轴

A

~ excentré 偏心轴

~ excentrique 偏心轴

~ flexible 软轴,挠性轴

~ manivelle 曲轴

~ menant 主动轴

~ mené 从动轴

~ oscillant 摇臂轴

~ pignon 齿轮轴,带锥齿轮

~ plein 实心轴

~ porte foret 钻床主轴

~ porte fraise 铣床主轴

~ porte hélice 螺旋桨轴

~ porte meule 砂轮轴

~ primaire 原动轴

~ principal 基准轴

~ souple 软轴

~ télescopique 套管伸缩轴

~ transversant 贯通轴

~ vilebrequin 曲轴

~ vis sans fin 蜗杆轴

arc *n.m.* 弓形,拱;弧,光弧

~ boutant 系艇杆;拱扶垛;斜柱

~ de visibilité 能见弧

~ d'horizon 水平弧

arcasse *n.f.* 船尾框架

arche *n.f.* 拱形,拱门,桥拱

armateur *n.m.* 船主,船舶所有人,船商

~ au tramping 不定期,不定线船船东

~-affréteur 光船租船人,二船东

~-gérant 船管理人,管船船东

~-propriétaire 船东;所有者,业主

armement *n.m.* 舣装,船舶装备;装备,武装

~ de courtiers maritimes 经纪人经营的海运公司

~ d'expéditeurs 报关行经营的海运公司

armer *v.t.* 装备

~ un navire 装备一条船

arrangement *n.m.* 协定,协议书

~ d'avarie 海损协议书

arrêt *n.m.* 停止,暂停,中断;站

~ auxiliaire 临时停车站

~ barrage 堰洲

~ cuffat 保险爪

~ de fonctionnement 运转停止

~ de paiement 付款停止

~ de porte 定门器

~ d'éruption dans un puits de forage 压井

~ du travail 停工

~ d'urgence 紧急停堆

~ en sécurité 安全停堆

~ en sûreté 安全停堆

~ flamme 阻火器

arrêté *n.m.* 结算;(政府机关的)决议

~ d'assurance 承保单,保险证明

~ de compte 结算单,结账单

~ d'exécution 法令的执行

arrière *adj.inv.* 在后的,后部的
           adv. 顺风
           n. 后部,船尾

~ cale 船尾货舱

~ de navire 船尾部

~ debout à la mer 顺浪航行

~ debout au vent 顺风航行

~ pays 内地,内地贸易区,腹地

~ plage 后滨,后岸

~ plan 背景,后台

~ plan lumineux 背景照明

~ pont 后甲板

~ port 内港

~ récif 礁后

~ taille 采空区,废料

~ vent arrière 顺浪航行

arrimage *n. m.* 装载, 装舱; 理舱, 平舱
- ~ automatique 自动平衡调整, 自平舱
- ~ de la marchandise 货物绑扎固定
- ~ à la chaîne 流水积载法

arrimer *v. t.* 理舱, 装舱; 用绳索紧固(货物)

arrimeur *n. m.* 绑扎和固定人员; 船上装货工, 理舱人

arrivage *n. m.* 到达; 抵港, 货物到达

arriver *v. t.* 到达
- ~ à bon port 安全到达
- ~ à bon port à la destination 到达目的地

arrondis *n. m.* 松开上下滑车

articulation *n. f.* 关节, 铰接
- ~ à rotule 球窝节, 万向节
- ~ de genouillère 曲柄连接
- ~ de pied 底铰
- ~ à la clef 顶铰

asphalte *n. m.* 沥青
- ~ concentré 真空精制沥青
- ~ épuré 精制沥青
- ~ fluxé 溶剂沥青
- ~ macadam 柏油碎石路
- ~ mastic 油灰沥青
- ~ naturel 天然沥青, 岩沥青
- ~ pour câble 电缆油
- ~ raffiné 精制沥青

aspirant *n. m.* 法国海军军官学校二年级学生; 准尉, 士官生

assécher *v. t.* 排水; 使干涸

assèchement *n. m.* 排水; 干涸

assemblage *n. m.* 连接, 装配; 组合桅
- ~ avec les matériaux fournis 来料组装
- ~ bout à bout 对头接头

- ~ combustible 燃料组件
- ~ de charpente 构架工程
- ~ démontable 可拆连接
- ~ le moins épuisé 最小燃耗组件
- ~ le plus épuisé 最大燃耗组件
- ~ non démontable 不可拆连接
- ~ résistant 强固连接

assiette *n. f.* 【船】稳度, 纵横角度
- ~ d'une chaussée 路基
- ~ de la route 路床
- ~ de la voie 路床
- ~ de navire 船舶纵倾
- ~ de sous marin 潜水艇纵倾

association *n. f.* 协会

assurance *n. f.* 保险, 保险单, 保险费
- ~ à terme 定期保险
- ~ accident du travail 劳动保险
- ~ au voyage 航程保险
- ~ contre les risques terrestres 陆运险
- ~ contre l'explosion 爆炸险
- ~ contre l'incendie 保火险, 火灾保险
- ~ corps et machines 船壳险, 船体和机械保险
- ~ crédit export 出口信用保险
- ~ crédit pour l'exportation 出口信贷保险
- ~ de cargaison de navire 船货险
- ~ de marchandises 货物保险
- ~ de marchandises contre les risques de mer 货物海运险
- ~ dégât 保赔保险
- ~ dommage 保赔保险
- ~ du transport maritime 海上运输保险
- ~ et fret 成本加运费及保险费价[格](到岸价[格])
- ~ forfaitaire 定额保险

~ maritime 海运保险,海上保险

~ mutuelle 相互保险

~ pour le voyage 航程保险

~ sociale 社会保险

~ somme 定额保险

~ sur cargaison 船货保险

~ sur coque 船壳保险

~ sur corps 船壳保险

~ terrstre 非水险,陆上保险

~ tous risques 全损险

~ travail 工商险

~ vie 人寿保险

assureur *n.m.* 保险人,承保人

astre *n.m.* 天体

atmosphère *n.f.* 大气圈,气压

~ absolue 绝对大气压

~ contrôlée 保护气氛

~ explosive 爆炸压[力]

~ marine 海洋气候

~ normale 标准大气压

~ réductrice 还原气氛

~ standard 标准大气压

~ technique 工程大气压

attache *n.f.* 捆绑;紧固件

~ câble 电缆夹,电缆线夹

~ de bureau 回形针

~ fil 导线接线端,导线连接器

~ lettres 曲别针

~ ressort 弹簧锁键

attacher *v.t.* 扣紧,固定,系紧,连接

attelage *n.m.* 牵引装置;挂钩

atterrir *v.i.* 靠岸,着陆

au *art.contr.* 缩合冠词(à 和 le 的缩合形式)

~ plus près 迎风航驶,抢风驶帆

~ vent 向风的,迎风的,上风的

aubage *n.m.* 叶轮,叶片,涡轮叶栅

aube *n.f.* 轮叶,桨叶,黎明

~ directrice 导[叶、片];导流板

audibilité *n.f.* 能听度,清晰度

augmentation *n.f.* 增加,增长

~ de prix 价格增长

aussière *n.f.* 缆,大索

~ de manœuvre 绞船缆

~ en coco 麻绳,白棕绳

autofinancement *n.m.* 自我投资

autorité *n.f.* 权力,权力机关

~ du port 港口当局,港务局

avance *n.f.* 提前,预付款

~ maximum 停船冲程

avant *prép.* 在……之前

~ bassin 港外锚地

~ bec 分水角;前端;桥墩分水尖

~ bout 前部

~ bras 前臂

~ creuset 前炉

~ de navire 船首

~ demi 半速前进

~ du navire 船首部,船首方向

~ feu 迎面火

~ garde 舰队前卫;桥墩尖端

~ pays marin 海岬

~ plage 前滨

~ pont 前甲板

~ port 外港

~ port de refuge 避风外港

~ signal 远指点标

avarie *n.f.* 海损,海运损失;陆运损失

~ commune 共同海损

~ de mer 海损

~ de moteur 发动机故障

~ dommage 实物海损

~ grosse 共同海损

~ occulte 损坏隐藏

~ particulière 单独海损

~ simple 单独海损

avenant *n.m.* 附录,附件,附属品;补遗

avion *n.m.* 地面翼效应船

avis *n.m.* 通知,布告
~ aux navigateurs 航海通告
~ d'appel d'offre 招标通知
~ de crédit 贷项通知书,存款
~ de paiement 付款通知
~ de tempête 暴风雨预报
avitaillement *n.m.* (燃料、淡水、伙食等的)供应;(船上的)给养

avitailleur *n.m.* 补给船;加油器;油料车
axe *n.m.* 轴线,影针
~ de rotation 驱动轴,主动轴
~ de suspension 悬挂轴
~ d'oscillation 枢,支点,旋转中心
~ horizontal 水平轴
~ longitudinal 船舶舯线

A

B

bâbord *n.m.* 左舷
~ la barre 左舵(令)
~ toute! 左满舵(令)
~ amures 向左抢风调向

bâche *n.f.* 船篷,帆布篷;水箱
~ à eau 水池
~ de stockage 贮存水箱
~ dégazante 排气水箱

bagage *n.m.* 行李,皮箱

bague *n.f.* 环,圈,挡圈,垫圈
~ collectrice 集电环
~ collectrice d'huile 挡油环,甩油环
~ d'appui 支撑环
~ d'arrêt 止动环
~ d'arrêt ressort 弹性挡圈
~ d'assise 漏盘
~ de calage 螺钉锁紧挡圈,调整垫圈
~ de centrage 导向套
~ de contact 滑环
~ de dilatation 膨胀环
~ de fond 节流衬套
~ de frottement 滑环
~ de glissement 滑环
~ de guidage 导向套
~ de palier 轴衬
~ de serrage 压紧环
~ de siège 密封环
~ d'étanchéité 毡封圈
~ extérieure 外圈
~ fendue 活塞环;胀圈

~ fusible 易熔垫圈
~ guide 导环;导套
~ intérieur 内圈
~ magnétique 磁通环
~ mobile 标志环
~ ressort 弹簧垫圈
~ support 支撑环
~ verrou 止动环

baïonnette *n.f.* 卡口,卡销

balance *n.f.* 天平;结余,差额;平衡
~ à bascule 磅秤
~ active 顺差
~ commerciale 贸易差额
~ commerciale défavorable 贸易逆差
~ de vérification 试算表
~ défavorable 逆差
~ déficitaire 逆差
~ des comptes 结算差额
~ des monnaies 货币平价
~ des paiements 支付差额
~ en exédent 顺差
~ exédentaire 顺差
~ favorable 顺差
~ favorable du commerce 贸易顺差

balancier *n.m.* 平衡;平衡器
~ (à) 摆式的
~ de la pompe 抽油机
~ de montre 摆轮
~ dynamique 动平衡

balayage *n.m.* 扫；扫描
~ à haute définition 高清扫描
~ à l'azote 吹氮精炼
~ à longue portée 远程扫描
~ calibré 校准扫描
~ circulaire 圆周扫描
~ compensé 补偿扫描
~ conique 圆锥形扫描
~ de fond de puits 清洗井底
~ de trames 帧扫描
~ déclenché 触发扫描
~ différé 延迟扫描
~ dilaté 扩展扫描
~ en gisement 方位扫描
~ en lignes 行扫描
~ en site 仰角区域扫描
~ en spirale 螺旋形扫描
~ étalé 扩展扫描
~ monocoup 单程扫描
~ monocourse 单程扫描
~ multiple 复式扫描
~ par gaz 气体沸腾
~ par lignes 行扫描
~ par radar 雷达扫描
~ périodique 周期性扫描
~ photo électrique 广电扫描
~ relaxé 弛张扫描
~ spacial 空间扫描
~ trochoïdal 摆线扫描

balise *n.f.* 信标；航标；浮标；定向标，方位标
~ acoustique 声信标
~ sonore 声信标
~ de chenal 航道信标
~ de détresse 遇难信标
~ de port 港口信标
~ de satellite 卫星信标
~ de sauvetage 救生浮标
~ lumineuse 灯塔
~ maritime 航海信标
~ répondeuse 应答信标
~ verte 沉船浮标
~ à impulsions 脉冲无线电信标
~ éclairée 灯标

baliseur *n.m.* 灯塔员，航标看守员；航标船

ballast *n.m.* 压载物；压载水舱
~ d'eau 压载水

ballastage *n.m.* 压载

ballon *n.m.* 球，气球；蒸馏瓶
~ à air chaud 热气球
~ à air comprimé 压缩空气瓶
~ à câbles 阻拦气球
~ à distiller 蒸馏烧瓶
~ à gaz 气体比重[瓶、管]，称气瓶
~ de barrage 防空气球，拦阻气球
~ de décharge 减压箱
~ de détente 膨胀箱，闪蒸鼓
~ de détente des purges 疏水箱
~ de distillation 蒸馏烧瓶
~ de radiosondage 无线电探测气球
~ de vapeur 汽鼓
~ dirigeable 飞艇
~ en plastic gonflé d'air 充气气球
~ enregistreur 探测气球
~ météorologique 气象气球
~ pilote 测风气球
~ réserve 储蓄瓶
~ sonde 探[空、测]气球；探测气球
~ tampon 水箱

banc *n.m.* （海底，江河底的）滩，洲，礁；底座；工作台
~ balance 平衡台
~ calcaire massif 决状灰岩层
~ corallien 珊瑚层

B

~ de glace 冰山；大浮冰
~ de houille 煤层
~ de poissons 鱼群
~ de roches 暗礁
~ de sable 浅滩，沙滩，沙洲
~ de sable et de vase 滩涂
~ de tourbe 泥煤层
~ de tufs 凝灰岩层
~ découvrant 低潮浅滩
~ d'équilibrage 平衡架
~ d'essai 发动机试验台
~ d'étirage 拔丝机
~ épais 厚矿层
~ médian 航道中浅滩
~ milieu 航道中浅滩
~ mince 薄矿层
bande *n.f.* 【船】倾侧
baraterie *n.f.* （由于船长或船员造成的）失职损失
barbotin *n.m.* 锚链轮，链轮
barbue *n.f.* 菱鲆
bardis *n.m.* 舷墙，活动隔板
barge *n.f.* 驳船，大平底船；登陆艇，交通艇
~ à huile 油驳
~ auto élévatrice 自升式平底船
~ réservoir 油驳船
baril *n.m.* 桶
~ américain 美桶（石油）
~ de goudron 柏油桶
~ d'huile 油桶
barillet *n.m.* 小桶；筒，筒状物
barrage *n.m.* 水闸，水坝，堤坝
barre *n.f.* 杆，棍；海轮，舵柄；（港口、江河入口处的）沙洲，沙滩；涌潮
~ à bras 舵轮
~ à ébranler 松模棒
~ à haute adhérence 螺纹钢筋

~ à main 手操舵
~ à piquer 出⌊渣、钢⌋棒；针寸
~ à reboucher 模型紧固螺钉；不铸部分
~ à roue 舵轮
~ à sable 砂洲
~ à souder 焊条
~ à tire veulles 横舵柄
~ à tribord！ 右舵（令）
~ à zéro 正舵
~ anti vibratoire 防震条
~ au milieu 正舵
~ au vent！ 上风舵（令）
~ carrée 方钢
~ comprimée longitudinale 压杆
~ continue 砂洲
~ côtière 砂坝
~ coulée 连接杆
~ coulée continue 条坯连续铸造
~ courbe 曲杆
~ d'abattage 挖掘刀杆
~ d'alésage 镗杆
~ d'alimentation 汇流条，汇流母线
~ d'amenée 供电母线
~ d'appui 轭架
~ d'avance 传送杆
~ de bore 硼棒
~ de charbon 碳棒
~ de chariotage 光杠
~ de commande 控制棒
~ de compensation 补偿棒
~ de contrôle 控制棒
~ de côté 涌潮
~ de distribution 汇流条，汇流母线
~ de flèche 桅顶横杆
~ de fourneau 算条
~ de foyer 算条

~ de place 涌潮
~ de raccordement 连接杆
~ de rodage 研棒
~ de sable 砂坝
~ de torsion 扭杆弹簧
~ de torsion à compression en caoutchouc 橡胶鼓形压缩弹簧
~ de torsion à fil rond 圆截面弹簧
~ de torsion arrêtoir 止动弹簧
~ de torsion conique à compression 圆锥螺旋弹簧
~ de torsion cylindrique 圆柱螺旋弹簧
~ de torsion cylindrique de traction 圆柱拉伸弹簧
~ de torsion de réglage 调节弹簧,主弹簧
~ de torsion de verrou 止动弹簧
~ de torsion de verrouillage 止动弹簧
~ de torsion en caoutchouc 橡胶鼓形弹簧
~ d'eau 怒潮
~ estampée 锻造连杆
~ hexagonale 六角钢
~ longitudinale 纵舵柄
~ nue 裸母线
~ omnibus 汇流条,汇流母线
~ principale 主舵
~ ronde 圆钢
~s de théorie 承艇梁
~ sableuse 砂洲
~ stabilisatrice 稳定杆
~ télescopique 伸缩棒
~ transversale 横舵柄
~ traversière 桅顶横杆

barrette *n.f.* 挡杆
barreur *n.m.* 舵手;尾桨手;(赛船中协调节奏的)艇长

barreuse *n.f.* 女舵手
barrot *n.m.* 甲板梁;横梁
~ de mât 桅横梁
~ de pont 甲板梁
~ d'extrémité de panneau 舱口端横梁
~ porqué 甲板横材
~ renforcé 强横梁
~ console 悬臂梁
bas *n.m.* 下部
  adj. 低的,浅的
~ champs 泥炭[沼、层]
~ fond 浅滩;低地;地沟
~ étage 低下层
base *n.f.* 底部,基础,下部
~ d'altimétrie 测高基准
~ de données 数据库
~ de l'érosion 侵蚀基
~ non-discriminatoire 无差别原则
~ scientifique 科学标准
basse *n.f.* 低部,暗礁
  adj. 低的,浅的
~ cale 下层舱,底舱
~ mer 退潮
~ température 低温
~ tension 低压
bassin *n.m.* 锚地,船坞,内港;池塘,水池;盆地
~ à flot 湿坞
~ à flot de marée 湿船坞
~ abyssal 深海盆地
~ artésien 自流盆地
~ au pétrole 油池
~ circulaire 圆形盆地
~ d'aération 曝气池
~ d'affaissement 沉陷盆地
~ d'essai des carènes 船模试验池
~ de carénage 干船坞

B

~ de clarification 澄清池
~ de construction 造船船坞
~ de décantation 沉淀［池、槽］
~ de dépôt 沉淀［池、槽］
~ de faille 断层［盆地、谷］
~ de filtration 过滤槽,过滤池
~ de précipitation 沉淀［池、槽］
~ de purification 净化池
~ de radoub 干坞
~ de réaction 反应槽
~ de réception 集水盆地
~ de recharge 补给槽
~ de réparation 修船坞
~ de réserve 蓄水池
~ de retenue 蓄洪区;蓄水池
~ d'échouage 泊船坞
~ d'effondrement 断层盆地;地堑
~ d'entremont 山间盆地
~ d'épuration 净化池
~ d'évaporation 蒸发池
~ d'évolution 回水池
~ d'infiltration 渗入盆地
~ ferrifère 铁矿层
~ naturel 天然锚地,港外锚地
~ ouvert 敞开锚地
~ pétrolifère 石油盆地
~ portuaire 港池
~ potassique 钾盐盆地
~ versant 汇水盆地,蓄水面积

bastingage *n.m.* 船尾栏杆,舷墙
bateau *n.m.* 船,艇
~ （de）toueur 牵引船,拖曳船
~ bulk carrier 散装货船
~ handy size 小型货船
~ trailer ship 滚动式拖运架装卸货船
~ à ailes portantes 水翼船
~ à avant bulbeux 球鼻船首船
~ à avant pointu 尖首船

~ à awning deck 甲板天篷船
~ à awningdeck 遮阳甲板船
~ à cabines 客舱船
~ à chargement accéléré 快速装卸货船
~ à chargement horizontal 滚装船
~ à chargement vertical 吊装集装箱船
~ à citernes 油船
~ à coffre 井形甲板船
~ à colis lourds 重货船
~ à containers 集装箱船
~ à coques jumelées 双体船
~ à court château 短桥楼船
~ à cuves sphériques 球罐船
~ à demi dunette 短尾楼船
~ à déplacement 排水型船
~ à deux mâts 双桅船
~ à deux moteurs 双主机船
~ à deux ponts 双层甲板船
~ à deuxcoffres 三岛式船
~ à double fond 双层底船
~ à échantillons pleins 全实船
~ à effet de surface à portance aérodynamique 气动升力气垫船
~ à émigrants 移民船
~ à filets dérivants 漂网渔船
~ à flotteurs submersibles 小水线面船
~ à fond fin 尖底船
~ à grains 运谷物船
~ à grand tirant d'eau 深吃水船
~ à grue 起重船
~ à grue autopropulsé 自航起重船
~ à hélice 螺旋桨船
~ à l'ancre 锚泊船
~ à langoustes 龙虾加工船

B

~ à levage 吊装式集装箱船
~ à manutention mixte 混装卸货船
~ à manutention verticale 吊装船
~ à manutentionhorizontale 滚装船
~ à marchandises 货船
~ à marchandises diverses 杂货船
~ à méthane fortement réfrigéré 强冷冻甲烷运输船
~ à minerais 矿砂船
~ à moteur 柴油机油船,内燃机船;机动船
~ à passagers 客船
~ à pont 甲板船
~ à pont abri 遮阳甲板船
~ à portes latérales 有舷门船
~ à positionnement dynamique 动力定位船
~ à poupe carrée 方尾船
~ à propre propulsion 自航船
~ à proprepropulsion 机动船
~ à propulsion atomique 核动力船
~ à puits 深舱货船
~ à spar deck 轻甲板船
~ à superstructure complète 全通上层建筑船
~ à tirant d'eau égal 等吃水船
~ à tirant d'eau réduit 浅吃水船
~ à traits carrés 横帆船
~ à trois superstructures 三岛式船
~ à trunk deck 箱形凸起甲板船
~ à turbine 涡轮机船
~ à turbine à gaz 燃气轮机船
~ à turbine à vapeur 汽轮机船
~ à turret deck 弧形凸起甲板船
~ à vapeur 汽船
~ à vivier 活鱼运输船

~ à voiles 帆船
~ abandonné 漂流船
~ abordeur 发生撞船的船
~ à cargaisons 货船
~ affalé sur côte 海岸搁浅船
~ affalé sur une côte 漂向海岸的船
~ affrété 租赁船
~ aluminier 运矾土船
~ amagnétique 消磁船
~ ammarré 系泊的船
~ amorti 搁浅船
~ annexe 附属船,供应船
~ anti incendie 消防船
~ anti pollution 防污染船
~ armé 武装船
~ armé de missiles 导弹舰
~ arqué 拱形船
~ articulé 铰接船
~ assimilé 同型船
~ atelier 修理船
~ atomique 核动力船
~ au cabotage 沿海航行船
~ auto déchargeur 自动卸货船
~ automatisé 自动化船
~ automobile 摩托艇
~ auxiliaire 辅助船,辅助艇
~ avarié 破损船
~ avec franc bord 干舷船
~ avitailleur 运粮船
~ baleinier 鲸鱼加工船
~ balise 灯塔,浮动灯塔;航标船
~ baliseur 航标船
~ bananier 运香蕉船
~ barroté 满载船
~ bas bord 低舷船
~ bas de bord 低干舷船
~ base de dragueurs 扫雷艇母舰
~ bon marcheur 快速船

B

~ bordier　偏舷船,倾侧船
~ boute feu　放炮船
~ brise glace　破冰船
~ brise rochers　碎石船
~ bus　公共船
~ butanier　丁烷运输船
~ câblier　布缆船
~ caboteur　沿海航行船
~ cargo multipurpose　多用途货船
~ cargue　卷帆船
~ caserne　兵营船
~ catamaran　双体船
~ catamaran fluvial　内河双体船
~ cellulaire　区划式集装箱货船
~ charbonnier　运煤船
~ citerne　油［轮、船］
~ cochaux　灯船
~ combiné　石油矿砂混装船
~ commandant　指挥舰
~ composite　混合结构船
~ condamné　难损船
~ congélateur　冷冻船,渔业冷藏
加工船
~ conserveur　鱼罐头加工船
~ contre arqué　中垂船
~ convergeur　护航船
~ cosmique　宇航支援船
~ courrier postal　邮船
~ d'application　教练船
~ d'approvisionnement　供应船
~ d'assaut　突击船
~ d'assistance à la pêche　渔业支
援船
~ d'assistance aux plate formes　钻
井平台支援船
~ de base　基地船
~ de chalutage　拖网渔船
~ de chasse aérienne　防空舰
~ de commerce　商船

~ de contrebande　走私船
~ de débarquement　登陆舰
~ de démagnétisation　消磁船
~ de derrière　殿后舰
~ de dragage　挖泥船
~ de faible côté　低舷船
~ de faible échantillon　轻结构船
~ de faible tonnage　小吨位船
~ de fond large　［宽、肥］底船
~ de fond sale　污底船
~ de forage　钻探船
~ de forage catamaran　双体钻
探船
~ de forage de minéraux sous
marins　海底矿钻探船
~ de forage pétrolier　石油钻探船
~ de garde　港口纠察船
~ de haute mer　远洋船
~ de la Manche　英伦海峡船
~ de liaison　通信船
~ de ligne　战列舰
~ de ligne cuirassé　装甲主力舰
~ de ligne moderne　现代化定航
线船
~ de ligne régulière　定期班船
~ de loch　测速板;浮锚,浮标;木
制海锚
~ de manœuvre　施工船
~ de marchandises sèches　干货船
~ de même série　同系列船
~ de mer à ailerons　海上水翼船
~ de navigation intérieure　内河船
~ de passage　渡船
~ de pêche　渔船;渔业加工船
~ de plaisance　游艇
~ de plongée　潜水工作船
~ de plongeurs　潜水员母船
~ de quarantaine　检疫船
~ de ravitaillement　供应船

~ de recherche acoustique 水声调
查船

~ de recherche archéologique 考
古调查船

~ de recherche biologique 海洋生
物调查船

~ de recherche catamaran 双体型
调查船

~ de recherche de minéraux sous
marins 海底矿藏勘探船

~ de recherche géologique 地质调
查船

~ de recherche géophysique 地
调船

~ de recherche hydrographique 水
文测量船

~ de recherche océanographique
海洋科研调查船

~ de recherches à vocation 多用
调查船

~ de recherches scientifiques 科考
船,科学考察船

~ de reconnaissance des fonds
marins 海底勘测船

~ de reconnaissance géologique 地
质调查船

~ de sauvetage 救生船

~ de sauveteur 救生船

~ de sécurité radiologique 防核辐
射船

~ de service des plates formes de
forage 钻探平台勤务船

~ de servitude 杂役船

~ de sous marin 潜艇母船

~ de soutien de sous marin 潜艇
供应船

~ de soutien pour forage de mer
海上钻探支援船

~ de surveillance 巡逻舰

~ de tête 首航船

~ de tonnage moyen 中型船

~ de transport de chars 坦克运
输船

~ de transport de gaz naturel
liquéfié 液化天然气运输船

~ de transport de pipes 油管运
输船

~ de transporteur des fluides 液体
运输船

~ de travail de la pose des pipelines
输油管敷设工程船

~ de travaux 工程船

~ decharge 货船

~ d'écoute radio 电子侦察船

~ délaissé 弃船

~ démâté 断[卸]桅船

~ démoli 破损船

~ démonté 失控船

~ dépollueur 浮油采集船

~ dérivant de route 偏离航向船

~ dérocteur 碎石工程船

~ d'escorte 护航船

~ d'escorte ASM 反潜护航舰

~ d'escorteurs 护卫舰母船

~ désemparé 失控船

~ d'état major 参谋舰,司令舰;
旗舰

~ détecteur 探测船

~ d'excursions 游览船

~ d'exploration 考察船;探险船

~ d'intérieur 内陆船

~ directeur 指挥舰

~ disparu 失踪船

~ dock 船坞舰

~ douanier 海关巡逻船

~ dragon 龙舟

~ dragueur 运泥船

~ échoué 搁浅船

élanoó 瘦首型船
~ employé au traitement de poisson 鱼加工船
~ en achèvement 将竣工船
~ en acier 钢质船
~ en alliage d'aluminium 铝合金船
~ en béton armé 钢筋混凝土船
~ en bois 木质船
~ en bois et en fer 铁木混合结构船
~ en danger 遇险船
~ en détresse 遇难船
~ en faible profondeur 浅水船
~ en fer 铁质船
~ en polyester renforcé 增强聚酯船
~ en radoub 坞修船
~ en tonture 甲板脊弧船
~ en transit 过境船;转口船
~ entièrement congélateur de pêche 全冷冻渔船
~ entièrement en matière plastique 全塑料船
~ entièrement ouvert 全敞舱船
~ entièrement soudé 全焊接船
~ étanche 水密船
~ éthylénier 乙烯运输船
~ expérimental 试验船
~ expérimental à propulsion nucléaire 核动力试验船
~ express 快速客船
~ feu 灯标船
~ flottant 起重船
~ foreur 钻探船
~ frein 舰队殿后船
~ frigidaire 冷藏船
~ frigorifique 冷藏船
~ fruitier 水果运输船

~ full deck 全通甲板船
~ garde pêche 护渔船
~ garde port 港口警戒舰
~ grue à portique 高架起重船
~ grue en haute mer 远洋起重船
~ hauturier 远洋船
~ homothétique 同型船
~ hôpital 医院船
~ hurricanedeck 轻甲板船
~ hydrographe 水[道、文]测量船;水文调查船
~ interlope 走私船
~ kangourou 载驳母船
~ kangourous 载驳母船
~ labo 实验船
~ laboratoire 实验船
~ laboratoire de recherche 研究试验船
~ lance roquettes 火箭舰
~ lanceur 导弹舰
~ LASH Light Aboard Ship 载驳船
~ logistique 后勤支援船
~ lourd du nez de l'arrière 首[尾]纵倾船
~ magasin à torpilles 鱼雷运输船
~ marchand nucléaire 核动力商船
~ marin 海船
~ mâture 起重趸船
~ mère 母船
~ météorologique 气象船
~ méthanier 液化天然气运输船
~ minéralier 矿砂船
~ mixte 客货船
~ mixte roulier 滚装客货船
~ mixte vrac pétrole 散货-石油混装船
~ mouche （巴黎）游船,游艇
~ multicoque 多体船

B

~ multipurpose 通用船
~ non ponté 露天甲板艇
~ nucléaire 核动力船
~ océanique 海船
~ océanographique 海洋［调查、考察］船
~ original 原型船
~ patrouilleur 巡逻船
~ pêchant à la senne 围网渔船
~ pétrolier 油船
~ phare 灯标船
~ pilote 领航［港］船
~ pilote 领港船,引航船
~ piquet radar 雷达哨舰
~ pirate 海盗船
~ polytherme rapide 快速多种温度冷藏船
~ pompe 消防船
~ ponté 甲板船
~ porte （船坞的）浮坞门
~ porte avions 航空母舰
~ porte barges 载驳母船
~ porte chalands 登陆艇母舰
~ porte containers 集装箱船
~ porte remorques 拖车运输船
~ porte train 火车轮【船】
~ porte trains 车辆渡船
~ porte voitures 车辆渡船
~ portechalands 载驳母船
~ porteur 母舰
~ porteur de gaz liquéfié 液化气体运输船
~ porteur de minerais 矿砂船
~ portevéhicules 车辆渡船
~ portière 浮桥
~ portuaire 港务船
~ pose câble 布缆船
~ pour expériences 试验船
~ prototype 原型船

~ rapide de forme fine 瘦型快速船
~ ras d'eau 低舷船
~ refondu 改装船
~ rempli 肥型船
~ renflé 肥型船
~ RO/RO roll on roll off 滚装船
~ sain 无损船
~ sale 污底船
~ sans différence de tirant d'eau 平浮船
~ sans tonture 无甲板脊弧船;直舷船
~ sardinier congélateur 沙丁鱼冷藏船
~ self trimmer 自动理舱船
~ semi immergé 小水线面船
~ semi submersible pour pose de pipelines 半潜式管道敷设船
~ shelter deck 遮蔽甲板船
~ sondeur 测深船,探测船;钻探船
~ stop 搭顺风船
~ support 后勤船
~ support de plongée 潜水母船
~ support de travaux sous marins 水下工程辅助船
~ sur cul 尾纵倾船
~ sur l'arrière 船尾纵倾船
~ sur l'avant 船首纵倾船
~ surgélateur 速冻渔业加工船
~ télécommandé 遥控船
~ téléguidé 遥控船
~ transarctique 横渡北冰洋船
~ transbordeur 渡船
~ transbordeur à plusieurs voies 多轨道火车渡船
~ transport de gaz liquide 液化气体运输船

transporteur de gaz pétrole liquéfié 液化气石油运输船
~ transporteur de liquides corrosifs 腐蚀液运输船
~ transporteur de liquides dangereux en vrac 散装危险液体运输船
~ transporteur de marchandises en vrac 散装货船
~ transporteur de marchandises générales 统货船
~ transporteur de produits chimiques 液态化学品运输船
~ transporteur des produits dangereux 危险化学品运输船
~ transroulier 滚装式集装箱船
~ vif 舵灵敏船
~-pilote 领航船,引水船

bâti *n.m.* 机架,机箱
~ continental 大陆架
~ moteur 发动机架
~ support 机架

bâtiment *n.m.* 船舶,舰艇;建筑物
~ à ailes portantes 水翼艇
~ à ailes sous marines 全浸水翼艇
~ à arrière de croiseur 巡洋舰尾船
~ à cargaison 货船
~ à marchandises 货船
~ à rames 划艇
~ à vapeur 汽船
~ atelier 浮动修理厂
~ base 浮动基地,母船
~ base pour dragueurs 扫雷母船
~ base pour sous marins 潜艇母船
~ classique 常规舰艇
~ commercial 商业建筑
~ d'administration 行政建筑
~ d'assaut 攻击舰艇

~ de charge 货船
~ de devant 自航舰艇
~ de flottille 舰队舰艇
~ de guerre 军舰
~ de guerre de mines 水雷战舰艇
~ de l'aérogare 候机室
~ de surface 水面舰艇
~ découvert 敞舱艇
~ d'entraînement 训练舰艇
~ d'essai des armes ASM 反潜武器试验船
~ école 教练船;练习舰
~ espion 间谍船
~ fusées 导弹舰艇
~ gigone 母船,母舰
~ industriel 厂房
~ lance engins 导弹舰艇
~ mère 浮动基地;母舰
~ missiles 导弹舰艇
~ océanographique 海洋调查船
~ policier 水警艇
~ porte embarcation de débarquement 登陆艇母舰
~ pour scaphandriers 潜水员母船
~ relais 中继舰

battant *n.m.* 【航海】船旗飘动部分;门扇,窗扇
~ de cloche (号钟)钟锤
~ de fenêtre 窗扉

battre *v.t.* 【航海】悬挂国旗;拍
~ en arrière 倒车;推进器反转
~ le pavillon 悬挂国旗
~ son plein 达到满潮

bavure *n.f.* 毛口,毛刺

bec *n.m.* 嘴,喷嘴
~ verseur 喷嘴,喷出口

bénéfice *n.m.* 利润,益处,得益
~ brut 毛利,总利润,利益毛额
~ de monopole 垄断利润

~ dérisoire 微利

~ d'exploitation 经营超额利润

~ espéré 预期超额利润

~ net 纯利,净利

~s 盈利

~s après impôts 税后利润

~s avant impôts 税前利润

~s bruts 毛利润

~s reportés 净收益

benne *n.f.* 抓斗,自卸卡车

~ à charge de four 配料斗

~ basculante 翻斗

~ de monte charge 翻斗

~ drague 挖掘机

~ excavatrice 铲斗

~ mélangeuse 混铁罐

~ roulante 斗车

besoin *n.m.* 需求,需要

~ d'assistance 需要协助

~ de secours 协助,援助,辅助设备

~ en vitamine 维生素需要

bielle *n.f.* 连杆,传动杆;摇臂

~ à charnière 铰接连杆

~ à fourche 叉形连杆

~ articulée 副连杆

~ auxiliaire 副连杆

~ centrale 中央连杆

~ d'accouplement 连杆

~ d'ancrage 锚杆

~ de commande 操纵杆

~ de connexion 连杆

~ de direction 转向拉杆

~ de relevage 回动杆

~ de serrage du frein 制动拉杆

~ d'excentrique 偏心杆

~ entretoise 支撑杆

~ équilibrée 平衡连杆

~ maîtresse 主连杆

~ manivelle 曲柄连杆机构

~ mère 主连杆

~ pendante 摇臂

~ seconde 副连杆

bien *n.m.* 好处,财产,实物

　　　adv. 好;十分

~ corporel 实物

~ de substitution 替代货物

~ d'équipement 投资货物,实物投资

~ d'investissement 资本货物

~ être 福利

~ fondé 法律依据;理由;依据

~ fondé de réclamations 索赔理由

~ lité 分层良好的

~ stratifié 分层良好的

~s de consommation 消费品,消耗品

~s de production 生产资料,生产者耐用设备

bigue *n.f.* 吊货杆

~ flottante 浮吊

billet *n.m.* 票,票据;纸币

~ à courte échéance 短期票据

~ à demi tarif 半价票

~ à longue échéance 长期票据

~ à ordre 期票,本票

~ à plein tarif 全票

~ à tarif réduit 优惠票

~ aller-retour 往返票

~ de banque 纸币

~ de bord 大副收据

~ de complaisance 空头票据

~ de santé 健康证书

~ d'embarquement 大副收据

~ demi-tarif 半价票

~ escomptable 可贴现票据

~ global 联运票

~ négociable 可转让票据

~ payable au porteur 来人付款

票据

~ plein tarif 全价票

~s de banque 钞票

bi-métal *adj.* 双金属的

bipolaire *adj.* 有两极的

bitord *n.m.* 细缆, 细绳

bitte *n.f.* 缆桩

~ d'amarrage 系缆桩

black out *loc.* （由于发电机故障引起的）全船失电, 熄灯, 灯火管制

blindage *n.m.* 挡板, 护板; 屏蔽, 防护屏

bloc *n.m.* 块, 体

~ de charge 载荷段

~ de cylindre 汽缸体

~ de jonction 接线板

~ d'étalonnage 定标块

~ erratique 漂石

~ moteur 发动机体

bobinage *n.m.* 线圈, 绕组

bois *n.m.* 木材, 树木

~ automne 晚林

~ blanc 白松

~ carré 方木材

~ cintré 弯曲木材

~ composite 胶合板

~ contre collé 胶合板

~ contre plaqué 胶合板

~ courbe 弯曲木材

~ cuir 革木属

~ d'acajou 桃花心木

~ d'Aloès 老沉香

~ d'amarante 紫红木

~ d'argan 铁梨木

~ de bout 横纹木材

~ de bûche 劈薪材

~ de buis 黄杨木, 箱板材

~ de calage 垫木

~ de Cam 麻皮树

~ de camphrier 樟木

~ de cerf 鹿角

~ de chêne 橡木

~ de chevron 坑木

~ de corail 孔雀石

~ de droit fil 直纹木

~ de fardage 垫木, 垫料

~ de flottage 筏木

~ de gris 橡木

~ de long 原材

~ de marqueterie 胶合板

~ de mine 坑木

~ de parquet 舱底铺板

~ de placage déroulé 胶合板

~ de pulpe 原材

~ de rose femelle 月桂樟

~ de Saint Martin 牙买加苦树

~ de santal 檀木

~ de soutènement 坑木

~ de violette 红木

~ de voie 枕木

~ d'ébène 黑檀木, 乌木

~ d'équarrissage 方木

~ desséché 风干材

~ d'étais 坑木

~ dimensionné 规格木材

~ d'oubier 白木

~ droit 直材

~ dur 硬木

~ durci 电木, 胶木

~ écorcé 去皮木材

~ en grume 原木

~ en grumes 原材

~ équarri 方木材

~ factice 木花板

~ feuillu 硬木

~ flottant 筏木

~ franc 构骨叶冬青

~ gras 冷杉

~ lamellé 胶合板

~ macaque 梯叶猴耳环

~ menu 劈薪材

~ pelard 去皮木材

~ pelé 对折野咖啡

~ pétrifié 木化石, 化石木

~ pial 耳翼花椒

~ rond 圆木

~ rouge 红松木; 红木

~ satiné 椴木 (东印度)

~ satiné d'Amérique 黄心花椒

~ sec 风干材

~ séché à l'air 风干材

~ tranché 纹理扭曲木材

~ virant 扭曲木材

boisseau *n.m.* 阀体, 栓塞

boîte *n.f.* 箱, 盒;【电】接线盒, 分线盒

~ à accu 蓄电池箱

~ à barres 母线箱

~ à borne 接线盒

~ à bornes 接线盒

~ à conserves 储物盒, 听 (锡, 马口铁制造)

~ à de raccordement 接线盒

~ à essence 汽油箱

~ à étoupe 填料盒

~ à feu 燃烧设备

~ à graissage 油壶

~ à l'huile 润滑油箱

~ à noyau 芯盒

~ à noyau en douves 箍圈芯盒

~ à noyau en plusieurs parties 多分芯面芯盒

~ à noyau multiple 组合芯盒

~ à noyau pot de fleur 整体芯盒

~ à pansement 敷料 [箱, 器]

~ à piles 电池组箱

~ à poids 砝码盒

~ à pont 电桥箱

~ à prise directe 直接挡变速器

~ à rhéostat 变阻箱

~ à souffler les noyaux 吹芯芯盒

~ à tirer les noyaux 射芯芯盒

~ à vent 风箱

~ aux lettres 信箱

~ aux lettres électroniques 电子信箱

~ caissonà noyaux 可拆 [式] 芯盒

~ chargeur 包装箱

~ d'accord 调谐器

~ d'accouplement 端子箱

~ d'alimentation 进给箱, 流量箱; 电源箱

~ d'arc 消弧箱

~ de blindage 屏蔽箱

~ de capacité 电容箱

~ de carburant 燃料箱

~ de commande 控制箱

~ de conductance 电导箱

~ de connexion 接线盒

~ de connexions 接线盒

~ de conserve (食品) 罐头

~ de contrôle 控制箱

~ de cordeau 墨斗

~ de culture 培养瓶

~ de décades 十进箱

~ de dialogue 对话框

~ de dialogue de l'édition 编辑对话框

~ de distribution 配电箱

~ de jonction 接线盒

~ de lampe à huile 火油箱

~ de lavage 冲洗箱

~ de manœuvre 配线箱

~ de pharmacie pour secours d'urgence 急救箱

~ de réception 收件箱

~ de réduction　减速箱
~ de répartition　配电箱
~ de résistances　电阻箱
~ de résistances à fiches　插塞电阻箱
~ de secours　备用油箱,应急油箱
~ de soutirage　倾析箱,滗箱
~ de tirage　接线盒
~ de transmission principale　主传动箱
~ de valve　阀箱
~ de vide vite　放空箱
~ de vitesse　变速箱;传动箱;排档
~ de vitesse pour voiture　汽车变速器
~ des avances　进给箱;走刀箱
~ d'expansion　膨胀
~ d'inductances　电感箱
~ d'oxygène liquide　液氧箱
~ hydraulique　液压油箱
~ largable　副油箱
~ noire　黑匣子
~ porte broche　主轴箱
~ présélective　预选式变速器
~ sans prise directe　无直接挡变速器
~ souple　软油箱
~ sous pression　压力箱
~ vocale　音频盒

boîtier *n. m.*　箱;外壳;悬挂式操纵盒
~ de chonomètre　天文钟柜
~ de fin de course　限位开关
~ de la broche　主轴箱
~ programme　程序箱

bombe *n.f.*　【航海】信号球;炸弹,弹
~ à gaz　毒气弹
~ à hydrogène　氢弹

~ à neutrons　中子弹
~ à retardement　定时弹
~ à uranium apauvri　贫铀弹
~ assaillante　飞航导弹
~ atomique　原子弹
~ atomique à explosion souterraine　地下爆炸弹
~ au cobalt　钴炮
~ au napalm　凝固汽油弹
~ bactériologique　细菌弹
~ chapelet　集束炸弹,子母弹
~ cobalt　钴炮
~ de fumée　烟幕弹
~ de relèvement　定位弹
~ du cobalt　钴炮
~ éclairante　照明弹
~ électron　铝镁合金炸弹
~ explosible　爆破弹
~ explosive　杀伤弹,爆破杀伤弹
~ fumigène　烟幕弹
~ fusée　火箭弹
~ fuséecontre avion　防空火箭
~ hydrogène　氢弹
~ illuminante　照明弹
~ incendiaire　燃烧弹
~ lacrymogène　催泪弹
~ lumineuse　照明弹
~ maquette　教练弹
~ planante　飞弹
~ plastique　可塑炸弹
~ thermonucléaire　热核炸弹
~ toxique　毒气弹

bôme *n.f.*　【航海】张帆桅杆
bon *n.m.*　单据
　　　adj.　良性的
~ conducteur　良导体
~ conducteur de chaleur　热导体
~ courage　祝好运,加油
~ de caisse　提款单;存单

B

~ de commande 订单,订货单,订购单

~ de livraison 交货单,提货单

~ de livraison à valoir sur connaissement 交货单,出货单,提货单

~ d'expédition 发货单

~ d'ouverture 查货通知

~ effet 收效

~ état de nutrition 营养状况良好

~ marché 廉价的,价格便宜的

~ mouillage 安全锚地

~ plein 满风的(帆)

~ résultat 收效

~ sens 常识(尤指判断力)

bonde *n.f.* 舵栓孔

bonhomme *n.m.* 止动锁;销钉;定位器

bonne *adj.* 好的,优良的

~ arrivée 安全到达

~ espérance 好望角

~ nouvelle 好消息,福音

~ rupture 清晰时断信号

~ tenue 坚稳

bonnette *n.f.* 【船】补助帆

bord *n.m.* 船舷;岸,河岸

~ à bord 船方不负担装卸费

~ amont 上游岸

~ de mer 海滨,滨海

~ tombé de ballast 内底边板

~ tombé de l'hiloire 甲板梁法兰

bordage *n.m.* 船壳板,包板,船底包板

bordé *n.m.* 船壳板,包板,船底包板

~ de bouchain 舭外板

~ de pont 甲板平面

~ extérieur 外板

~ de muraille 舷侧外板

~ des fonds 船底板

border *v.t.* 【航海】沿海岸航行;【船】装船壳板

bordereau *n.m.* 清单,明细表;提单

~ d'achat 购货清单

~ de transport 货运提单

~ d'expédition 发货清单

bosse *n.f.* 【航海】掣索

bossoir *n.m.* 【航海】吊杆,吊架

~ d'embarcation 挂艇架

bouchain *n.m.* 舱底,舭部

bouche *n.f.* 入口;河口,江口;嘴

~ d'arrosage 消防栓

~ d'incendie 消防栓;防火栓

bouchon *n.m.* 塞子;制动器;浮子

~ pied 海角航线,边缘,顶端支架

~ à mémoire 记忆塞

~ à plat-pont （与甲板齐平的)小舱口;甲板煤舱口;甲板窗,天窗

~ à vis 螺旋止链器,螺塞

~ de connexion 插塞

~ de coulée 出铁口泥塞

~ de valve 轮胎打气嘴帽

~ fusible 熔断器

~ guide 导套

~ octal 八脚管座

~ temporaire 暂时性堵塞

boucle *n.f.* 环,圈;系缆环;海湾;回路

~ de fil 钢丝套圈

~ de pont 甲板系缆环

~ de poursuite 跟踪回路

~ de quai 码头系缆环

~ de réaction 反馈回路

~ fermée 闭环

~ intérieure 内环道

~ ouverte 开环

~ sans fin 死循环

boue *n.f.* 泥,海底沉淀物

~ à base d'eau 水基泥浆

~ à base d'huile　油基泥浆

~ à basse teneur de solides　低固相泥浆

~ à fumer le champ　泥肥

~ active　在用泥浆

~ biliaire　泥沙样结石

~ blanche　白泥浆

~ de batterie　电池淀渣

~ de forage　钻井泥浆

~ de saumure　盐水泥浆

~ électrolytique　淀渣

~ émulsifiée　乳化泥浆

~ émulsionnée d'huile　油侵泥浆

~ émulsionnée gaz　气侵泥浆

~ flottante　浮渣

~ glaciaire　冰川泥

~s de rectification　磨屑

~ salée　盐水泥浆

bouée *n.f.*　浮标,浮筒;航标,信标

~ à fanion ou à voyant　标记浮标,标记浮筒

~ brume　雾标

~ d'amarrage ou tonne　系泊浮筒

~ de marquage　标记浮标

~ lumineuse　灯标,灯浮

~ radio　无线电导航浮标

bouge *n.m.*　（甲板的）上拱度

bouilleur *n.m.*　【船】蒸馏器,海水蒸发器

boule *n.f.*　球;水位信号球

~ de commande　跟踪球

~ de coton　棉球

~ de neige　雪球

~ de verre　玻璃球

~ horaire　报时球

boulon *n.m.*　螺栓,螺钉

~ à expansion　膨胀螺栓

~ à tête octogonale　八角头螺钉

~ axe　螺栓［销、轴］

~ d'ancrage　地脚螺栓

~ de scellement　锚栓

~ en cuivre　铜甲板螺栓

~ expandeur　膨胀螺栓

~ explosif　爆炸螺栓

~ guide　导向螺栓

bourrelet *n.m.*　【船】防擦板,碰垫

bourse *n.f.*　资金;交易所

~ de commerce　商品交易所

~ de marchandise　商品交易所

~ des frets　航运交易所

~ des valeurs　证券交易所

bout *n.m.*　缆绳

bouton *n.m.*　按钮

~ latéral　旁按钮,侧按键

~ poussoir　按钮开关

~ ressort　弹簧驱动按钮,弹簧驱动按键

~ volant　旋钮

bras *n.m.*　【船】转桁素,操帆索,吊杆;支流;臂,力臂

~ de chargement　装卸臂

~ de force　力臂

~ de gouvernail　舵臂

~ de havage　截盘,割盘

~ de levier　杠杆力臂

~ de levier de couple　力偶臂

~ de levier de redressement　复原力臂

~ de manivelle　曲柄臂

~ de manutention　撬杠

~ de mer　海峡;海湾

~ de pelle　铲斗柄

~ de positionnement　定位臂

~ d'une ancre　锚臂

~ immobile　固定臂

~ mécanique　机械臂

~ mobile　活动臂

~ pivotant　旋臂,摇臂

~ principal　主支流

~ rotatif   旋臂,摇臂

brassage *n.m.*   混合,搅拌

brasse *n.f.*   【航海】英寻(水深单位, 约合 1. 83 米);法寻(旧水深单位, 约合 1. 624 米);蛙泳

brayage *n.m.*   【船】填缝;涂松脂

bride *n.f.*   绳,索;短系船索

brion *n.m.*   龙骨的前端部

briquetage *n.m.*   制砖,砖结构

brouillard *n.m.*   雾

~ d'huile   油雾

bruine *n.f.*   薄雾,毛毛雨

brume *n.f.*   【航海】雾号;轻雾

~ acoustique   声雾

~ légère   薄雾;雾

bulbe *n.m.*   船首,艏柱球部

bulle *n.f.*   泡,气泡

~ d'air   气泡

buse *n.f.*   通风管;喷嘴

C

cagbestan *n.m.* 绞盘

cabillaud *n.m.* 鲜鳕鱼

cabillot *n.m.* 系索栓

cabine *n.f.* 船舱,客舱;小间,小室

~ de grenaillage 抛丸清砂机

~ de transfert 潜水员转移舱

~ d'enregistrement sismique 地震仪器车

~ des cartes 海图室

~ insonorisée 隔音驾驶室

~ pivotante 旋转舱

~ radio 电报间

~ scellée 密封船舱

~ téléphonique 电话亭

câblage *n.m.* 绞制绳索,电缆连接

câble *n.m.* 缆,索,锚链,拖缆;海底电报;电缆

~ à air libre 地面电缆

~ à conducteurs multiples 多芯导线

~ à fibres optiques 光缆

~ à haute fréquence, HF 高频电缆

~ à isolant 绝缘电缆

~ à paire symétrique 对称电缆

~ à plusieurs brins 多芯电缆

~ à vide 无载电缆

~ acier cuivré 铜焊电缆

~ aérien 架空电缆

~ alimentaire 电源电缆

~ anti giratoire 非旋转电缆

~ armé 铠装电缆,屏蔽电缆

~ asphalté 浸沥青电缆

~ autoporté 自承式电缆

~ autoporteur 自承式电缆

~ bipolaire à deux conducteurs 双芯电缆

~ blindé 铠装电缆,屏蔽电缆

~ chaîne 电枢电缆;锚链,锚索

~ chargé 加感电缆

~ coaxial 同轴电缆

~ code 电缆码

~ composite 合成电缆,组合电缆

~ cuirassé 铠装电缆,屏蔽电缆

~ d'abonné 用户电缆

~ d'accouplement 连接电缆

~ d'acier 金属线,钢索

~ d'adaptation 匹配电缆

~ d'alimentation 动力电缆,动力线

~ d'amenée 引进电缆

~ d'ancrage 钢锚索(用于易滑坡地段的锚定)

~ de benne 铲斗钢索

~ de cabestan 猫头绳

~ de campagne 轻便电缆

~ de champ 军用电缆

~ de commande 控制电缆

~ de départ 引出电缆

~ de flèche 挺杆吊索

~ de guidage 导绳

~ de jonction 中继电缆

~ de liaison 连接电缆
~ de manœuvre 游动钢丝绳
~ de mise à la terre 接地电缆
~ de porteuse 载波电缆
~ de précontrainte 预应力钢索
~ de propulsion 带动电缆
~ de puissance 动力电缆,动力线
~ de remorquage 拖缆,拖索
~ de remorque 拖缆
~ de suspension 吊索
~ de télécommunication 通信电缆
~ de terminaison 终端电缆
~ de terre 斜缆
~ de timonerie 操舵索
~ de travers 横缆
~ dénudé 裸线
~ électrique 电力电缆
~ émaillé 漆包线
~ en acier 钢缆
~ en attente 备用电缆
~ en fibre optique 光纤电缆
~ en rideau 悬索电缆
~ en tranchées 直埋电缆
~ enterré 直埋电缆
~ étamé 镀锡电缆
~ flexible 挠性电缆
~ frein 制动索
~ fréquence 超高频电抗
~ groupé 集束电缆
~ guide 导缆
~ hydrofuge 防水电缆
~ immergé 水下电缆
~ incombustible 防火电缆
~ intégral 整体电缆
~ interurbain 长途电缆
~ isolé 绝缘电缆
~ lasso 套索
~ massif 实心电缆
~ méplat 扁电缆

~ monoconducteur 单芯电缆
~ multiconducteur 多芯电缆
~ non armé 无铠装电缆
~ nu 裸线
~ obturateur 快门线
~ optique 光缆
~ pilote 导航电缆
~ plat 扁电缆
~ pour chariot roulant 缆车索
~ pour fréquences radioélectriques 射频电缆
~ pupinisé 加感电缆
~ ruban 带形电缆
~ sanglé 铠装电缆,屏蔽电缆
~ solidal 塑立达电缆
~ souple 软电缆;软线
~ sous-marin 海底电缆
~ support 通信电缆
~ sur des artères aériennes 架空电缆
~ télégraphique 海底电缆
~ téléphérique 缆车索
~ torsadé 扭绞电缆
~ tracteur 牵引钢索
~ transatlantique 跨大西洋电缆
~ transocéanique 跨洋电缆
~ traversière 横缆
~ tressé 编织线
~ verni 漆包线
~s à quatre à paires combinables 四线组对绞电缆
~s à quatre en étoile 四线组星绞电缆
~s coaxiaux jumelés 双芯同轴电缆

câblier *n.m.* 海底电缆敷设船,放缆船;电缆员
cabotage *n.m.* 沿岸航行,近海运输;欧盟内海运

caché, e *adj* 隐藏的

cadence *n.f.* 速率, 节奏
~ d'acquisition 搜索率
~ d'avancement 施工进度
~ de forage 钻进进度
~ de sortie 生产率

cadran *n.m.* 刻度盘, 度盘; 钟面
~ de baromètre 气压表的刻度盘
~ de compteur 表刻度盘
~ de fréquence 频[率]度盘
~ de montre 表盘
~ d'indicateur 表盘
~ solaire 日晷
~ téléphonique 电话拨号盘

cage *n.f.* 吊舱; 框架, 罩
~ antirequin 防鲨网
~ de l'hélice 螺桨拱

caisse *n.f.* 【航海】淡水柜; 箱, 包装箱; 舱; 车厢; 收费处; 现金
~ à cémenter 渗碳箱
~ à claire voie 空眼箱
~ à claire-voie 板条箱, 柳条箱
~ à eau 水舱
~ à glace 冰舱
~ à grains et d'engrais minéraux 种肥箱
~ à outils 工具箱
~ à ridelles 栏板式车厢
~ à torpille de réserve 备用鱼雷舱
~ de cémentation 渗碳箱
~ de crédit 信贷机构
~ de flottation 浮[选]箱
~ de fourgon 闭式车厢
~ de lancement 发射舱
~ de nitruration 氮化箱
~ de résonance 共振箱
~ de secours 急救箱
~ de véhicule 车身, 车体

~ de voiture 车身, 车体
~ d'épargne 储蓄所
~ du tympan 鼓室
~ enregistreuse 收款机
~ étamée 防潮箱
~ hyperbar 加压舱
~ noire 非法小金库
~ palette 箱式托盘
~ poutre 构架式车体
~ profonde 深舱

caisson *n. m.* 隔离舱; 水密箱, 浮力箱
~ à air 空气包
~ de décompression 减压舱, 减压室
~ de lestage 压载箱
~ de semoir 压载箱
~ d'oxygène hyperbare 高压氧舱

calage *n.m.* 安装角
~ d'une hélice 螺旋桨的安装角

calcul *n.f.* 计算
~ de coût de revient 成本计算
~ de fret 运费计算
~ de la propagation des crues 洪水演算
~ de réserves 储量计算
~ des variations 变分学
~ d'impôt 征税估值
~ grossier 匡算
~ infinitésimal 微积分学
~ mental 心算
~ prévisinnel 估计, 估价, 评估
~ réel 核算, 重新计算
~ type 标准计算
~s nautiques 航海计算

calculateur *n.f.* 计算机
~ de chargement 装卸长

cale *n.f.* (商船的)货舱, 底舱; 码头的斜坡; 船坞; 垫木

~ à minerai 矿石舱
~ d'arrêt 刹车块;闸瓦
~ de bombes 弹舱
~ de chantier 船坞
~ de radoub 干坞,干船坞
~ de verrouillage 垫块
~ d'épaisseur 厚薄规,塞尺
~ en eau 浮船坞
~ étalon 块规
~ Johnson 量规
~ pied 踏板垫子
~ porte 门锁舌
~ sèche 干坞,干船坞

caler *v.t.* 船身入水

calfatage *n.m.* 【船】捻缝,嵌填船缝

caliorne *n.f.* 【船】(五轮或六轮)复滑车,绞辘

calorifugeage *n.m.* 保温,绝热

cambuse *n.f.* (船上的)食品储藏室

came *n.f.* 凸轮

~ à déplacement 滑动凸轮
~ à dépouille 铲齿凸轮
~ à tambour 圆柱凸轮
~ cylindrique 圆柱凸轮
~ de surface d'arc concave 凹弧面凸轮
~ plate 盘形凸轮
~ réglable 滑动凸轮

canal *n.m.* 运河,水渠;海峡;管道

~ d'alimentation 引水渠
~ adducteur 引水渠
~ calédonien 喀里多尼亚运河[英]
~ collecteur 集合管;收集管
~ d'adduction 引水渠
~ d'aérage 通风管;曝气管
~ d'air 通气道
~ d'assèchement 排水渠
~ de dérivation 导流明渠

~ de drainage 排水渠
~ de fuite 溢水道
~ de mozambique 莫桑比克海峡[非洲大陆和马达加斯加之间]
~ de panama 巴拿马运河[拉丁美洲]
~ de suez 苏伊士运河[埃及]
~ de trop plein 溢水道
~ de tuyère 尾喷管
~ découvert 明渠
~ d'éjection 尾喷管
~ d'évacuation 泄洪道
~ d'irrigation 灌溉渠
~ d'otrante 奥特朗托海峡[阿尔巴尼亚和意大利之间]
~ du nord 北海峡[苏格兰和北爱尔兰之间]
~ évacuateur de crue 溢水道
~ expérimental 试验孔道
~ jaugeur 测流槽
~ maritime 海峡,航道
~ navigable 通航运河
~ numérique 数字信道
~ ouvert 明渠
~ partiteur 斗渠
~ prioritaire 优先波道
~ radio 无线信道
~ sur appuis 渡槽
~ thermoplastique 热塑性管道

candela *n.f.* 烛光(发光强度单位,符号为 cd)

canon *n.m.* 炮,炮管;套筒,导套,衬套;枪

~ à air 空气枪
~ à âme lisse 滑膛炮
~ à ciment 水泥浆喷枪
~ à électrons 电子枪
~ à fusée 火箭炮
~ à gaz 空气枪

~ à tir rapide　连射炮

~ à tir rasant　平射炮

~ à vapeur　蒸汽枪

~ antiaérien　高射炮

~ bitube de bord　双联装舰炮

~ de brume　雾炮

~ de DCA　高射炮

~ de fusil　枪管

~ de guidage　钻模导套,导套

~ de guidage à épaulement　凸缘
导套

~ de guidage amovible　可换导套

~ de guidage fixe　压配导套

~ de guidage principal　衬套

~ de marine　舰炮

~ de soufre　硫棒

~ d'inscription　信号记录电子枪

~ multitube　多管火炮

~ naval　舰炮

~ sans recul　无坐力炮

~ taoïste　道藏

~ tous azimuts　全向炮

~ vapeur　蒸汽枪

canot *n.m.*　小船,艇

~ automobile　汽艇

~ cible　靶船,靶艇

~ de brume　雾炮

~ de louage　出租船

~ de ronde　巡逻艇

~ de sauvetage　救生艇

~ de sauvetage de côte　沿海救
生艇

~ de surveillance　巡逻艇

~ pneumatique　橡皮艇

~ pneumatique gonflable　气胀式
救生筏,充气筏

cap *n.m.*　航舶航向;【船】(无轮)三
眼滑车;海角

~ compas　罗经航向

~ croix　相互交

~ de Bonne Espérance　好望角[南
非(阿扎尼亚)]

~ de mouton　(无轮)三眼滑车

~ en haut　航向向上

~ horn　合恩角[智利]

~ kennedy　肯尼迪角[美]

capacité *n.f.*　(= capa)【船】(货舱
的)包装货容量;资格,能力

~ à la terre　对地电容[器]

~ à refus　堆载量

~ à vide　空载电容[器]

~ avec chapeau　堆载量

~ base collecteur　基极-集电极间
电容[器]

~ calorifique　热容[量]

~ calorifique molaire　分子热容
[量]

~ calorifique spécifique　比热容
[量]

~ capillaire　毛细容量

~ chimique　电解电容[器]

~ collecteur base　集电极-基极电
容[器]

~ d'accord　微调电容[器]

~ de câblage　布线电容[器]

~ de camion　货车载重量

~ de charge　载重能力;充电电容
[器]

~ de chargement ou de déchargement
装卸能力

~ de circulation　道路通行能力

~ de commutateur　交换机容量
[电信]

~ de condensateur　电容器电容
[器]

~ de couplage　耦合电容[器]

~ de la route　道路通行能力

~ de manoeuvre　可操纵性,机动
性,灵活性

~ de pompage　泵输生产率

~ de pont　桥梁通行能力

~ de production　开采速度

~ de reflux　回流量

~ de réseau　网络容量

~ de réservoir　库容

~ de roulement　滚动轴承负荷

~ de rupture　开关容量

~ de soubassement　地基承载力

~ de soutage　舱容

~ de transfert de pipeline　管道输送能力

~ de transmission　传输容量

~ de transport　船舶载货量,承载能力

~ de ventilation　通气量

~ d'emmagasinage　库存容量;积聚电容[器]

~ d'épuration　净化力

~ des carrefours　道口通行能力

~ des pompes　泵排量

~ d'infiltration　渗透量

~ distribuée　分布电容[器]

~ due à l'isolement　隔直[流]电容[器]

~ d'une couche d'arrêt　壁垒层电容[器]

~ effective de stockage　有效库容

~ électrolytique　电解电容[器]

~ en eau　容湿量

~ entre spires　匝间电容[器]

~ équivalente　等效电容[器]

~ étalon　标准电容[器]

~ grille plaque　栅屏极电容[器]

~ installée　装机容量

~ interélectrode　极间电容,极间分布电容[器]

~ intérieure　极间电容,极间分布电容[器]

~ mutuelle　互电容[器]

~ nuisible　有害电容[器]

~ par rapport à la terre　对地电容

~ parasite　寄生电容[器]

~ plaque grille　屏栅极电容[器]

~ pulmonaire　肺活量

~ respiratoire　肺活量

~ statique　静电容[器]

~ thermique　热容[量]

~ thermique molaire　分子热容[量]

~ thermique spécifique　比热容[量]

~ totale de réservoir　水库总库容

~ ultime　最终产量

~ vitale　肺活量

capitaine *n.m.*　船长,舰长;监督长,工长;(非洲的)马鲅

~ batelier　驳船船长

~ d'armement　港务督导,码头船长

~ de canot　小船船长

~ de port　港务监督,港监

~ de seinche　捕金枪鱼船船长

capital *n.m.*　资金,本金
　　　adj.　主要的,首要的

~ actions　股本

~ argent　货币资本

~ commercial　商业资本

~ financier　财政资本

~ fixe　固定资本

~ flottant　流动资本

~ incorporel　无形资本

~ roulant　流动资本

~ ship　主力舰

capot *n.m.*　【船】罩,油布罩;舱口盖,引擎盖;潜水艇的进口塔

~ d'échelle　船梯防雨罩

~ d'écoutille　舱口盖

·· d'extrémité 端环

~ moteur 发动机罩

capteur *n.m.* 传感器,发动器

carastéristique *n.f.* 特征,性能

   adj. 有特点的,特有的

~ de meule 砂轮代号

~ directionnelle 方向属性

~ mécanique 机械性能

~ qualitative 质量特性

~ sonore 声音特性

~s aux températures cryogéniques 低温性能

carène *n.f.* 船的水下部分

~ liquide 自由液面

cargaison *n.f.* 船货;货物水运;载荷

~ complète 全部船货

~ mixte 混合船货

~ sous le pont 舱内货

cargo *n.m.* 货船,货轮;货机,运输机

~ atomique 核动力货船

~ boat 货船

~ brise glace 破冰货船

~ hélicoptère 运输直升机

~ liner 运货班轮

~ minéralier 矿砂船

~ mixte 混合客货船

~ nucléaire 核动力货船

~ parachute 空投伞

~ roulier 滚装船

~ ship 货船

~ sous marin 潜水货船

~ submersible 潜水货船

~ traditionnel 传统货船

carlingue *n.f.* 【船】纵梁,内龙骨;座舱,壳体

~ de mât 桅座

carnet *n.m.* 簿,小册子;船票簿,车票簿

~ d'adresses URL 个人收藏页

~ de banque 存折

~ de chèque 支票簿

~ de chèques 支票本

~ de commandes 订货簿

~ de commandes mondial 世界通用订货簿

~ de marin 海员证

~ de notes 记分册

~ de route 路单,路条

~ de tickets 车票簿

~ de timbres 邮票册

~ d'observation 天文钟记录簿

~ fils 布线图

~ kilométrique 里程表

carré *n.m.* 高级船员的餐厅或休息室

carreau *n.m.* 舷缘列板

cartahu *n.m.* 【船】滑车绳索

carte *n.f.* 卡,卡片;地图;航海图

~ à fenêtre 穿孔卡片

~ à IC IC卡,智能卡

~ à mémoire 智能卡

~ à puces 智能卡;加密信用卡

~ à voyage 客票

~ accréditive 信用卡

~ altimétrique 等高线图

~ automobile 公路网图

~ bathymétrique 海洋水深图;水深图

~ bleue 银行卡

~ céleste 星图

~ cotidale 等潮线图

~ d'accès 出入证;通行证

~ d'adaptation 换算卡

~ d'atterrissage 港泊图

~ de commande 订货卡片

~ de convergence 等厚图

~ de crédit 信用卡

~ de faciès 岩相图
~ de grand cercle 大圈海图
~ de marée 潮汐图
~ de montage 安装图
~ de navigation 航海图
~ de qualification 合格证
~ de résidence 居住证
~ de résident 居留证
~ de route 航线图
~ de séjour 居留证
~ de signatures 印鉴卡
~ de visite 名片
~ des courants 海流图
~ des courants de marée 潮流图
~ des déviations 磁罗经自差表
~ des glaces 冰情图
~ des isopaches 等厚线图
~ des vins 酒单
~ d'identité 身份证
~ d'isochrones 等时线图
~ d'isoclines 等倾线图
~ d'isocorrection 等校正量图
~ d'isodélais 等延迟线图
~ d'isodynames 等磁力线图
~ d'isoécart 等偏差图
~ d'isoerreur 等误差图
~ d'isogones 等偏线图
~ d'isogramme 等磁力线图
~ d'isopaques 等厚线图
~ d'isopathes 等深线图
~ document 文件卡
~ d'opération 操作卡
~ du ciel 星图
~ en courbe de niveau 等高线图
~ en courbes isobathes 等深线图
~ en courbes isopaches 等厚线图
~ en courbes isopièzes 等压线图
~ enfichable 插件板
~ génétique 基因图

~ géologique 地质图
~ guide 索引卡
~ hydrographique 水文图
~ hypsométrique 等高线图
~ isanomale 等异常线图
~ isopaque 等厚线图
~ magnétique 磁卡
~ marine 海图
~ maritime 航海图
~ météorologique 气象图
~ nautique 航海图
~ orange （巴黎地区交通）橘黄色通票卡
~ paléogéographique 古地理图
~ paléogéologique 古地质图
~ paléotechnique 古构造图
~ photogrammétrique 摄测图,摄影测量地图
~ physiographique 地文图
~ relief 地形图
~ routière 航线图
~ téléphonique 电话卡
~ VISA 信用卡

cartel *n.m.* 联盟,联合企业,卡特尔
~ de départ 航海协会
~ de marchandises 货物企业联合
~ de prix 价格同盟
~ régional 地域企业联合

carter *n.m.* 挡板;外壳;曲轴箱
~ couvercle 盖罩
~ de chaîne de commande 传动链条罩
~ de l'entrainement de table 转盘链条罩
~ d'embrayage 离合器外壳

cas *n.m.* 情况,案例
~ de défaillance 违约事项
~ de référence 基本案例
~ d'urgence 紧急情况

cashflow *n.m.* 流动资金
　～ d'exploitation　运营现金周转
cause *n.f.* 原因
　～ contribuante　附带原因, 连带原因
　～ et effet　因果
ceinture *n.f.* 【船】护舷木；带, 皮带
　～ d'argent　带鱼
　～ de cuir　皮带
　～ de sauvetage　救生圈
　～ de sécurité　【航】安全带, 吃水线以下的装甲带
　～ de sûreté　【航】安全带
　～ de verdure　绿化带
　～ désertique　沙漠带
　～ d'évitement　避车带
　～ rocheuse　暗礁
　～ verticale　舷侧壁装甲
centre *n.m.*　中心；浮心
　～ de calcul　计算中心, 计算站
　～ de carène　浮心, 浮力作用点
　～ de cercle　圆心
　～ de chargement　负载中心, 负荷中心
　～ de commutation　交换局
　～ de distribution　配电中心
　～ de flottabilité　浮心
　～ de gravité　重心
　～ de gravité de la flottaison　漂心, 船舶水线面面积的形心
　～ de gravité du navire　重心, 船舶各部分重力合力的作用点
　～ de jonction　交通枢纽
　～ de passerelle　关口局
　～ de pensanteur　重心
　～ de tri　分拣中心
　～ de voilure　(帆面)受力中心, 着力中心, 作用中心
　～ de volume　浮心
　～ d'hygiène　保健所
　～ d'information sur le reseau　网络信息中心
　～ hyperhare　潜水站
　～ informatique　计算[站、中心]
　～ lumineux　光心
　～ optique　光心
　～ prophylactique　保健站
　～ technique de crise　应急响应中心
　～ téléphonique　电话总局；电话局
　～ téléphonique international　国际电话局
　～ vélique　风压中心
　～s de distribution　配电中心
cercle *n.m.*　圆, 圈；范围；【航海】大圆圈航线航行或飞行
　～ à pinnule　方位圈, 轴承环, 轴承润油环
　～ antarctique　南极圈
　～ arctique　北极圈
　～ d'autonomie　航程圈
　～ de distance fixe　固定距离圈
　～ de distance variable　可调范围标志
　～ de giration　回转圆
　～ de mouillage　锚泊圈
　～ méridien　子午圈
　～ polaire　极圈
cerf-volant *n.m.*　浮锚筝帆
certificat *n.m.*　证书；适航证书
　～ d'agréage　验货报告书
　～ d'assurance　保险凭证, 保险证明书
　～ d'assurance sur marchandises　货物保险证明书
　～ de capacité　货载衡量证书
　～ de circulation　流通证书
　～ de classe　船级证书

~ de classification 船级证书, 入级证书

~ de conformité 合格证, 质量合格证

~ de constructeur 厂商证明书

~ de dépôt 货物存单; 存款证

~ de dératisation 除鼠证书

~ de dommage 残损证明书, 破损证明书

~ de garantie 保证书

~ de garantie financière 财务保证证书

~ de jauge 登记吨位证书

~ de jaugeage 吨位丈量证书, 容量测定证书

~ de laboratoire 检验局证书

~ de navigabilité 适航证书

~ de non-gage 无抵押证明, 无担保证明

~ de perte 损失证明书

~ de qualité 合格证, 质量合格证

~ de quantité 数量证明书

~ de tonnage 吨位证书

~ de transfert 转让证书

~ de transit 过境证

~ de vaccination 防疫接种证书

~ de ventes 销售证书

~ d'entrepôt 仓库存货单; 仓库证书

~ desécurité 安全证书

~ d'exemption de dératisation 除鼠免除证书

~ d'incorporation 有限公司执照

~ d'obligatioin 债券

~ d'origine 产地证明书, 货物产地证明书

~ du bureau d'inspection et d'examen des marchandises 商检局证明书

~ international de franc-bord 国际船舶载重线证书

~ international de sécurité 国际船舶安全证书

~ international pour la prévention de la pollution par les hydrocarbures 国际防油污证书

~ IOPP 国际船舶防油污证书

~ médical 医疗证明书

~ pétrolier 石油有价证券

~ vétérinaire 兽医证明书

chaîne *n.f.* 链条; 【航海】导航系统, 导航网

~ à godets （链斗式挖泥船）铲斗链

~ antidérapante 防滑链

~ câble 缆索链

~ carbonée 碳链

~ cinématique 传动链

~ d'alimentation 供电网

~ de traction 起重链

~ de traction à maillons ronds 环形链

~ de traction articulée 多片式起重链

~ de transmission 传送链

~ d'encre 锚链

~ métallique 金属链

chaise *n.f.* 套圈双结, 双吊板结; 支架, 支座; 椅子

~ console 托臂

~ porte-hélice 【船】人字架, 尾轴架

chaland *n.m.* 平底驳船

~ à grue 起重船

~ citerne 油驳

~ d'accostage 登陆艇

~ de débarquement 登陆艇

~ de haute mer 海驳

~ de mer 海驳

maritime 海驳

~ ponté 葚船

~ porteur 运泥船

~ servant d'appui 锚定船

~s jumelés 双体船

chalut *n.m.* 拖网

~ à harengs 青鱼拖网

~ à panneaux 网板拖网

~ à perche 桁拖网

~ à poissons plats 比目鱼拖网

~ flottant 浮拖网

~ pélagique 中层拖网

chalutage *n.m.* 拖网捕鱼

~ à deux 对船拖网

~ à deux au chalut de fond 底对拖

~ de fond 底拖网

~ pélagique 深海浮动拖网

chalutier *n.m.* 用拖网捕鱼的人;拖网渔船

~ à latérale 侧拖网渔船

~ à pêche arrière 尾拖船

~ à pêche sur le côté 侧拖网渔船

~ à perche 桁拖网渔船

chambre *n.f.* 室,舱,间

~ à air 内胎;气舱

~ à basse pression 低压室

~ à coucher 起居室,卧室

~ à étincelles 火花室

~ à haute pression 高压室

~ à hyperbare oxygène 高压氧舱

~ à piston 缸无杆腔

~ à tige 缸有杆腔

~ à vide toroïdale 环形真空室

~ amortisseur 缓冲室

~ arrière 转子发动机的压缸

~ avant 前缸

~ condensateur 电容器型电离室

~ de chauffe 锅炉间

~ de combustion 燃烧室

~ de compensation 票据交换所

~ de compression 压缩室

~ de décompression 减压舱

~ de détente 膨胀室

~ de digestion 蒸煮室

~ de flotteur 浮箱

~ de mélange 混合室

~ de mines 水雷舱

~ de périscope 潜望镜舱

~ de post combustion 补燃室

~ de pressage 压缩室

~ de recombinaison 合成室

~ de sablage 水力清砂室

~ de tunnel 轴隧舱

~ des cartes de navigation 海图室

~ des cartes de veille 海图室

~ des lance torpilles 鱼雷发射舱

~ des machines 机舱

~ des pompes 泵房,(油船货油)泵间

~ d'explosion 燃烧室

~ d'huile 油箱

~ d'oxyène hyperbare 高压氧舱

~ forte 保险库

~ frigorifique 冷藏库

~ froide 冷冻室

~ hyperbare 高压舱

~ increvable 不爆内胎

~ muette 消声室

~ noire 暗室;暗盒

~ sourde 消声室

~ tampon 减震腔

chandelier *n.m.* 支柱;蜡台

changement *n.m.* 变更,变化

~ de cap 航向变更,改变航向

~ de courant 潮汐转流

~ de direction 方向改变

~ d'assiette 纵倾改变量,纵倾变化

chantier 船台,船坞;工地
- ~ maritime 码头港
- ~ naval 造船厂

chape *n.f.* 壳,罩;防水面层;支座

chapeau *n.m.* 帽,盖,罩
- ~ de coussinet 轴承盖
- ~ de palier 轴承盖
- ~ plateau 板梁

charge *n.f.* 载;负荷,载荷
- ~ admissible 容许负载
- ~ axiale 轴向负荷
- ~ brute 毛重
- ~ critique au flambage 临界载荷
- ~ de four 炉料
- ~ de fusion 熔融炉料
- ~ de gravité 自重
- ~ de sécurité 安全负载
- ~ du pneu 轮船负载
- ~ en excès 超载
- ~ excentrée 悬垂结构
- ~ nette 净重
- ~ nulle 无载

chargement *n.m.* 装载,装运的货物

chargeur *n. m.* 船主,装货人;装载机
- ~ image 装载机
- ~ sur roues 装货设备

chariot *n.m.* 小车,搬运车
- ~ à fourche 叉车
- ~ à main 手推车
- ~ à pansement 手推换药车
- ~ à treuil 绞车
- ~ avant 前刀架
- ~ cavalier 跨运车
- ~ de four à sole mobile 炉底活动车
- ~ de pont roulant 起重绞车
- ~ de roues 转向架
- ~ dérouleur de câble 拉电缆器
- ~ d'outil 小拖板
- ~ élévateur 叉车
- ~ élévateur à fourche 叉车升降机
- ~ élévateur électrique 电动叉车
- ~ grue 吊车
- ~ latéral 侧刀架
- ~ longitudinal 纵刀架
- ~ orientable 回转刀架
- ~ peseur 称重小车
- ~ plate forme 平板车
- ~ porte équipement 货车
- ~ porte outil 刀架滑板,刀架拖板;刀架
- ~ porte poche 浇包车
- ~ porte poche de coulée 浇注车
- ~ porteur 小货车,搬运小车,载货小车
- ~ remorque 挂车
- ~ roulant 大芯骨架;缆车
- ~ tracteur 小拖车
- ~ transversal 横向拖板,中拖板
- ~ verseur 卸料小车
- ~ vertical 垂直刀架

charte *n.f.* 合同,契据
- ~ partie 租船契约
- ~ partie à temps 期租合同,船舶定期租赁的租约
- ~ partie au voyage 航次租船,程租

chasse *n.f.* 追踪
- ~ bestiaux 排障器
- ~ boue 吸泥机
- ~ de mines 扫雷具
- ~ embarquée 舰载歼击机

château *n.m.* 肿部上层建筑;舰楼

chaudière *n.f.* 锅炉
- ~ à mazout 柴油锅炉
- ~ à vapeur 蒸汽锅炉
- ~ auxiliaire 辅助锅炉

C

　cylindrique　圆形锅炉
chauffe *n.f.*　加热;炉膛
chaufferie *n.f.*　锅炉房,锅炉舱
chaumard *n. m.*　【船】导缆钩,导索器
chavirer *v.i.*　(船)倾覆
chef *n.m.*　长官,轮机长
　~ adjoint　副手;副主任
　~ arrimeur　理舱水手长
　~ de département　部门长
　~ de direction　部门长
　~ de district　地区领导
　~ de file　列队首舰;领头人
　~ de flotille　舰队首舰
　~ de ligne　排头,生产线组长
　~ de mât　桅杆长
　~ de nage　桨手长
　~ de pilotage　领港长
　~ de rade　泊地警戒舰
　~ de timonerie　舵手长
　~ des marins　水手长
　~ mécanicien　轮机长
chemin *n.m.*　(24 小时的)航程
　~ d'accès　引道
　~ d'arrêt　冲程,停车后的滑行距离
cheminée *n.f.*　壁炉;烟囱,通风管
　~ d'aération　通风管
chemise *n.f.*　(机械)衬套,外壳
　~ à eau de refroidissement　冷却水套
　~ à vide　真空套
　~ d'air　空气冷却套
　~ d'arbre　轴套
　~ de coussinet　轴承套
　~ de cylindre　辊套
　~ d'eau　水套
　~ d'huile　油套
　~ en bronze　炮铜轴衬

chenal *n.m.*　航道
　~ étroit　狭水道
　~ principal　主航道,主河道
chicane *n.f.*　挡板,隔板
choc *n.m.*　冲击,震动;防撞舱壁
　~ absorber　减震器
　~ acoustique　声震
　~ central　对心碰撞
　~ direct　正向碰撞
　~ indirect　斜向碰撞
　~ sonore　声震
chronomètre *n.m.*　计时器,钟表
　~ auxiliaire　副天文钟,辅助记时器
　~ étalon　标准天文钟
　~ marin　航海天文钟,船钟
cigale *n.f.*　锚环,锚卸克
circuit *n.m.*　管道系统;循环;电路,线路,回路
　~ à vide　开路
　~ basculeur　触发电路
　~ bouclé　闭合电路
　~ d'alimentation　给水系统
　~ d'assèchement　舱底水系统
　~ de ballastage　压载管路布置
　~ de commutation　开关电路
　~ de purge　排气回路
　~ déclencheur　触发电路
　~ d'éventage　通风回路
　~ fermé　闭合电路
　~ flip flop　触发电路
　~ ouvert　开路
circulation *n.f.*　流通,循环
　~ à deux voies　双道通航
　~ latérale　横向环流
　~ maritime　海交通
citerne *n.f.*　液舱
　~ à ballast latérale　边压载舱
　~ à lest latérale　边压载舱

~ de décantation　污油水舱,澄清油柜

claire-voie *n.f.*　【船】天窗,甲板窗

clapet *n.m.*　活门,阀门

classement *n.m.*　分类

　~ d'après l'âge　年龄区分

　~ d'après le tonnage　吨位分隔

clause *n.f.*　条文,条款

　~ accessoire　附加条款

　~ conditionnelle　条件条款

　~ d'annulation　撤销条款

　~ d'arbitrage　仲裁条款

　~ d'avarie　海损条款

　~ de contrat　契约条款

　~ de ligne rouge　红线条款

　~ de remboursement　偿还条款

　~ de risque de guerre　战争险条款

　~ de sauvegarde　例外条款

　~ de sauvetage　救助条款

　~ de transbordement　换船条款

　~ d'irrévocabilité des paiements　购买或付款协议

　~ rouge　预支条款;红字条款

　~ sauf bonne fin　保留追索权条款

　~s de dégrèvement　补救条款

clavette *n.f.*　键,销,栓,楔;定位键,调整楔

　~ à talon　滑键

　~ creuse　鞍形键

　~ de réglage　调整楔

　~ d'hélice　螺旋桨楔

　~ disque　半圆键;月牙键

　~ évidée　鞍形键

　~ inclinée　楔键

　~ inclinée à talon　钩头楔键

　~ inclinée encastrée　嵌入楔键

　~ inclinée plate　平座楔键

　~ parallèle　普通平键

　~ sur traverse　舵柄楔

~ tangente　切向键

clin *n.m.*　【船】搭接

cloison *n.f.*　舱壁;隔板;护岸

　~ ajourée　花格墙

　~ amovible　活动隔墙

　~ d'abordage　防撞舱壁,船首舱壁

　~ de planche　板墙

　~ de séparation　分配板

　~ d'incendie　防火墙

　~ du peak arrière　船尾尖舱壁

　~ du peak avant　船首尖舱壁

　~ du presse-étoupe arrière　船尾尖舱壁

　~ écran　屏舱壁

　~ étanche　水密舱壁

　~ formant poutre　深梁

　~ grillagée　网状隔板

　~ interauriculaire　房间隔

　~ longitudinale　纵舱壁

　~ médiane　中间舱壁

　~ mobile　活动隔墙

　~ transversale ondée　波纹横向舱壁

code *n.m.*　码;法规

　~ à barres　条形码

　~ chiffré　密码

　~ civil　民法

　~ commercial　商法

　~ de commerce　商法典

　~ International de Signaux　国际信号代码,《国际信号规则》

　~ pénal　刑法

　~ postal（C. P.）　邮政编码

　~ privé　密码

　~ secret　密码

　~ symbolique　符号编码

　~ télégraphique　电码符号

　~s barres　条形码

coefficient *n.m.* 系数,率
- ~ constant 定常系数
- ~ crédible 置信系数
- ~ d'ablation 消耗系数
- ~ d'abrasion 磨耗系数
- ~ d'absorption acoustique 吸音系数
- ~ d'absorption apparente 视在吸收系数
- ~ d'accouplement 耦合系数
- ~ d'actinisme 光滑度系数
- ~ d'adhérence 附着系数
- ~ d'aliénation 不相关系数
- ~ d'arrimage 积载因数
- ~ d'association 联带系数
- ~ d'assurance 安全系数
- ~ d'asymétrie de l'alternance 循环非对称系数
- ~ d'attachement 附着系数
- ~ d'atténuation 阻尼系数
- ~ d'auto induction 自感系数
- ~ de ballast 压载系数
- ~ de blocage 联锁系数
- ~ de chargement 负载系数,积载因数
- ~ de chevauchement 重合度
- ~ de cisaillement 切变系数
- ~ de compacité 压实系数
- ~ de compactage 压实系数
- ~ de compactage 压缩系数
- ~ de compressibilité 压缩系数
- ~ de conductivité 传导系数
- ~ de conductivité thermique 传热系数
- ~ de consistance 稠度系数
- ~ de contraction 收缩[率、系数]
- ~ de conversion 变换系数
- ~ de coordination 协调系数
- ~ de correction 校正因素,修正

系数
- ~ de corroyage 收缩率
- ~ de dilatation 膨胀系数
- ~ de dissymétrie 非对称系数
- ~ de distorsion 失真系数
- ~ de Doppler 多普勒系数
- ~ de finesse 细度系数
- ~ de fissuration 开裂系数
- ~ de flambage 压曲系数
- ~ de forgeage 锻造比
- ~ de gonflement 膨胀系数
- ~ de la marée 潮汐系数
- ~ de Lamé 拉美系数
- ~ de liberté 自由度系数
- ~ de liquéfaction 液化系数
- ~ de magnétisme 感磁系数
- ~ de majoration 超载系数
- ~ de moment 力矩系数
- ~ de partage 分配系数
- ~ de passage 渗透系数
- ~ de pénétration 渗透系数
- ~ de perforation 射孔系数
- ~ de proportionnalité 正比系数
- ~ de pseudoanomalie 伪异常系数
- ~ de puissance 功率系数
- ~ de réaction 反馈系数
- ~ de réciprocité 可逆性系数
- ~ de récupération 恢复系数
- ~ de réflexion 反射系数
- ~ de régression 回归系数
- ~ de remplissage 船舶方形系数,船体方形系数
- ~ de remplissage au maître couple 最大横剖面系数,船中剖面系数
- ~ de résistance 摩阻系数
- ~ de restitution 恢复系数
- ~ de retrait 收缩系数
- ~ de rigidité 刚度系数
- ~ de rugosité 粗糙系数,糙率

系数
- ~ de ruissellement 径流系数
- ~ de sélectivité 选择性系数
- ~ de sensibilité 敏感度系数
- ~ de série 数列系数
- ~ de soufflerie 风洞系数
- ~ de striction 断面收缩系数
- ~ de traction 拉曳系数
- ~ de traînée 牵引系数
- ~ de traînée induite 感抗系数
- ~ de transfert 传递系数
- ~ de transfert de chaleur 传热系数
- ~ de transmissibilité 导水系数
- ~ de transmission atmosphérique 大气透射率
- ~ de turbulence 紊流系数
- ~ de variation 变差系数
- ~ de viscosité 黏性系数
- ~ de vulnérabilité 易脆性系数
- ~ d'échange de chaleur 换热系数
- ~ d'élasticité 弹性系数
- ~ d'encrassement 污垢系数
- ~ d'équivalence 当量系数,换算系数
- ~ d'étalonnage 校准系数
- ~ d'exploitation 运营系数
- ~ d'extinction 消光系数;消声系数
- ~ d'hygroscopicité 吸湿系数
- ~ d'induction 感应系数
- ~ d'induction mutuelle 互感系数
- ~ d'induction propre 自感系数
- ~ d'inertie 惯性系数
- ~ d'onde stationnaire 驻波系数
- ~ d'usure 磨损系数
- ~ d'utilisation 利用率
- ~ hygroscopique 吸湿系数
- ~ négatif de température 负温度

系数
- ~ volumétrique 容积系数

coffre *n.m.* 箱;水鼓;甲板井
- ~ d'amarrage 系船浮筒

colis *n.m.* 包裹,行李

collecteur *n.m.* 收集器
- ~ à vide 真空集热管
- ~ de chaleur 集热管
- ~ de poussière 集尘器
- ~ de transition 过渡管
- ~ de vapeur 蒸汽集收器
- ~ distributeur 集散道路
- ~ émetteur 集电极发射极
- ~ principale d'assèchement 舱底水总管,污水总管
- ~ thermique 集热管

collerette *n.f.* 凸缘,法兰,环箍

collet *n.m.* 法兰;衬圈
- ~ de butée 止推垫圈

colonne *n. f.* 柱;列;【船】罗经箱支柱
- ~ au carreau 舷侧顶列板,舷缘列板
- ~ de bouchain 舭部列板
- ~ de côté 舷侧列板
- ~ en pointe 合并列板

combustible *n.m.* 燃料
- ~ appauvri 贫燃料
- ~ chimique 合成燃料
- ~ diesel 柴油
- ~ en fusion 熔融燃料
- ~ enrichi 加浓燃料
- ~ épuisé 乏燃料
- ~ gadolinié 含钆燃料
- ~ irradié 辐照燃料,乏燃料
- ~ liquide 液体燃料
- ~ massique 比燃料
- ~ métallique 金属燃料
- ~ MOX 混合氧化物燃料

~ neuf 新燃料
~ nourricier 驱动燃料
~ nucléaire 核燃料
~ pour moteur 发动机燃料
~ raffiné 高级燃料
~ solide 固体燃料
~ synthétique 合成燃料
~ usé 废燃料
~ vierge 新燃料
~s fossiles 化石燃料

commande *n.f.* 粗索,大缆绳;操纵

commerce *n.m.* 商业,贸易,买卖
~ à long terme 长期贸易
~ communautaire 共同体贸易
~ coopératif 合作社贸易
~ de cabotage 沿海贸易
~ de transit 转口贸易
~ d'esclaves 奴隶贸易
~ d'outre-mer 海外贸易
~ électronique 电子商务,网络营销
~ extérieur 对外贸易,外贸
~ frontalier 边境贸易,边贸
~ horizontal 水平贸易
~ illégal 非法贸易
~ illicite 非法贸易
~ international 国际贸易
~ lucratif 获利商业
~ maritime 海上贸易
~ maritime mondial 世界海上贸易
~ multilatéral 多边贸易
~ réciproque 互惠贸易
~ stagnant 商业萧条
~ triangulaire 三角贸易
~ tripartite 三角贸易
~ visible 有形贸易

commettage *n. m.* （绳索的）合股搓制

commis *n.m.* 办事员,代理人;【航海】膳食管事
~ de rivière 海运事务人员
~ de transport 代运人
~ priseur 评估员

commissaire *n.m.* 专员
~ d'avarie 海损鉴定人
~ maritime 海事专员

commission *n.f.* 委托,代办,代办权;代理费
~ bancaire 银行佣金
~ d'achat 购买佣金
~ d'agent 代理行费用
~ de confirmation 保兑佣金
~ de direction 管理费
~ de négociation 议付佣金
~ de notification 通知佣金
~ de participation 手续费
~ de recouvrement 托收佣金
~ d'encaissement 托收佣金
~ d'engagement 融资费
~ nautique 海事委员会

commissionnaire *n. m.* 代理人,代办人
~ de marchandises 商品经纪人
~ de transport 运输承包人
~ en douane 关务代理人
~ exportateur 出口代理人
~ importateur 进口代理人

commutateur *n.m.* 转换器,开关

compagnie *n.f.* 公司
~ d'assurance 保险公司
~ de crédit bail 租赁公司
~ de gérance 管理公司
~ de ligne régulière 班轮公司
~ de navigation 船公司
~ de navigation au tramping 不定期、不定线船公司
~ de navigation pétrolière 油轮

公司

~ d'exploitation 经营公司,船舶经营人

~ petrolière 燃料公司

~ pétrolière 石油公司

~ sidérurgique 钢铁公司

compartiment *n. m.* 船舱;隔间,隔室

~ de tanker 油轮油舱

~ moteur 机械

compartimentage *n. m.* 水密分舱区划

compas *n. m.* 罗盘,罗经,指南针;圆规

~ à pointes 划规

~ à pointes sèches 分规

~ à trusquin 卡尺

~ azimutal 方位罗经,测向罗经

~ de gouverne 操舵罗经,驾驶罗经

~ de référence 参考罗经

~ de relèvement 方位罗经,象限罗盘仪

~ de route 操舵罗经,驾驶罗经

~ étalon 标准罗经

~ gyroscopique 陀螺罗经,电罗经

~ immergé 液式罗盘

~ liquide 液体罗经

~ magnétique 磁罗经

~ rapporteur 哑罗经

~ sec 干罗经

compensation *n.f.* 罗经校正

~ du compas 罗经校正,罗差补偿

compenser *v.t.* 校正(罗经)

compétence *n.f.* 能力

~ de l'équipage 船员技能,船员的专业能力

compression *n.f.* 压缩,压紧

compromis *n. m.* 仲裁协议,和解契约

~ d'avarie 海损契约

comptabilité *n.f.* 核算,财务,会计

~ budgétaire 预算会计

~ des coûts 成本核算

~ externe 离岸银行费用

~ financière 财务会计

compteur *n.m.* 计数器

~ à décrémentation 递减计数器,倒计数器

~ à ionisation 电离计数器

~ additif 累加计数器

~ autocoupeur 自猝灭计数器

~ croissant décroissant 可逆计数;递增递减计数器

~ de circulation 车辆计数器

~ de courses 里程计

~ de cycles 测周计

~ de débordements 全忙计数器

~ de distance 里程计

~ de lignes 行计数器

~ de particules 粒子计数管

~ de pas 计步器

~ de tours 转速表

~ de vitesse 车速表

~ de vitesse à radar 雷达测速[计、表]

~ décomteur 可逆计数器

~ d'eau 水表

~ d'électricité 电表

~ d'énergie active 有功功率计

~ d'essieux 车轴计数器

~ d'heure 计时器

~ d'instructions 指令计数器

~ électrique 电表

~ enregistreur 通话计数器

~ fréquencemètre 频率计数器

~ Geiger Müller 盖革-弥勒计

数器

~ horaire　计时器

~ journalier　日计数器

~ kilométrique　里程计

~ kilométrique totalisateur　累计里程表

~ multifiliaire　多线计数器

~ pondéré　加权计数器

~ solde　补偿计数器

condenseur *n.m.*　冷凝器

~ de buées　除气冷凝器

~ de vapeur　蒸气冷凝器

conducteur *n.m.*　导体,导线

~ absolu　良导体

~ de transition　过渡型导体

~ d'électricité　导电体

~ électrique　导线,传导线

~ extrinsèque　非本征导体

~ imparfait　不良导体

~ intrinsèque　本征导体

~ multibrin　多股绞合导线

~ pour fil scie　线锯导引器

conduite *n.f.*　驾驶,操作,驱动

conférence *n.f.*　协会;会议

~ de fret　运价公会

~ fermée　关闭运费同盟

~ maritime　海运同盟,航业协会

~ ouverte　开放同盟

conflit *n.m.*　冲突

~ de travail　劳动纠纷

~ entre travailleurs et patrons　劳资纠纷

connaissement *n.m.*　【航海】提单,提货单

~ à ordre　指示提单

~ à personne dénommée　记名提单

~ aérien　空运提单

~ ancien　过期提单

~ contre acceptation　提单承兑

~ de paquebot　班轮提单

~ de transbordement　（换船、转船）提单

~ de transit　联运提单

~ direct　直交提单

~ fluvial　河运提单

~ maritime　海运提单

~ net négociable　可转让清洁提单

~ sans réserve　无保留提单

~ standard　标准提单

~ transférable　可转让提单

conseil *n.m.*　【航海】捕获审判所

consignataire *n.m.*　船舶代理人;收货人,受托者

consignateur *n.m.*　发货人,寄托人

consignation *n.f.*　托运,交运的货物,寄售

~ du navire　船舶代理

consommation *n.f.*　耗油量;损失,损耗,消耗;消费

~ au cheval　耗油量,马力

~ calorifique　热耗

~ courante　日常消费

~ de combustible　燃料消耗

~ de pointe　最大耗油量

~ de puissance　功率消耗,功耗

~ kilométrique　耗油量/千米

~ spécifique　比油耗

constat *n.m.*　笔录

~ d'avarie　海损记录

contacteur *n.m.*　接触器

conteneur *n.m.*　容器,集装箱

~ en vrac　散货集装箱

~ frigorifique　冷藏集装箱

~ standard　标准集装箱

conteneurisation *n.f.*　集装箱化

contrat *n.m.*　合同,契约

~ à terme　期货合同,期货契约

C

~ à titre gratuit 无偿保险合[同、约]

~ accessoire 附属契约

~ aléatoire 冒险契约

~ cadre 框架合[同、约];框架协议

~ cadre ~ type 合同样本

~ CAF 到岸价格保险合[同、约]

~ clés en main 启钥保险合[同、约]

~ commutatif 实定契约

~ consensuel 两愿契约

~ d'achat à terme 定期购货保险合[同、约]

~ d'affrètement 租船合同,租船协议

~ d'affrètement au voyage 航次租船合同,程租合同

~ d'affrètement renouvelable 可延长的租船契约

~ d'affrètement total 全部租船契约

~ d'agence 代理合同,代理契约

~ d'agence renouvelable 可续订代理保险合[同、约]

~ d'agencement 代办保险合[同、约]

~ d'assurance 保险合同,保单

~ d'assurance maritime 海上保险契约

~ de cession 契约转让,转让保险合[同、约]

~ de construction 建造合同

~ de créance 债权契约

~ de fidélité 诚信合同,信用合同

~ de fourniture 供应保险合[同、约]

~ de garantie 保证保险合[同、约]

~ de livraison 交货保险合[同、约]

~ de location 租约

~ de louage 租借保险合[同、约]

~ de nolisement 租船保险合[同、约]

~ de passage 交货量协议

~ de port à port 港至港保险合[同、约]

~ de remorquage 拖带保险合[同、约]

~ de soustraitance 分包契约

~ de soutage 加油合同

~ de transbordement 转船保险合[同、约]

~ de transit 转口保险合[同、约]

~ de transport 运费契约

~ de travaux 工程保险合[同、约]

~ de troc 换货保险合[同、约]

~ de vente 买卖契约

~ de vente à terme 定期售货保险合[同、约]

~ d'exclusivité 独家经营保险合[同、约]

~ d'expédition 装运合同

~ d'indemnité 赔款契约,赔偿保险合[同、约]

~ en règle 符合手续保险合[同、约]

~ frauduleux 假保险合[同、约]

~ hypothécaire 抵押保险合[同、约]

~ invalide 无效保险合[同、约]

~ multilatéral 多边契约

~ non commercial 非贸易保险合[同、约]

~ provisoire 临时保险合[同、约]

~ renouvelable 可展期的保险合

[同、约]
~ résoluble　可撤销的保险合[同、约]
~ révocable　可撤销的保险合[同、约]
~ standard　标准保险合[同、约]
~ synallagmatique　双务保险合[同、约]
~ type　标准保险合[同、约]
~ unilatéral　单边保险合[同、约]
~ verbal　口头契约

contre *prép*　对着,朝着;与……相反,逆
~ accélération　负加速
~ action　反作用
~ alizés　反信风
~ arbre　副轴
~ bracon　斜杆
~ bride　副法兰,配对法兰
~ butée　反向缓冲器,反向顶杆
~ carlingue　副内龙骨
~ charge　平衡
~ châssis　隔层框架
~ courant　反向电流,逆电流,逆流
~ coussinet　上半轴承衬
~ diagonale　斜撑杆,斜撑
~ différence　船首倾
~ le vent　逆风航行的,顶风

contrebande *n.f.*　走私,偷运;水货,违禁品

contrebordier *n.m.*　船舶会遇,对驶

contremaître, esse *n.*　工长,工头

contrôle *n.m.*　控制,检查
~ de circulation　交通管制
~ de la qualité (CQ)　质量控制,质量检验
~ de l'avitaillement　船舶备品管理

~ de l'état de la marchandise　控制货物检查
~ de trafic routier　交通管制
~ de vitesse　测速
~ des mesures　测量
~ des poids　重量核对
~ des quantités　理货,清点
~ des volumes　容积控制,体积控制
~ du commerce　贸易管制
~ en boucle fermée　闭环控制
~ en boucle ouverte　开环控制
~ numérique　数控
~ par prélèvement　抽查
~ ponctuel　抽样检查
~ programmé　程序控制
~ renforcé　紧固检查
~ renouvelé　翻修检查
~ volant　抽查

contrôleur, euse *n.*　检查员
~ de la marchandise　货物检验员
~ de qualité　质检员

convention *n.f.*　协议,协定,公约,契约
~ commerciale　贸易协定
~ de compensation　易货协定
~ de travail　劳动协议
~ douanière　关税协定
~ monétaire　货币协定
~ synallagmatique　双务协定
~ verbale　口头协议

convoi *n.m.*　船队,列队
~ de navires de guerre　军舰护送

convoyeur *n.m.*　护航者,护航舰;传送带
~ à écailles　链式传送带
~ à monorail　单轨输送器
~ à secousses　震动传送带
~ circulaire　环形输送器

~ de châssis　砂箱传送带
~ de fonderie　铸造传送带

coque *n.f.*　船体,船壳;外壳

coqueron *n.m.*　尖舱
~ arrière　后尖舱,尾尖舱
~ avant　艏尖舱

coquille *n.f.*　贝壳;电铸外壳,冷硬铸型

cordage *n.m.*　缆绳;吊索
~ à trois torons　三股布线

corde *n.f.*　绳索,钢索
~ d'amiante　石棉索
~ de coulissage　倒缆
~ de cul　稳定索,防磨索,栏索,(舱内搬货)安全索
~ de dos　首缆;(挖泥船的)首锚钢管
~ dorsale　脊索

corne *n.f.*　【航海】雾笛,雾角
~ de brume　雾角

cornet *n.m.*　小号角
~ de brume　雾笛

cornière *n.f.*　T 型钢,V 型钢,角钢,角铁
~ à ailes égales　等边角钢
~ à ailes inégales　不等边角钢
~ à boudin　圆头角铁
~ gouttière　甲板边角材
~ guide　导向角铁
~ renversée　反向角材
~ simple　平角铁

corps *n.m.*　主体
~ mort　固定锚,系船锚
~ mort à coffre　系船浮筒

correction *n.f.*　校正磁罗经自差;修正
~ d'index　刻度校正
~s de franc-bord　干舷修正差

cosse *n.f.*　(缆索的)眼环

côte *n.f.*　线,海岸线;海岸

~ à estuaires　海湾型海岸
~ à limans　咸潮型海岸
~ abrupte　陡岸
~ arasée　均夷海岸
~ d'alerte　警戒线
~ fermée　封闭环

côté *n.m.*　侧;船舷
~ au vent　上风舷;迎风面
~ concave　凹面
~ droit pour les droitiers　主侧
~ du navire　舷侧,船舷
~ principal　主侧
~ profil　侧面
~ sous le vent　被风面

couche *n.f.*　层,地层
~ alluvionnaire　冲积层
~ altérée　风化层
~ antifriction　抗磨层
~ aquifère　含水层
~ associée　伴生层
~ basale　底积层,基底层
~ basaltique　玄武岩层
~ blocage　阻挡层
~ d'accès　接入层
~ d'accrochage　底漆
~ d'arrêt　阻挡层
~ de convergence　汇聚层
~ de coulée　浇注场
~ de demi atténuation (CDA)　半值层
~ de diffusion　扩散层
~ de référence　标准层
~ d'eau　水层
~ d'eau homogène　均匀水层
~ d'eau isotherme　等温水层
~ déchirée　破碎地层
~ d'enrichissement　富集层
~ d'huile　薄油层
~ diffusante profonde　深水散射层

~ d'ozone 臭氧层
~ encaissante 封闭层
~ épitaxiale 外延层
~ extérieure 外覆盖层;外层
~ faillée 断裂地层
~ filtre 过滤层
~ fortement 陡倾地层
~ granoclassée 渐变层
~ hydrofère 含水层
~ imperméable 不透水层
~ intrusive 岩床
~ isotherme 等温层
~ laminaire 层流层
~ limite 附面层
~ limite superficielle 湍流边界层
~ marine superficielle 海洋表层
~ neutre 中性层
~ nucléaire externe 外核颗粒层
~ nucléaire interne 内核层
~ océanique 大洋层
~ pellucide 透明层
~ périphérique 外电子层
~ perméable 透水层
~ protectrice 防护层
~ réfléchissante 反射层
~ réfractaire 耐热层
~ réservoir 储集层
~ rocheuse 岩层
~ sommitale 顶积层
~ sous jacente 下伏层
~ sus jacente 上覆层
~ tampon 缓冲层
~ tampon de piégeage 俘获缓冲层
~ transitoire 过渡层
couchette *n.f.* （车船上的）卧铺,铺位
~ de cabine 舱位
coude 弯管,折点

~ de côte 海湾
coulage *n.m.* 泄漏,渗漏
coulée *n.f.* 流;浇;浇铸,铸造
~ au renversé 凝壳铸造
~ basculante 倾斜浇注
~ bi métallique 复合铸造
~ boueuse 泥石流
~ centrifuge 离心铸造
~ de blocs 石流
~ de boue 泥流
~ de boue soudaine 泥流
~ de lave 熔岩流
~ de pierres 泥石流
~ volcanique 熔岩流
coupe *n.f.* 切口,剖面
~ au maître 船体中段断面图,船中剖面
coupée *n.f.* 舷门
couple *n.f.* 【船】肋骨,横截面;力矩;力偶,对,副
~ à la fermeture 关闭力矩
~ à l'ouverture 开启力矩
~ cinématique 运动副
~ d'arrière 船尾肋骨
~ d'avat 船首肋骨
~ de calage 失速力矩
~ de décollement 破断力矩
~ de décrochage 失步力矩
~ de forces 力偶
~ de glissement 移动副
~ de manœuvre 操作力矩
~ de mise en synchronisation 牵引力矩
~ de rotation 回转副
~ de serrage 拧紧力矩,上紧力矩
~ d'utilisation 满载力矩
~ électromagnétique 电磁力矩
~ exact 正合偶
~ hélicoïdal 螺旋副

~ initial de démarrage 起动力矩
~ maximal 失步力矩
~ moteur 发动机扭矩
~ nominal 额定力矩;额定转矩
~ ordonné 有序对
~ rotor bloqué 同步转子力矩;促
   转转矩
~ utile 有效力矩

courant *n.m.* 流,水流;【航海】动索
    adj. 当前的,流通的
~ chaud 暖流
~ circulaire 环流
~ circumpolaire 绕极海流
~ d'air 气流
~ de dérive 偏流
~ de jusant 落潮流
~ de marée 潮流
~ de retour 回流
~ dû au vent 风生海流
~ froid 寒流
~ marin 海流,洋流
~ océanique 海洋流
~ rapide 湍流
~ subsuperficiel 潜流
~ tiède 暖流
~ transversal 横向环流
~ turbulent 湍流

courbe *n.f.* 曲线,弯曲;等角航线
~ abrupte 急弯曲线
~ anallagmatique 自反曲线
~ apolaire 从配极曲线
~ asymptote 渐近曲线
~ bathygraphique 等深线
~ bicirculaire 重圆点曲线
~ caractéristique 特性曲线
~ caractéristique de palier 坪特性
   曲线
~ caustique 焦散曲线
~ conjuguée 共轭曲线

~ cycloïdale 旋轮曲线
~ d'activation 激活曲线
~ d'adaptation 匹配曲线
~ d'aimantation dynamique 动态
   磁化曲线
~ de cosinus 余弦曲线
~ de débouché 排水曲线
~ de décharge 放电曲线
~ de déchargement 卸荷曲线
~ de performance 性能曲线
~ de poursuite 追踪曲线
~ de raccord 缓和曲线
~ de raccordement 缓和曲线
~ de rayonnement 方向图
~ de recette 收入曲线
~ de régression 回归线
~ de relaxation des contrainte 弛
   豫曲线
~ de remontée de pression 压力恢
   复曲线
~ de sélectivité 选择性曲线
~ de tension dilatation 应力应
   变图
~ de tombée de pression 压降
   曲线
~ d'engel 能源曲线
~ des aires des couples 横截面
   面积
~ des coûts totaux moyens 平均总
   成本曲线
~ des eaux enflées 壅流曲线
~ des longueurs envahissables 可
   淹没长度曲线
~ des poids 重量曲线
~ des volumes de carène 浮力
   曲线
~ dextrorsum 右挠曲线
~ d'idifférence 无差别曲线
~ d'isogain 等增益曲线

C

~ d'isoproduit　等产量曲线
~ d'offre　供给曲线
~ du revenu de fret moyen　平均运费收益曲线
~ enveloppe　包线,航迹包线
~ enveloppée　被包曲线
~ équianharmonique　等交比曲线
~ équichamp　等场曲线
~ homothétique　位似曲线
~ intégrale　积分曲线
~ interscendante　半超越曲线
~ isentropique　等熵线
~ isodéflexion　等洗流曲线
~ isologique　对望曲线
~ isolux　等照度线
~ isopression　等压线
~ isoptique　切角曲线
~ isotrope　迷向曲线
~ métacentrique　【船】稳心曲线
~ orthoptique　切距曲线
~ panalgébrique　泛代数曲线
~ photométrique　光强分配曲线
~ polytropique　多变曲线
~ prononcée　小半径曲线
~ sectrice　等角分线
~ sinusoïdale　正弦曲线
~ trifoliée　三叶线
~ type　标准曲线
~ vers l'extérieur　外旋式
~ vers l'intérieur　内旋,内向旋转
~s de stabilité　复原力曲线,稳性曲线
~s hydrostatiques　静水力曲线
~s pantocarènes　交叉曲线

couronne *n.f.*　环状物;绞盘上的锚链轮

course *n.f.*　航程,行程
~ de croisière　巡航航程
~ vent arrière　顺风航行

coursive *n.f.*　（船上的）纵向通道

courtage *n.m.*　经纪费,经纪人佣金

courtier, tière *n.*　经纪人,中间商
~ d'actions　股票经纪人
~ d'affrètement　租船经纪人
~ d'assurance　保险经纪人
~ d'assurances maritimes　海上经纪保险人
~ de changes　外汇经济
~ de fret　租船经纪人
~ de marchandise　货物经纪人,货物代理人
~ de marchandises　商品经纪人
~ de navire　船舶经纪人
~ de transport　运输经纪人
~ de vente et d'achat　买卖经纪人
~ des effets　票据经纪人
~ en valeurs　证券经纪人
~ inscrit　注册经纪人
~ maritime　船舶经纪人

coussin *n.m.*　垫子
~ d'air　气垫,空气缓冲器
~ d'air sur l'eau　水上气垫
~ de béton　混凝土垫块
~ de feutre　毡垫
~ de jante　胎垫
~ de siège　坐垫
~ d'huile　油枕
~ électrique　电热垫
~ exothermique　发热垫片
~ mou　软座垫
~ pneumatique　气垫
~ pour pression　压垫

coussinet *n.m.*　轴衬,轴承

coût *n.m.*　成本,费用
~ à la tonne　每吨成本
~ à la tonne de port en lourd　船每载重吨运营成本
~ assurance fret（CAF）　到岸价[格],成本加运费及保险费价

［格］
~ de fabrication 生产成本
~ de l'assurance 保险费
~ de production 成本
~ de revient 成本价格
~ des travaux 工程费
~ d'exploitation 营运费
~ d'oportunité 机会成本
~ du combustible par heure 每小时燃料成本
~ d'une tonne par mille 每吨英里成本
~ et fret（C&F） 成本加运费价格
~ fixe 固定成本
~ fixe moyen 平均固定成本
~ marginal 边际成本
~ marginal à court terme 短期界限价格
~ marginal à long terme 长航程限界价格
~ moyen 平均成本,平均费用
~ moyen variable 平均变动成本
~ par navire et par jour 船天运营成本
~ par voyage 船舶单航次成本
~ pour le transport d'une tonne de marchandise 每吨货物运输成本
~ standard 标准成本
~ total 总费用,总成本
~ total annuel d'exploitation 年度运营总成本
~ total moyen 平均总成本
~ total variable 总可变成本,总可变费用
~ unitaire 单价
~ variable 可变成本,可变费用
~s de chargement 装货成本
~s de transport 运输成本
~s fixes 固定成本
couteau *n.m.* 刀

~ à couper le verre 玻璃刀
~ à plomb 电工刀
~ circulaire 圆犁刀,圆盘刀,环刀
~ d'appui 托板
~ d'ouvrier électrique 电工刀
~ pour câbles 电工刀
couture *n.f.* 接缝
créance *n.f.* 债权
~ sur marchandise 货物理赔,货物索赔
crédit *n.m.* 货方;信贷;资信
~ à découvert 无担保信贷
~ à la production 生产信贷
~ à l'exportation 出口信贷
~ à l'importation 进口信贷
~ acheteur 买方信贷
~ bail 租卖;信贷租赁,租赁信贷
~ bail fiscal 信贷租赁方式
~ documentaire 货物押汇信用证
~ en compte courant 往来账户信贷
~ export 出口信贷
~ fournisseur 卖方信贷
~ relais 过渡期贷款
~ sans gage 信用贷款
crémaillère *n.f.* 齿条,齿板;台架
crépine *n.f.* 金属滤网;衬管
~ d'aspiration 进气滤网
creux *n.m.* 深度;波高;舯舷高（从舯的上甲板到舱底）
~ au pont 甲板舷高
~ de cale 登记深度
~ de franc-bord 干舷深度
~ de jauge 登记深度
~ de vague 波谷
~ d'onde 波谷
~ océanique 海槽
~ sur quille 【船】型深;模深
crevette *n.f.* 小虾

crevettier *n.m.* 捕虾船

critérium *n.m.* 标准

  ~ de service 航务基准

croc *n.m.* 钩子

  ~ à echappement 滑钩,滑脱环, 活钩

crochet *n.m.* 小钩,挂钩;钩眼,挂钩眼板

  ~ agrafe 固定钩

  ~ avec piton 风钩

  ~ d'attelage 牵引钩

  ~ de balance romaine 秤钩

  ~ de grue 起重机吊钩

  ~ de remorquage 牵引钩

  ~ de traction 牵引钩

  ~ porte charge 负重吊钩

  ~ rotatif 大钩

croiser *v.i.* 巡航,游弋

croisière *n.f.* 艇;巡航舰队;巡航

  ~ d'écolage 教练巡航

crosse *n.f.* 帆船龙骨的支柱,舭鳍

  ~ d'arrêt 【航】制动钩

croûte *n.f.* 壳

  ~ continentale 陆壳

  ~ océanique 海洋地壳

cubage *n.m.* 容积,体积

culbuteur *n.m.* 翻转装置,摇臂

cylindre *n.m.* 柱体,圆柱;汽缸

cylindrée *n.f.* 汽缸工作容积

D

dalot *n.m.* 甲板泄水孔

dalotage *n.m.* 排水,排泄;排水系统

danger *n.m.* 危险;暗礁

~ de la navigation 航海危险

~ immédiat 紧迫危险,即刻危险

~ potentiel 潜在危险

dans *prép.* 在……内

~ le courant 向潮

davier *n.m.* 吊艇柱,(艏艉)导缆滚筒

de *prép.* 属于,关于

~ base 基准的

~ bord 边际的

~ droit international 根据国际法

~ forme ovale 椭圆形的

~ gran~ marque 高档

~ haute qualité 高档

~ limite 边际的

~ plusieurs parties 零件

~ pointe 高精尖的

~ puissance 动力

~ rechange 备用的

~ référence 基准的

~ réserve 备用的,后备的

~ rumb 等角航线

~ secours (轮胎等)备用的;应急的

débardeur *n.m.* 码头工人,装运工人

débarquement *n.m.* 靠岸,登陆,下船,卸货

~ de marchandises à terre 卸货上岸

débiteur, trice *n.* 债务人

~ principal 主要债务人

débitmètre *n.m.* 流量计,流量表

debout *adv.* 直立着,竖

~ au vent 船首对着风

décharge *n.f.* (水的)排出,排放口;蓄洪库;卸货

~ à la mer 舷外排放

~ sur bordé 通海排出阀

déclaration *n.f.* 申报单;报关;声明,说明

~ de transbordement 换船报单

~ de transit 转时报单

~ d'expédition 发货报单,托运报单

~ d'impôt 纳税申报单

~ en douane 海关报单,报关单

~ générale 总申报单

~ maritime 海运报单

~ provisoire 临时报单

déclencheur *n.m.* 触发器,断路开关,跳闸装置

déclinaison *n.f.* 偏角,磁偏角

~ d'astre 天体赤纬

~ magnétique 磁偏

décompression *n.f.* 减压,降压

dédouanement *n.m.* 报关,清关,出海关,海关放行

~ des marchandises 货物示

défaire *v.t.*　解去锚链,把卸扣拆开

défense *n.f.*　护舷物,挡泥板,碰垫；
防御
- ~ contre les crues　防洪
- ~ contre l'incendie　消防
- ~ de circuler　禁止通行
- ~ navale　海防

dégagement *n.m.*　释放,清理
- ~ d'air　排气

dégât *n.m.*　损害,损伤
- ~ dû au gel　冻害
- ~ occasionné par l'arrimeur　工残,
码头工人损坏
- ~ par rayonnement　辐射损伤

dégazeur *n.m.*　除气剂,脱气器

degré *n.m.*　等级,程度
- ~ d'acidité　酸性,酸度
- ~ d'angle　角度
- ~ de latitude　纬度
- ~ de longitude　经度
- ~ de précision　精度
- ~ de transparence de l'atmosphère
大气透明度
- ~ d'équilibre　平衡度
- ~ d'humidité　湿度
- ~ d'orientation　定向度
- ~ d'usure　磨损度

demande *n.f.*　要求
- ~ de crédit　贷款申请书,信贷申
请书
- ~ de modification　变更申请
- ~ de prix　询价
- ~ de rappel d'une traite　回收汇票
请求
- ~ de secours　遇难呼救
- ~ de tonnage　吨位要求
- ~ d'indemnisation d'assurance　保
险索赔
- ~ d'offre　报价请求,询盘

- ~ d'ouverture de crédit　开证申
请书
- ~ élastique　弹性的需求
- ~ faite dans les règles　符合手续
申请
- ~ inélastique　非弹性需求

démontage *n.m.*　拆下,拆卸

densité *n.f.*　密度,浓度
- ~ de la population　人口密度
- ~ de l'eau de mer　相对密度,比重
- ~ du brouillard　雾的浓度
- ~ du trafic　通航密度
- ~ optique　光密度

denté *adj.*　带齿的,锯齿状的

départ *n.m.*　开航,离港,起航

département *n. m.*　部,局,处,科,
部门
- ~ affretements　租船部
- ~ agences　代理部门
- ~ approvisionnement en combustible
燃料供应部门
- ~ arrimage de la marchandise　装
卸部门
- ~ assurance et réclamations　保险
和理赔部
- ~ commercial　商务处,商业部门
- ~ décomptes de l'entreprise　会计
部门,会计处,会计科
- ~ des frets à l'entrée et à la sortie
进出口货运部门
- ~ des réclamations　索赔处,理
赔部
- ~ des relations publiques　公共关
系部,公关部
- ~ d'exploitation　航运部门,操
作部
- ~ documentation　单证部
- ~ du marketing　营销部,市场部
- ~ exploitation maritime　海事部,

海运部

~ financier 财务处

~ logistique des conteneurs 集装箱物流部

~ manutention de la marchandise 货物装卸部门

~ marchandises dangereuses 危险货物部门

~ soutage 燃料供应部门

déplacement *n. m.* 排水量；移动，转移

~ avec appendices 型排水量

~ de marchandises 货物移动

~ de profil 径向变位

~ d'eau 排水量

~ des doigts 手指移动

~ du lit de rivière 河床清除

~ en charge 满载排水量

~ en totation 旋转移位

~ généralisé 广义位移

~ hors membres 型排水量

~ latéral 侧向移位，侧移，横向位移

~ lège 空载排水量

~ par combustion 火烧驱动

~ par gaz enrichi 富化气驱动

~ par phase miscible 混相驱油

~ sur ballast 压载排水量

~ thermique 热力驱油

dérivation *n.f.* 分流；偏航；偏差

dérive *n.f.* 偏航，漂流，横移；（平底船的）滑动舵龙骨，防倾板，制摆鳍

~ continentale 大陆漂移

~ des continents 大陆漂移

~ transversale 横向漂移

déroutement *n.m.* 航向偏离

désaérateur *n.m.* 抽气机，除气器

désamorçage *n.m.* 断路，熄火；（水泵）放水

désarmer *v.t.* 除去帆樯索具

désarrimage *n.m.* 翻舱，卸货

descente *n.f.* （甲板间）扶梯；下降，降落

destinataire *n.* 收货人，接收人

détecteur *n.m.* 探测器，检波器

détendeur *n.m.* 调压器，减压阀

détente *n.f.* （气体等的）膨胀，降压

détresse *n.f.* 【航海】求救信号；遇难

déversoir *n.m.* 溢流口，排出孔

déviation *n.f.* 偏航，背离，偏差

~ admise 公差

~ admissible 允许误差

~ de compas 罗经自差

~ de la boussole 罗差

devis *n.m.* 预算表，估价单

~ descriptif 工程说明书，施工说明书

~ estimatif 概算单，工程概算书

~ général 总概算

~ quantitatif 量单

devise *n.f.* 外汇

diagramme *n.m.* 图表

~ clairsemé 散布图

~ de l'échosondeur 回声测深仪深度记录图

~ de vecteur 向量图

~ des hauteurs 海拔图

~ des pressions 压力分布图；声压图

~ d'isolignes 等值图

~ fléché 箭头表示图

~ sagittal 箭头表示图

~ stéréo scopique 立体图

~ vectoriel 向量图

diamètre *n.m.* 直径

~ de l'écran panoramique 平面位置显示器直径

~ hydraulique 水力直径

D

de la roue　轮径

différence *n.f.*　差,差额,差别

~ algébrique　代数差

~ de chemin　路径差

~ de niveaux　落差

~ de parcours　路线差

~ de pression　压力差

~ de prix　差价

~ de retour　回差

~ de temps　时差

~ de volume　舱容差,容积差别

~ finie　有限差分

~ latérale　后向差分

~s de marée　潮高差

digue *n.f.*　堤坝,防波堤,堰;水闸,水坝

~ contre les inondations　防洪堤

~ de canal　渠堤

~ de fleuve　河堤

~ de mer　海堤

~ de rive　河堤

~ d'enclôture　围堤

~ en sable　沙堤

~ foraine　防波堤

~ maîtresse　主堤

dilatation *n.f.*　膨胀,扩张

direction *n.f.*　部门;方向;转向器

~ commerciale　商务区

~ de la circulation　交通方向

~ des ondes　波向

~ des opérations　运营段,营运部

~ du vent　风向

~ du vent réelle　绝对风向

~ générale des impôts　税务总局

~ magnétique　磁航向

~ opposée　反向

discrimination *n.f.*　判别,鉴别;区别

~ de prix　价格差别,价格歧视

~ de relèvement　方位分辨［率、

力］

dispache *n.f.*　海损理算书

~ d'avaries communes　共同海损理算书

dispacheur *n.m.*　海损理算人

dispositif *n.m.*　装置,(设备)机构

~ d'amorçage　点火装置,起动装置

~ d'embrayage débrayage　换挡机构

~ anticontraste　防灯光炫目装置

~ à un degré de liberté　单自由度装置

~ adaptatif　自动调节装置

~ anti enrayeur　防抱死装置

~ anti fouettement　防甩击装置

~ anti jet　喷射导流板

~ anti rotation　防转装置

~ antibuée　防玻璃水汽装置

~ antidérapant　防侧滑装置

~ antiroulis　减摇装置

~ antivibratoire　防震装置

~ asservi　随动装置

~ astatique　无定向装置

~ auto bloquant　缓冲器

~ automatique de réglage complexe　复式自动调节装置

~ classique　常规装置

~ coaxial d'électrodes　同轴电极装置

~ cohérent　相干装置

~ commandé　受控装置

~ compensateur　平衡装置

~ contre les chocs　防冲击装置

~ contre l'incendie　消防装置

~ d'ablocage　夹具

~ d'ablocage pour raboteuse　刨床夹具

~ d'allumage　点火装置;起动

装置

~ d'amortissement 减震装置

~ d'antiblocage de frein 制动器防抱死装置

~ d'appel par voie hertzienne 无线电呼叫装置

~ d'asservissement 随动机构

~ d'assistance 增力器

~ d'autorégulation de vitesse 自动调速装置

~ d'avance 进给装置

~ de battage 打桩装置

~ de blocage 制动装置

~ de block 闭塞装置

~ de brassage 搅料装置

~ de cantonnement 闭锁装置

~ de centrage des roues 车轮定中心夹具

~ de chargement à trémie 料斗式上料装置

~ de chauffage 加热装置

~ de choc 缓冲装置

~ de chronométrie 定时装置

~ de commande à réaction 反馈控制装置

~ de commande cinétique 动态控制装置

~ de commande cyclique 循环调节装置

~ de commande en cascade 级联控制装置

~ de commande numérique 数字式控制装置

~ de commande par changement de fréquence 变频调节传动装置

~ de commande statique 无触点控制装置

~ de commutation 转换装置

~ de compoundage 复励装置

~ de coordonnées 坐标装置

~ de déflexion 偏转装置

~ de démontage de roue 车轮拆卸装置

~ de fermeture automatique des portes 车门自动闭锁装置

~ de fixation 夹具,夹紧装置

~ de gonflement （轮胎）充气装置

~ de levage 提升装置

~ de métallisation 喷涂器

~ de mise à l'eau 下水装置

~ de passage de vitesses 换挡机构

~ de position 定位装置

~ de poursuite 跟踪装置

~ de présélection 预选装置

~ de protection 防护[罩,装置]

~ de pulvérisation 喷雾装置

~ de raclage 刮泥装置

~ de rappel 复原装置

~ de séparation 分道通航

~ de séparation du trafic 分道航行制

~ de serrage 夹紧装置;压紧套

~ de serrage pneumatique 气动夹紧装置

~ de signalisation sonore 声音信号装置

~ de sortie 输出器

~ de soustraction 减法器

~ de sûreté 安全装置

~ de trempe 淬火装置

~ de trop plein 溢流装置

~ de verrouillage 联锁装置

~ d'écoute 监听装置

~ d'éliminer le mouvement en arrière 防倒退装置

~ d'encliquetage 棘轮装置

~ d'entraînement 传动装置

~ d'épuisement 疏水设备

~ des hydrophones 海洋检波器排列

~ d'évacuation 排空器

~ d'insonorisation 隔音装置

~ d'irradiation 辐照装置

~ en coulisses 雁形排列

~ en dérivation 分流装置

~ en L 直角排列

~ en ligne 纵排列

~ impaire 奇排列

~ métrologique 测量仪表

~ mobile 可移动装置

~ optique 光学信号装置

~ paire 偶排列

~ pour la confection de joints de maçonnerie 砖墙勾缝装置

~ sans cordons 无塞绳装置

disque *n. m.* 轮,盘,圆盘;离合器圆盘

~ à came 凸轮盘

~ à meuler 砂轮

~ à trous 分度盘

~ à une passe 交流盘

~ antibué 防眩镜;遮光镜

~ central 中心件

~ de renversement 反向板,阴文板

~ de roue 轮盘

~ de turbine 冲动式叶轮

~ d'échappement 擒纵盘

~ d'embrayage auxiliaire 辅助离合器片

distance *n.f.* 距离;航程

~ angulaire 角距

~ de bout en bout 全程

~ de calibration 标距

~ de lisibilité 视距

~ de sécurité 安全距离

~ de sûreté 安全距离

~ de transfert 回航横距

~ de visibilité 视距

~ de visibilité minimum 能见距离

~ franchissable 续航力

~ métacentrique 横稳性高度,重稳距

~ minimum de passage 会遇最近距离,最近会遇点

~ parcourue 航程,行程

~ suffisante 安全距离,充足范围

distribution *n.f.* 分配,配送;配电

dock *n.m.* 船坞,码头;码头仓库

~ à pontons 浮箱式船坞

~ autocarénant 自坞修浮船坞

~ autonome 自航浮船坞

~ de radoub 干船坞

~ flottant 浮船坞

~ mère 主浮船坞

docker *n.m.* 码头工人,船坞工人

document *n. m.* 单据,文件,材料,资料

~ concernant la marchandise 货运单据

~ contre acceptation 交单承兑,单据承兑

~ contre paiement 付款交单

~ de quai bleu 空泊单

~ de transport 托运单

~ indatable 日期难定单据

~ maritime 货运单据,货运单证

~ non conforme aux termes de lettre de change 单证不符

~s contre acceptation 跟单承兑汇票;凭单承兑

~s contre paiement 凭单付款

~s de transport 运输单据

~s de transport combiné 联合运输

单据

~ s d'embarquement　货运单据

~ s d'entreposage　库存单据

~ s d'expédition　装运单据

~ s d'exportation　出口单据

~ s douaniers　海关单据

~ s juridiques　法律文件

~ s nautiques　航海资料

~ s négociables　可议付单据

doigt *n.m.*　销钉,销轴,销子

dommage *n.m.*　损害,损害,损失

~ occasionné par l'arrimeur　工残,码头工人损坏

~ de navire　船损

douane *n.f.*　海关,关税

double *adj.*　双的

~ coque　双壳

~ fond　双层底

~ fond cellulaire　区划式双层底

~ fond dans le système longitudinal　纵向框架双层底

~ fond dans le système transversal　横向框架双层底

doubler *v.t.*　并索

douille *n.f.*　插口,插座;套筒

~ de jack　插座

~ de serrage　紧定套

~ d'écartement　(轴承)定位套

dragage *n.m.*　疏浚,清淤,拖锚

~ par aspiration　吸泥疏浚

~ suceur　吸泥疏浚

drague *n.f.*　挖泥船;扫床架;捞网,拖网

~ à machoires　抓斗挖泥船

~ à pompe　吸泥船

~ à seau　链斗式挖泥船

~ à succion　吸泥船

~ acoustique　声扫雷器

~ de mines　扫雷

~ refouleuse　冲泥机

~ suceuse　吸扬式挖泥船

drisse *n.f.*　吊绳,吊索;扬索

~ de pavillon　旗绳,旗杆绳

~ s de mât　桅杆索,桅桁升降索

droit *n.m.*　法;税,费

~ compensateur　抵消关税

~ compensatoire　抵偿税

~ d'abandon　弃船权

~ d'accise　国内消费税

~ d'acte　契约税

~ d'amarrage　停泊权

~ d'anti subvention　反补贴税

~ d'antidumping　反倾销税

~ de base　出口关税率(欧共体)

~ de bassis et de quai　入坞费和码头费

~ de brevet　专利,专利权,专利费

~ de canaux　运河通行费,运河税

~ de circulation　流通税;商品流通税

~ de confiscation　充公权

~ de côte　海难救助法

~ de créance　债权

~ de douane　关税

~ de douane préférentiel　特惠关税

~ de feux　灯标费

~ de gestion　经营权

~ de l'avarie commune　共同海损法

~ de mutation　过户税

~ de navigation　航行税

~ de pêche　捕鱼权

~ de phare　灯塔税

~ de port　港口税

~ de recherche　海上搜查权

~ de reconnaissance　驶近权

~ de rétention　留置权,抵押品所产生的利息

D

do tonnage　吨税

~ de tonnage spécial　特殊吨税

~ de transit　过境税,转口税

~ d'encaissement　托收费

~ d'entrée　进口税

~ d'épave　漂流物所有权

~ d'escorte　护航权

~ d'inscription　登记费

~ d'utiliser le matériel　使用设备
权利

~ écrit　成文法

~ maritime　海洋法

~ maritime commercial　海商法

~ mobile　滑动关税

~ progressif　累进税

~ prohibitif　高额关税

~ protecteur　保护税

~ public　公法,国际公法

~ saisonnier　季节性关税

~ spécial d'entrée　特别进口税

~ spécifique　从量税

~ sur la valeur　从价税

~s d'amarrage　停泊税

~s d'auteur　版税;著作权法

~s de douane à taux plein　全额
关税

~s de douane à taux préférentiel　优

惠关税

~s de douane réciproques　互惠
关税

~s de mutation　财产转移税

~s de port　港务费,港口费

~s de port et de feux　港口费,灯
台费

~s de représailles　报复关税

~s de tirage spéciaux　特别提款权

~s d'enregistrement　注册税

~s d'exportation　输出税

~s différentiels　差别关税

~s douaniers prohibitifs　高额关税

~s et intérêts　权益

~s flexibles　伸缩性关税

~s spécifiques　从量税

duc *n.m.*　猫头鹰

~ d'albe　系缆桩,系船柱

dudgeonnage *n.m.*　滚压

dummy *n.m.*　趸船;浮箱

durée *n.f.*　期限,时间

~ au port　在港时间,停泊时间

~ de l'englacement　封冻期

~ d'exploitation annuelle　年度运
营时间

~ en mer　航海时间

~ totale d'exploitation　总运营时间

E

eau *n.f.* 水

~ acidulée 碳酸水

~ acidulée carbonique 碳酸水

~ activée 活[性、化]水

~ adoucie 软化水

~ agressive 腐蚀性水

~ amère 苦水(含镁)

~ ammoniacale 氨水

~ ardente 松节油

~ artésienne 自流水

~ associée 共生水

~ borée 含硼水

~ boriquée 含硼水

~ bouillante 沸水

~ bromée 溴水

~ bromique 溴水

~ brute 生水

~ buvable 饮用水

~ calcaire 硬水

~ combinée 束缚水

~ connée 原生水

~ courante 自来水

~ d'alimentation 给水

~ d'appoint 补给水

~ d'arrosage 喷淋水

~ de base 底水

~ de bordure 边水

~ de brome 溴水

~ de cale 舱底水

~ de circulation 循环水

~ de déshydratation 脱水水

~ de diaclase 裂隙水

~ de fond 底水

~ de formation 地层水

~ de gisement 油田水

~ de pluie 雨水

~ de refus 废水

~ de retour 回水

~ de rinçage 淋洗水

~ de robinet 自来水

~ de ruissellement 流泻水

~ de saline 卤水

~ de source 泉水

~ de sous sol 地下水

~ de structure 构造水

~ de toilette 淡香水

~ de vie 烧酒,白酒

~ dégazée 除氧水

~ déminéralisée 去离子水

~ désionisée 去离子水

~ dessalée 淡化水

~ détendue 废水

~ d'exudations 点滴水

~ d'hydratation 结合水

~ d'imbibition 浸润水

~ d'infiltration 渗透水

~ distillée 蒸馏水

~ distillée aromatique 水制剂

~ dormante 死水

~ douce 软化水

~ du jour 地表水

~ du toit 顶水

~ dure 硬水
~ épurée 净化水
~ ferrugineuses 铁质水
~ filtrée 过滤水
~ forte 镪水,硝镪水
~ fossile 原生水
~ funiculaire 索状水
~ halogénée 卤水
~ incendie 消防水
~ infectée 疫水
~ intermédiaire antarctique 南极中层水
~ interstitielle 层间水
~ irréductible 束缚水
~ isotherme 等温水
~ juvénile 岩浆水
~ légère 轻水
~ liée 束缚水,结合水
~ lourde 重水
~ magmatique 岩浆水
~ magnétique 磁[性、化]水
~ magnétisée 磁[性、化]水
~ marginale 边水
~ médicinale distillée 药露
~ mère 母液
~ métamorphique 变质水
~ météorique 雨水
~ minérale 矿泉水
~ minéralisée 矿化水
~ navigable 适航水域,通航水域,可航水域
~ non bouillie 生水
~ oxygénée 双氧水
~ pelliculaire 薄膜水
~ pendulaire 悬着水
~ peptonée 蛋白胨水
~ peu profonde 浅水域
~ phréatique 潜水
~ potable 饮用水

~ primaire 原生水
~ pure 纯净水
~ purifiée 纯净水
~ réfrigérante 冷却水
~ refroidie 冷却水
~ régale 王水
~ résiduaires 污水
~ salée 盐水
~ saline 卤水
~ saturée 饱和水
~ saumâtre 半咸水
~ souterraine 地下水
~ stagnante 死水
~ stagnantes 停滞水,静水
~ stérilisée 灭菌水
~ sulfureuse 含硫水
~ superficielles 地表水
~ susjacente 顶水
~ thermale 温泉水
~ trouble 浊水
~ usée 废水
~ usées 污水
~ vadeuse 过滤水
~ vadose 过滤水
~ vaporisée 雾化水
~ vibrante 附连水
~x à trafic dense 拥挤水域
~x fort fréquentées 交通密集水域,拥挤水域
~x locales 局部水域
~x ou le trafic est dense 高通航密度
~x territoriales 领海
écartement *n.m.* 轨距;间距,间隙
~ de bordure 边宽
~ des roues 轮辙,轮距
échangeur *n.m.* 交换器
~ de chaleur 热交换器
échappement *n.m.* 排气,排气管

échelle *n.f.* 比例尺;刻度,标度盘,分度盘;梯子
~ à godets 斗桥
~ automobile 消防汽车
~ automobile mécanique 自动消防梯子
~ de bord 舷梯子
~ de cale 货舱梯子
~ de charge 载重量标尺
~ de comptage 定标器
~ de côté 舷梯子
~ de déplacement 【船】排水量曲线;(泵)排量曲线
~ de force du vent 风级
~ de gréement 绳梯子
~ de gui 绳梯子
~ de mesure 量程
~ de portée 距离刻度,距离标尺,量程刻度
~ de profondeur 声级,测深范围
~ de sauvetage 救生梯子
~ de secours 防火梯
~ de service 爬梯
~ de température 温标
~ de température internationale 国际温标
~ de tirant d'eau 水尺,吃水标志
~ d'embarcation 软梯子
~ des marées 潮位标尺
~ d'étiage 水位标
~ d'incendie 消防梯子
~ extensible 延伸梯子
~ graduée 分度尺
~ linéaire 标尺
~ logarithmique 对数尺
~ réduite 缩尺比例;缩尺
~ suspendue 悬梯子
~s de l'écran 显示比例,显示标尺,显示读数

écho *n.m.* 回声,回波
~ à surdistance 超距回声
~ de phonons 声子回波
~ double 双回波
~ fantôme 虚回声
~ mirage 蜃像回声
~ parasite 寄生回波
~ phénomène 模仿现象
~ processeur 回声处理机
~ retardé 滞后回声
~s multiples 多重回波

échosondage *n.m.* 回声测深;回声探测法

échosondeur *n.m.* 回声测深仪
~ enregistreur 自记式回声测深仪
~ optique 光学回声测深器

échouage *n.m.* 触礁,搁浅

échouer *v.i.* 搁浅

éclat *n.m.* 【航海】(信号)闪光

éclipse *n.f.* 【航海】闪光灯塔

écluse *n.f.* 闸,闸门;船闸;水闸
~ maritime 海闸
~ à air 气锁
~ à sas 船闸

économiseur *n.m.* 节能器,省煤器

écrou *n.m.* 螺母,螺帽

écoutille *n.f.* 舱口
~ de faux-pont 最下甲板舱口

écubier *n.m.* (船首两侧的)锚链筒,导缆孔

effet *n.m.* 作用,效应;票据
~ à l'exportation 出口单
~ à l'importation 进口单
~ à longue échéance 长期票据
~ à terme 定期票据
~ accepté 已承兑票据
~ acousto optique 声光效应
~ actinoélectrique 光化电效应
~ aérodynamique 空气动力效应

~ aéroélastique 空气弹性效应
~ arrière 衬底效应
~ autophotoélectrique 自生光电效应
~ azimutal 方位效应
~ bancaire 银行票据
~ biologique de rayonnement 辐射生物效应
~ calorélectrique 热电效应
~ calorifique 热效应
~ Coanda 附壁效应
~ commercial 商业票据
~ corona 电晕效应
~ couronne 轮圈效应
~ d'altitude 高度效应
~ d'arrachement 抽吸作用
~ d'atomisation 雾化效应
~ de serre 温室效应
~ de bord 边缘效应
~ de bout 尖端效应
~ de canalisation de neutrons 中子流效应
~ de champ 场效应
~ de change 商业票据
~ de chœur 谐合效应
~ de commerce 商业票据
~ de commerce 保证商业票据
~ de complaisance 通融票据
~ de contournement 轮廓效应
~ de copie 副声效应
~ de courant 海流效应
~ de cryotrapping 低温捕获效应
~ de dynatron 负阻效应
~ de flutter 颤动效应
~ de fond 端部效应
~ de grenaille 散粒效应
~ de latitude 纬度效应
~ de lucarne 渐晕效应
~ de mémorisation 记忆效应

~ de parois 器壁效应
~ de photoconduction 光电导效应
~ de pincement 聚缩效应
~ de polarisation 偏压效应
~ de rainure 沟道效应
~ de rejet par rapport à un banc de sable 岸推(吸船尾推船首)
~ de restauration 正常效应
~ de revenu 获益效果
~ de rochet 棘轮效应
~ de scintillation 闪变效应
~ de soupape 整流效应
~ de spin 自旋效应
~ de striction 箍缩效应, 引缩效应
~ de substitution 替代作用
~ de succion entre navires 船吸作用,两船间的相互作用
~ de succion par rapport à un banc de sable 岸吸(吸船尾推船首)
~ de surface 气垫船起升
~ de voisinage 邻界效应
~ d'écho 回声效应
~ des facteurs chimiques sur virus 化学因素对病毒的影响
~ des facteurs physiques pour virus 物理因素对病毒影响
~ d'halogène 卤素效应
~ diabolo 沙漏效应
~ d'île chaude 热岛效应
~ diurne 白昼效应
~ documentaire 押汇票据
~ d'ombre 阴影效应
~ d'ondulation 波纹效应
~ Doppler 多普勒效应
~ du vent 风力作用
~ électromère 电子移动效应
~ électromérique 电子移动效应

~ électrophonique   电声效应

~ électrostrictif   电致伸缩效应

~ en réactivité   反应性效应

~ escomptable   可贴现票据

~ ferroélectrique   铁电效应

~ flicker   闪烁效应

~ galvano élastique   电弹性效应

~ galvanomagnétique   磁场电效应

~ génétique de rayonnement   辐射遗传效应

~ géoélectrique   地电效应

~ gyromagnétique   旋磁现象, 回转磁效应

~ gyroscopique   回转效应

~ impayé   未付票据

~ indésirable   不良反应, 副作用

~ induit   诱导效应

~ inhibiteur   抑制效应

~ inverse piézoélectrique   反压电效应

~ ionosphérique   电离层效应

~ libre   光票

~ lyotrope   易溶效应

~ magnéto ionique   磁致离子效应

~ magnéto mécanique   磁弹性效应

~ magnéto photoélectrique   磁光电效应

~ magnétoélectrique   磁电效应

~ magnétomécanique   旋磁现象, 回转磁效应

~ magnétostrictif   磁致伸缩效应

~ mécanocalorifique   机械热效应

~ négociable   可流通票据, 可转让票据

~ nominatif   记名票据

~ non expiré   未满期票据

~ non négociable   非转让票据

~ non protesté   未拒绝票据

~ ondulatoire   波纹效应

~ photoconductif   光电导效应

~ photodiélectrique   光致介电效应

~ photodynamique   光动态效应

~ photoélectrique   光电效应

~ photoélectrique de cristal   晶体光电效应

~ photoélectrique inverse   逆光电效应

~ photogalvanique   光电效应

~ photomagnétique   光磁效应

~ photomagnétoélectrique   光磁电效应

~ photonégatif   负光电效应

~ photoneutronique   光激中子效应

~ photonucléaire   光核效应

~ photovoltaïque   光伏效应; 光生伏打效应

~ piézoélectrique   压电效应

~ piézomagnétique   压磁效应

~ piézooptique   压光效应

~ radioélectrique   无线电效应

~ rendu   返回票据

~ renvoyé   返回票据

~ retourné   返回票据

~ stéréoscopique   立体效应

~ thermoélectrique   热电效应

~ thermoélectronique   热电子效应

~ troposphérique   对流层效应

efficacité *n.f.*   功率, 功效

~ de modérateur   减速比, 慢化比

~ de remplissage hydraulique   驱油效率

~ piézométrique de la marée   潮汐效率

effort *n.m.*   应力

~ et fatigues de coque   (船的)应力与应变

éjecteur *n.m.* 喷射器,排泄器
　~ de cale　舱底水排泄器
éjecto-condenseur *n.m.*　喷射冷凝器
élasticité *n.f.*　弹力,弹性
　~ croisée de la demande　交叉弹
　　性需求
　~ d'arc　挠曲弹性
　~ de la demande　需求弹性
　~ de point　点弹性
　~ parfaite　完全弹性
　~ -prix de la demande　需求价格弹
　　性
　~ -prix de l'offre　供给价格弹性
　~ -revenu de la demande　弹性收益
　　需求
élingue *n.f.*　【船】吊索,拎索,索套
élinguer *v.t.*　(用吊货索)捆吊
emballement *n.m.*　(机器或发动机
　的)超速运行
embarcation *n.f.*　艇,小艇
　~ gonflable　充气救生艇
　~ non pontée　敞舱艇
embarcadère *n.f.*　码头;栈桥
　~ flottant　浮趸船
embardée *n.f.*　偏航
embarder *v.t.*　突然偏驶
embarqué *adj.*　船载的,船运的
embarquement *n.m.*　装船,装货;上
　船;出境
　~ échelonné　分批装船,分批装运
embarquer *v.t.*　船运,把……装上
　船;登船
　~ l'ancre　收锚
embrayage *n.m.*　连接;连接器,离
　合器
embrayeur *n.m.*　接合杆;离合器;联
　轴节
émerillon *n.m.*　旋转钩,转钩,转环
émetteur *n.m.*　发射器;传感器,换

能器
　~ de son sous marin　水声发射器
　~ infrarouge　红外线发生器
　~ récepteur　对讲机;无线电台
　~ répondeur　收发无线电台;问
　　答机
emmagasinage *n. m.*　存储;进栈;
　入库
　~ de volume　贮存容量
emménagement *n.m.*　房舱设备
emplanture *n.f.*　【船】桅座
emploi *n.m.*　使用,利用,用法
　~ du temps　时间表,日程表
en *prép.*　(介词)表示时间、地点、状
　态、范围等
　~ accord　顺从,依从
　~ application　实行
　~ bloc　整批
　~ bouteille　瓶装
　~ caisse　箱装
　~ forme d'entonnoir　漏斗状
　~ forme de collier　环形
　~ forme de poche　袋状
　~ forme de saucisse　香肠状的,圆
　　柱号型
　~ grand large　出海
　~ gros　整批
　~ opposition de phase　反相
　~ panne　抛锚
　~ règle　符合手续的;合规定的
　~ route　在途中
　~ site　就地
　~ souane　保税的
　~ spirale　成螺旋形
　~ vrac　零散的,散装的
encaissement *n. m.*　锅炉舱栅;兑
　现;收款;托收
　~ de la machine　机舱棚
　~ de marchandises　货物装 [箱、

盒]

~ de traite　托收汇票

~ d'effet simple　光票托收

~ documentaire　跟单托收

~ d'un effet de commerce　商业票据收款

énergie *n.f.*　能量,能源

~ accumulée　蓄藏能

~ acoustique　声能

~ active　有效能;活化能

~ actuelle　动能

~ atomique　原子能

~ au repos　粒子静态能

~ cinétique　动能

~ combinée　结合能

~ d'absorption　吸收能

~ de gravité　重力能

~ de liaison　结合能

~ de migration　迁移能

~ de rayonnement　辐射能,放射能

~ de résilience　回弹能

~ de retrait　弹性回复能

~ de surface　表面能

~ débitée　输出能

~ des lames　浪能

~ des marées　潮汐能

~ élastique　弹性能

~ électrique　电能

~ émettrice　发射能量

~ emmagasinée　蓄能

~ éolienne　风能

~ potentielle　势能,位能

~ propre　固有能

~ radiante　辐射能

~ rayonnante　辐射能

~ renouvelable　再生能源

~ restituée　还原能

~ solaire　太阳能

~ solaire　太阳能

~ sonore　声能

~ superficielle　表面能

~ thermale　热能

~ thermique　热能

~ verte　绿色能源

~ vibratoire　振动能

enfoncement *n.m.*　下沉;下沉度,嵌入度

~ à vide　空载吃水

~ de pieu　沉桩

~ moyen　平均贯入度

~ retrait　捣针

engin *n.m.*　导弹;装置,设备

~ à aile delta　三角翼导弹

~ à charge explosive　带弹头导弹

~ à courte portée　短程导弹

~ à faible portée　短程导弹

~ à grande autonomie　远程导弹

~ à grande distance　远程导弹

~ à grande portée　远程导弹

~ à sabots vibrants　振动捣固装置

~ à voilure　飞航导弹

~ aérien　飞航导弹

~ aérodynamique　飞航导弹

~ air ASM　空[对]潜导弹

~ air espace　空[对]宇宙[目标]导弹

~ air mer　空对舰导弹

~ air navire　空对舰导弹

~ air sous mer　空[对]潜导弹

~ anti　反导弹导弹

~ anti fusée　反火箭导弹

~ anti ICBM　反洲际弹道导弹

~ anti sous marin　反潜导弹

~ anti tank　反坦克导弹

~ anti torpille　反鱼雷导弹

~ antibalistique　反弹道导弹

~ antichar　反坦克导弹

E

~ assaillant 攻击导弹
~ balistique 弹道导弹
~ balistique à grande portée 远程弹道导弹
~ balistique de portée moyenne 中程弹道导弹
~ balistique intercontinental 洲际弹道导弹
~ basé en puits fixes 井下发射导弹
~ bateau anti sous marin 舰对潜导弹
~ bateau bateau 舰对舰导弹
~ cible 靶弹,飞靶
~ composite 多级导弹
~ consommable 一次性导弹
~ cosmique 宇宙飞行器
~ d'attaque 攻击导弹
~ d'autopoursuite 自动寻的导弹
~ de battage 打桩机械
~ de champ de bataille 战术导弹
~ de chargement 装载装置
~ de compactage 夯实机械
~ de construction 施工机械
~ de diversion 干扰导弹
~ de havage 割煤机,截煤机
~ de levage 起重机
~ de malaxage 搅拌机械
~ de neutralisation 排雷潜水[器、钟]
~ de pêche 捕鱼设备,渔具
~ de pêche déployé 伸出装置
~ de pêche électrique 电子仪器,电子设备
~ de pêche statique 稳定装置
~ de pêche tournant 环形齿轮
~ de pêche traînant 拖曳设备,绞网机
~ de reconnaissance 侦察导弹

~ de serrage pour tranchées 路槽夯实机械
~ de sondage 钻机
~ de transport 运送机
~ de transport chenillé 履带式运送机
~ d'excavation 挖方机械
~ d'interception 拦截导弹
~ filoguidé 有线制导导弹
~ flottant 水运工具,水上艇筏
~ gigogne 多级导弹
~ global 远程战略导弹
~ intercontinental 洲际导弹
~ intérimaire 中程导弹
~ leurre (导弹)诱饵,诱饵导弹
~ mer air 舰对空导弹
~ mer anti sous marin 舰载反潜导弹
~ mer ASM 舰对潜导弹
~ mer mer 舰对舰导弹
~ mer sous mer 舰载反潜导弹
~ multimodal 多用途船
~ navire air 舰对空导弹
~ navire ASM 舰对潜导弹
~ navire navire 舰对舰导弹
~ navire sol 舰对地导弹
~ nucléaire 核导弹
~ piège 诱饵导弹,诱饵
~ polyvalent 多功能机械
~ radioguidé 无线电制导导弹
~ routier 筑路机械
~ sans ailes 无翼火箭
~ sans tirant d'eau 非排水船舶
~ semi balistique 半弹道式导弹
~ sol navire 地对舰导弹
~ sol sous marin 地对潜导弹
~ sonde 探空火箭
~ sous marin air 潜对空导弹
~ sous marin sol 潜对地导弹

~ sous marin surface 潜对舰导弹

~ sous mer air 潜对空导弹

~ sous mer sous mer 潜对潜导弹

~ sous mer surface 潜对舰导弹

~ stratégique 战略导弹

~ submersible 潜水器

~ subsonique 亚音速导弹

~ surface sol 面对地导弹

~ transcontinental 洲际导弹

~ volant 飞行器

engrenage *n.m.* 齿轮;齿轮传动,传动装置

enregistreur *n.m.* 记录器;录音机

~ à distance 远距自动记录器

~ de manœuvre 操作记录仪

~ de profondeur 回声测深仪,深度记录器

~ digital 数字指示器

~ traducteur 记录-译码器

entartrage *n.m.* 结垢,生水垢

entrée *n.f.* 入口;进口;输入,输入端

~ en franchise 免税进入

~ sortie 进出口;吞吐

entrepont *n. m.* 二层舱,中舱;甲板间

entreposage *n.m.* 存仓,入库

~ de volume 贮存容量

entrepôt *n. m.* 关栈,(海关)保税仓库

~ en franchise 保税库

~ fictif 私营仓库

~ fictif pour réexportation 私营再出口仓库

~ flottant 浮式仓库

~ frigorifique 冷藏车;冷库

~ particulier 私营仓库

~ public 公用仓库

~ sous douane 保税库

entreprise *n.f.* 企业,承包

~ à capitaux mixtes 合资企业

~ commerciale mixte 合营贸易企业

~ de manutention 装卸公司

~ de navigation 海运企业

~ de transformation 加工业

~ en participation 合资企业

~ fournisseuse 供应公司

~ grain 种子企业

~ individuelle 私人企业

~ joint venture 合资企业

~ maritime 海运企业

~ mère 母公司,主干企业

~ mixte 合资企业

~ portuaire 港口产业

~ privée 私营企业

~ virtuelle 虚拟企业

entretien *n.m.* 维修,维护,保养

~ courant 日常维护

~ de matériel 设备维修

~ du navire 船舶保养

~ d'urgence 抢修

~ et réparations 保养和修理

~ journalier 日常维护

~ ordinaire 日常维护

~ préventif 预防性养护,保养

envahissement *n.m.* 溢出,泛滥,淹没

enveloppe *n.f.* 外壳,包裹物;包络线;(电缆)绝缘包皮

épave *n.f.* (船舶的)遇难海损,沉船;遇难船残骸,沉船漂浮物

épissoir *n. m.* (插接绳索用的)木笔,铁笔,穿索针

épissure *n.f.* 编接;分叉点;铰接

épontille *n.f.* 【船】支柱,垂直支柱

épuiser *v.t.* 排干

équilibre *n.m.* 平衡,平衡状态

~ de l'import export 进出口平衡

~ du navire 船的平衡

équipage *n.m.* 船员,水手;全体船员

水手

équipement *n.m.* 齿轮,传动装置,装置

~ contre l'incendie 防火设备

~ d'amarrage 系泊设备

~ de chargement et de déchargement 货物装卸设备

~ de plongée 潜水设备

~ de port 港口设施,港口设备

~ de sauvetage 救生设备

~ de sécurité 设备安全,安全装置

~ de survie 救生设备

~ d'exploitation 工业设备

~ nautique 航海设备

~ radar 雷达装备

erreur *n.f.* 误差,错误

~ accidentelle 或然误差

~ de bande 横倾罗差

~ de collimation 准直差

~ de parallax 视差,判读误差

~ de pointage 定位误差

~ d'excentricité 偏心差

~ d'index 指数误差,刻度误差

~ essentielle 基本误差

~ fortuite 偶然误差

~ instrumentale 仪表误差

~ irrégulière 或然误差

~ matérielle 纯粹错误,单纯错误

~ mécanique 机械误差

erseau *n.m.* 【航海】索耳,小索套

~ de défense 碰垫圈

escalier *n.m.* 楼梯,阶梯

espace *n.m.* 间隔;舱位;空间

~ alloué (舱位的)配额

~ de temps 间隔,间隙

~ nécessaire 会船距离

~ pour manœuvrer 操纵空间,回转空间

essai *n.m.* 测试,试验;试航的船

~ à l'eau sous pression 水密性试验

~ à la manche 冲水试验

~ à l'imperméabilité 渗透试验

~ à outrance 强度试验

~ à vide 空载试验

~ aléatoire 随机试验

~ au banc 台架试验

~ au choc 冲击试验;落下试验

~ au choc enduré 反复冲击试验

~ au feu 燃烧试验

~ au quai 码头试验

~ aux tiges 钻杆测试

~ biologique 生物试验

~ climatique 环境试验

~ colorimétrique 比色试验

~ comparatif 比较性试验

~ comparé 对比试验

~ contradictoire 对立试验

~ courant 常规试验

~ d'amarrage 系泊试验

~ d'ambiance 环境试验

~ d'amortissement 衰减试验

~ de carneau 烟气试验

~ de charge du pieu 桩载试验

~ de congélation 冰冻试验

~ de corrosion 腐蚀试验

~ de corrosion au brouillard salin 盐喷试验

~ de démarrage 启动试验

~ de densité sèche 干密度试验

~ de durée 寿命试验

~ de dureté 硬度试验

~ de fermeture 关闭试验

~ de flambage 抗弯试验

~ de giration 回转试验

~ de limite de liquidité 液态试验

~ de liquidité 流动性试验

~ de macro attaque 深蚀刻试验

~ de manœuvrabilité　使用性试验
~ de navire　试航
~ de perméabilité　渗水试验
~ de qualification　定型试验
~ de qualité　定性试验
~ de résistance à l'acide　耐酸试验
~ de résistance à l'alcali　耐碱试验
~ de résistance au feu　耐火试验
~ de sécurité　安全性试验
~ de surcharge　超负荷试验
~ de survitesse　超速试验
~ de vie　寿命试验
~ de vitesse　速度试验
~ d'éclatement　爆裂试验;劈裂试验
~ d'écoulement　流动性试验
~ d'émulsification　乳化试验
~ d'endurance　耐久试验
~ d'étanchéité　漏泄试验
~ d'étanchéité à l'air　气密性试验
~ d'herméticité　气密性试验
~ d'immersion en acide　酸浸试验
~ d'imperméabilité　防水试验
~ d'oxydation　氧化试验
~ en mer　海上试验
~ hydroscopique　吸湿试验
~ hydrostatique　静水压试验
~ hydrostatique sous pression　流体静压试验
~ non destructeur　无损试验,非破坏性试验
~ non destructif　无损试验
~ par immersion complète　潜水性试验,全浸试验
~ par lot　采样
~ par voie humide　湿法试验
~ qualitatif　定性试验
~ routine　常规试验

~ sans charge　空载试验
~ similaire　模拟试验
~ statique　静载试验
~ sur maquette　模型试验
~ sur modèle　模型试验
~ sur rade　泊地试验
~ sur site　现场试验

estrope *n.f.*　【船】索套,绳索套
estuaire *n.m.*　河口;小港湾,河口湾;海湾
étai *n.m.*　桅支索;支撑,支柱
étalingure *n.f.*　锚链与锚的连接;锚链在锚链舱底的固定
étambot *n.m.*　【船】尾柱,尾框架,艉柱
~ arrière　舵柱舵柱
~ avant　螺旋桨柱
étanche *adj.*　密封的;水密的,防水的;气密的
~ à la poussière　防尘的
~ à l'air　气密的
~ à l'eau　水密的
~ aux intempéries　防风雨的,不受气候影响的
étanchéité *n.f.*　密封性,防水性
~ à pression　耐压性
~ au feu　挡火性
~ des joints　接缝密封
~ hermétique　气密性
état *n.m.*　状态;统计表;(政体)国
~ adiabatique　绝热状态
~ anaérobie　缺氧状态
~ avant vidange　高水位状态
~ de fonctionnement　工况
~ de la mer　海况,海清
~ de navigabilité　适航状态
~ du chargement　装载状况
~ du courant　海流状况
~ du marché　市场情况

~ du navire　船舶状况

~ du vent　风况

~ membre　成员国

~ morbide dû à l'invasion du vent pathogène　泄风

~ récapitulatif　汇总表

~ statique　静态

~ transitoire　瞬态

étrangloir *n.m.*　绞帆索,卷帆索

étrave *n.f.*　船首,船头,艏柱

~ à bulbe　球缘首柱

être *v.i.*　是;有;存在

~ au mouillage　锚泊

~ en panne　出现故障;有故障的

~ en rade　抛三锚停泊

~ pris dans l'hélice　(渔具)缠住螺旋桨

évacuation *n.f.*　排出,排放,排水

~ d'air　排风

~ d'eau　疏水

~ des gaz brûlés　排废气

éviter *v.t.*　(船)摆动,回旋

~ au vent　随风回转

~ à la marée　随潮回转

évoluer *v.i.*　(船)转向

expéditeur, trice *n.*　发货人,寄件人

~ agent　货运代理

~ d'usine　厂家货代

~ en déménagement　转港货代

~ en douane　报关行,货代

~ en groupage　分组运输代理

~ maritime　海运代理,船代

~ par navigation interieure　内陆航运报关行

~ par voie aérienne　空运发运业者,空运运输行,空运货物代理

~ par voie de chemin de fer　陆路运输人

expédition *n.f.*　运送,发送

~ de marchandises　发货

~ en vrac　散装发运

~ par échelons　分批发送

~ par mer　海道运送

~ rapide　速遣,快运

expérience *n.f.*　试验;经验

~ de stabilité　横倾试验,倾斜试验

expert *n.m.*　检验人;专家,行家

~ de navire　验船师

~ en marchandise　货物专家

~ maritime　验船师

~ nautique　航海专家,海洋专家

exposant *n.m.*　指数

~ de charge　水线带,变水线区

extensomètre *n.m.*　伸长计,应变计;电阻应变仪

extrémité *n.f.*　顶端,末梢

~ de la voie de circulation　航道终点

~ du tangon　吊杆顶端

F

façade *n.f.* 沿海地区;正面,表面, 浮面
~ maritime 海岸

facteur *n.m.* 因子,因数
~ de compartimentage 分舱因数

faire *v.t.* 做;【航海】向一个地方 航行
~ abattre 偏航,转航向
~ courir 满帆行驶
~ escale 停靠港口
~ escompter 交涉,协商
~ la pesée 过秤
~ le nord 向北航行
~ le point 测定船位;小结
~ le quart de mer 航海值班
~ le relevé de compte 开账单
~ le sauvetage 海难救[生、助]
~ route vent arrière 顺风驶帆,顺 风航行
~ suivre le colis postal 邮包转寄
~ tic-tac 标记
~ un envoi en argent 汇款
~ un projet de navire 船舶设计
~ une commande 订货

faisceau *n.m.* 束,捆

fanal *n.m.* 航灯,舷灯;导航灯;信 号灯
~ à pétrole 油灯
~ allumé 亮着的灯
~ combiné 合色灯
~ de mouillage 锚泊灯

~ électrique 手提电灯
~ sourd 巡逻灯
~ tricolore 三色灯

fanion *n.m.* 小旗;船旗;信号旗

fardage *n.m.* (船)干舷线上的受风 部分
~ des hauts (风浪时)上部累赘 船具

farder *v.i.* 【航海】(帆)张开

fatigue *n.f.* (材料的)损坏
~ s de coque 船体损伤

fausse *n.f.* 【船】最下甲板
~ mèche 辅舵头
~ penture 舵销承座
~ porte 板门
~ quille 耐擦龙骨;假龙骨

faux *adj.* 假的;最下甲板的
~ écho 假回波
~ essieu 辅助轴
~ fret 空舱运费,亏舱运费
~ pont 下甲板
~ queuniet 船首肩凸防碰垫

femelot *n.m.* 舵钮,舵栓
~ de talon 舵踵

fer *n.m.* 铁;鱼钩
~ à béton 钢筋
~ à cheval 马蹄铁
~ à colonnes 方钢
~ carré 方铁
~ de scellement 锚固钢筋
~ en T T型铁

F

~ en U　U 型铁
~ plat　扁钢
~ rond　圆铁
ferry *n.m.*　渡船,渡轮
~ boat　轮渡
feu *n.m.*　火;信号灯;【航海】升火
~ à éclats　急闪
~ à éclts rapides　急频闪灯
~ à main　应急灯,手把火焰信号
~ antibrouillard　雾灯
~ arrière　尾灯
~ arrière d'arrêt　后制动(信号)灯
~ avant　前灯
~ continu　活火
~ coston　信号焰火
~ côtier　海岸灯号
~ de bord　甲板灯
~ de côté　舷灯
~ de freinage et de plaque　牌照灯
~ de manœuvre　操纵灯
~ de mouillage　锚灯
~ de navigation　航行灯
·· de pêche　渔船作业灯
~ de position　位置灯标
~ de poupe　船尾灯
~ de remorquage　拖带号灯
~ de tête de mât　航行桅灯,前桅灯
~ de travail　工作灯,作业灯
~ d'éclaireur de plaque de police　牌照灯
~ d'identification　标志灯
~ flottant　航标灯船
~ nu　活火
~ tournant　旋转灯
~x de pilotage　领航信号灯,标灯,指示灯
filet *n.m.*　网,鱼网
~ à perche　桁拖网

~ calé à plusieurs nappes　多层的网具
~ calé à une nappe　单片网
~ de fond　底刺网
~ de pêche　渔网,鱼网
~ dérivant　漂网,流网
~ d'essai　试网
~ droit　流刺网
~ tramail　渔网,三层刺网
filière *n.f.*　【船】支索,扶手绳
filin *n.m.*　麻缆,缆绳
~ de nylon　尼龙缆绳
filtre *n.m.*　过滤器
fixer *v.t.*　固定
~ la hausse　定标尺
~ sur ler cartes　图注,海图上标注的
fjord *n.m.*　峡湾
flamme *n.f.*　舰旗,燕尾小旗,枪旗;火焰
flasque *n.m.*　侧板,炮架侧板;法兰,端盖
flèche *n.f.*　上桅,顶桅
flétan *n.m.*　庸鲽,大比目鱼
fleuve *n.m.*　河,江
~ de blocs　石流
~ de boue　泥流
~ frontalier　界河
flexible *adj.*　可挠曲的,易弯曲的
flot *n.m.*　波浪;流水,洪水;涨潮
flottabilité *n.f.*　浮力,浮动性
flottaison *n.f.*　水线,吃水线
~ de tracé　设计水线
~ en charge　载重吃水线
~ en surcharge　超载吃水线
~ lège　空载水线
~ normale　设计水线
~ sur ballast　压载水线
flottant, e *adj.*　漂浮的,浮动的

flotte *n.f.* 船队,舰队;浮标
- ~ active 现役舰队,常备舰队
- ~ aéronavale 海军航空兵
- ~ baleinière 捕鲸船队
- ~ câblière 电缆施工船
- ~ de croiseurs 巡洋舰舰队
- ~ de pétroliers 油轮队
- ~ de porte avions 航空母舰舰队
- ~ désarmée 停航船队
- ~ marchande mondiale 世界商船船队
- ~ mondiale 世界船队
- ~ non-commerciale 非贸易船队
- ~ pétrolière 油轮船队

flotteur *n.m.* 浮标,浮筒,浮子;漂浮物
- ~ en verre 玻璃钢浮标

flottille *n.f.* 舰队,分舰队,小船队
- ~ de mixte 混合舰队
- ~ des croiseurs 巡洋舰编队
- ~ des destroyers 驱逐舰编队

flux *n.m.* 流,流动;涨潮,潮汐
- ~ de marchandise 商品流通,物流量
- ~ et reflux 涨落潮
- ~ laminaire 层流
- ~ turbulent 湍流

fonction *n.f.* 功能,作用;函数
- ~ commerciale 商业功能
- ~ de coût 价值函数
- ~ de demande collective 集合需求函数
- ~ de stockage 储藏功能,保管职能
- ~ de transport 运输职能,运输功能
- ~ de vente 排水功能
- ~ d'emmagasinage 储藏功能,保管职能
- ~ d'entreposage 储藏功能
- ~ d'offre collective 集合供给函数
- ~ du commissionnaire-expéditeur 货代职务
- ~ industrielle 工业功能
- ~ monétaire 金融功能
- ~ politique 政治机能
- ~ portuaire primaire 主要海港功能
- ~ portuaire secondaire 次级港功能
- ~ sociale 社会职能

fond *n.m.* 底,底部
- ~ de cale 底舱
- ~ de forme 模底;基层下部;路基整形
- ~ de l'océan 洋底
- ~ de mer 海底
- ~ de navire 船底
- ~ de rivière 河床
- ~ dur et irrégulier 不平硬底
- ~ en pente 倾斜底
- ~ marin 海底
- ~ mobile du fleuve 河床移动
- ~ océanique 洋底
- ~ ondulé 槽型底,波形底部
- ~ primaire 底封头
- ~ rocheux 基岩
- ~ sablonneux 沙底海床
- ~ supérieur 上封头

force *n.f.* 力;【航海】用力划桨
- ~ active 活力
- ~ appliquée 作用力
- ~ ascendante 上升力
- ~ centrifuge 离心力
- ~ centripète 向心力
- ~ coercitive 矫顽[磁]力
- ~ cohésive 内聚力,凝聚力

F

~ concourante　汇交力

~ contre électromotrice　反电动势

~ coulombienne　库仑力

~ d'attraction　引力

~ d'attraction newtonienne　牛顿引力

~ de cheval　马力

~ de cisaillement　剪力

~ de cohésion　黏附力

~ de coupe　切削力

~ de déboîtement　拉出力

~ de décollement　破断力

~ de fermeture　密合力

~ de frottement　摩擦力

~ de frottement locale　局部摩擦阻力

~ de gravité　重力

~ de l'arrachement　分物力

~ de levage　升力

~ de loi　法律效力

~ de maintien　压紧力;自持力

~ de marché　市场实力

~ de pince　钳夹紧力

~ de placage　约束力

~ de propulsion　原动力,动力

~ de réaction　反作用力;反冲力

~ de réaction du jet　喷射反作用力

~ de répulsion　斥力

~ de repulsion mutuelle　相互斥力

~ de résistance　抵抗力

~ de résultante　合力

~ de temps　海况级

~ de traction　杠杆传动,杠杆作用,杠杆率,扭转力臂

~ de tranchage　切力

~ d'entraînement　驱动力;迁移力

~ d'envol　提升力

~ d'étirage　牵引力

~ d'excitation　激振力

~ d'inertie　惯性力

~ d'ouverture　抬升力

~ du vent　风力

~ électromagnétique　电磁力

~ électromotrice　电动势

~ électromotrice d'inductance mutuelle　互感电势

~ en jeu　作用力

~ entraînante　驱动力;迁移力

~ équilibrée　平衡力

~ équivalente　等效力

~ généralisée　广义力

~ impulsive　冲力

~ indirecte　间接暴力

~ magnétique　磁力

~ magnétisante　磁化力

~ magnétomotrice　磁通势

~ magnétomotrice à l'armature　电枢磁势

~ magnétomotrice au stator　定子磁势

~ majeure　不可抗力

~ motrice　动力

~ mouvante　主动力

~ normale　正压力;法向力

~ nucléaire　核子力

~ p. é. m.　光电动势

~ pénétrante　穿透力

~ perturbatrice　激振力

~ photo électromotrice　光电动势

~ répulsive　斥力

~ résistante　阻力,合力

~ tensorielle　张力

~ thermo électromotrice　温差电动势

~ tractrice　牵引力

forgé, e *adj.*　锻造的

formation *n.f.*　舰队;编队培训;层

~ aquifère　含水层
~ bauxitifère　矾土层
~ calcaire　石灰岩
~ poreuse　多孔隙地层
~ pétrolifère　含油层

forme *n.f.*　船坞
~ flottante　浮坞
~ de radoub　干船坞
~s de l'avant　船头
~s de l'arrière　船尾端部

fort *n.m.*　【船】船体最阔部分

fort, e *adj.*　强的,剧烈的,牢固的
~ de côté　刚性的,稳性大的
~ grain de pluie　雨暴
~ vent　疾风
~s courants　强海流

fosse *n.f.*　槽,池,沟渠;海沟

fouloir *n.m.*　锤体;导固器

fournisseur, se *n.*　供应者,供货商
~ de navire　船舶备件供应商

fourreau *n.m.*　轴套,套筒

foyer *n.m.*　炉缸,燃烧室,火箱
~ de chaudière　锅炉的燃烧室

frai *n.m.*　(鱼的)产卵,授精;鱼苗
~ de crabe　蟹黄

frais *n.m.*　费用,成本,开支;大风,强风
~ bancaires　银行费用
~ courant　运营成本投资
~ d'accès au réseau　入网费;上网费
~ d'acconage　驳船费
~ d'achat　购货费用
~ d'administration　管理费
~ d'administration de l'armement　企业运营费用,运营成本管理
~ d'agence　代理费
~ d'armement du navire　船舶运营成本,运营费用
~ d'arrimage　装舱费

~ d'avitaillement　保管费用
~ de bassins　船坞费
~ de bureau　事务费
~ de camionnage　卡车搬运费
~ de carburant　燃料成本,燃料费用
~ de chaland　驳运费
~ de chalandage　驳船费
~ de chargement　装船费
~ de combustible　燃料成本,燃料费用
~ de déchargement　卸货费用
~ de déplacement　差旅费
~ de dépôt　滞仓费
~ de douane　海关费
~ de financement　融资费用
~ de formalité　手续费
~ de gestion　管理费
~ de halage　移位费
~ de livraison　送货费
~ de magasinage　仓储费
~ de maintenance　保养费
~ de manutention　装卸费,搬运费
~ de manutention de la marchandfise　货物装卸费用
~ de mission　出差费
~ de montage　安装费
~ de pilotage　引航开支
~ de port　港务费,港口费
~ de production　生产成本
~ de recouvrement　托收费
~ de réparation et d'entretien　维修保养费用
~ de transport　装卸费,搬运费
~ de voyage　旅费
~ de voyage dans le port　港口费用
~ d'emballage　包装费
~ d'emballages　包装费

~ d'entreposage　仓储费
~ d'entretien　保养费
~ d'équipage　配员开支,船员经费
~ d'équipage direct　海员直接开支
~ d'équipage indirect　船员间接开支
~ d'exploitation　经营费用
~ d'exploitation par heure　单位小时运营支出,每小时生产费用
~ d'ingénierie　工程费
~ d'installation　安装费
~ d'investissement　成本,初建费,资本费用
~ divers　杂费
~ engagés　投资,投入
~ financiers　资金费用
~ fixe moyen　平均固定成本
~ fixes　固定费用
~ forfaitaires　全部费用
~ généraux　经常费用
~ généraux des navires　船舶准备金
~ généraux fixes　固定的一般管理费用,固定间接费用
~ indirect　间接成本
~ marginal　边际成本
~ moyen variable　平均变动成本
~ opérationnels　营业费用
~ opératoires　手续费
~ portuaires　港口费用
~ pour service rendu　服务费
~ total moyen　平均总成本
~ totaux　总费用,总成本
~ totaux variables　总可变成本,总可变费用
~ variables　可变支出,可变费用
franc *adj.* 免税的,免费的;【船】手

动舵柄的
~ d'avarie　海损免赔;无海损
~ d'avarie particulière　单独海损不赔
~ de droits de douane　关税免除
~ de perte totale　全损不赔
~ de port　运费已付的,邮费已
franc-bord *n.m.* 干舷,干舷高
franco *adv.* 免费的
~ à bord (FAB)　离岸价[格];船上交货价[格]
~ commission　佣金免除
~ courtage　经纪费免除
~ de port　邮资免除
~ d'emballage　免费包装
~ entrepôt　仓库交货价[格]
~ gare arrivée　到站价[格]
~ gare de départ　起运站交货价[格]
~ le long du navire　船边交货价
~ long du navire　船边交货价[格]
~ sur place　现场交货价[格]
~ wagon　火车交货价,铁路交货价[格]
frégatage *n.m.* 舷缘内倾
frein *n.m.* 刹车,闸,制动器
fret *n.m.* 运输费;船租;船货,货载
~ à la sortie　出口运费,销出运费
~ à l'entrée　进口运费,进口货运
~ acquis à tout événement　运费收后概不退还
~ ad valorem　从价运价[格]
~ au long cours　远洋运费
~ brut　毛运费
~ de port　运费
~ de transport　运费
~ et volume　货物运输容积
~ flurial　水上运费

~ forfaitaire　联运费

~ maritime　水上运费

~ payé d'avance　预付运费

fréteur *n.m.*　船舶出租人,船主

frottement *n.m.*　擦,摩擦,磨耗

fusible *n.m.*　保险丝,熔丝

F

G

gabord *n.m.* 龙骨翼板

gaillard *n.m.* 艏楼

galet *n.m.* 小滑轮,滚轮

galhauban *n.m.* 【船】后支索

galiote *n.f.* 荷兰圆帆船;舱口活梁

galoche *n.f.* 【航海】缺口滑车;导缆器

garde *n.f.* 【船】辘轳,绞轳;舷台保管人;警卫,看守员
~ boue 车轮翼子板,挡泥板,防尘护板
~ boue avec bavette 车轮翼子板
~ corps 船舷栏杆,栅栏
~ côte 海岸警戒艇;海防舰
~ crotte 防尘护板
~ de nuit 值夜班
~ feu 防火指挥员
~ fou 围栏
~ grève 拦砂障
~ ligne 巡道工
~ montante 倒缆
~ pêche 护航艇;渔警
~ phare 灯塔看守员
~ temps 时间传感器,计时器

garniture *n.f.* 舣装;(船的)属具
~ d'un mât 桅的索具,桅的装备
~ d'une voile 帆的索具,帆的装备

gatte *n.f.* 锚链舱

gaz *n.m.* 气
~ à l'huile 石油气
~ calorifère 可燃气

~ de gadoue 沼气
~ de houille 煤气
~ de pétrole liquéfié 液化天然气
~ d'éclairage 煤气
~ des marais 沼气
~ naturel 天然气
~ naturel liquéfié 液化天然气

gérant *n.m.* 经理,管理人
~ maritime 船舶管理人

gestion *n.f.* 经营,管理,处理,手段
~ de combustibles 燃料管理
~ de l'inventaire 库存管理
~ du navire 船舶管理
~ du stock 库存管理

gisement *n.m.* 舷角,航向角;矿床
~ à condensat 凝析气藏
~ bâbord 左舷角
~ de gaz 气藏
~ de minerai 矿层
~ de pétrole 油藏
~ d'huile 油藏
~ minéral 矿层
~ pétrolifère 油藏
~ structural 构造油藏
~s de pétrole off shores 近海油田
~s ferrigneux 铁矿床

gîte *n.f.* 【船】侧倾;搁浅处

glace *n.f.* 玻璃;冰;破冰船
~ brise vent 风窗
~ carbonique 干冰
~ de custode 后侧窗玻璃

~ de fond 底冰
~ de protection 保护玻璃板
~ de sécurité 安全玻璃
~ en grains non coupants 防碎玻璃
~ flottante 冰山
~ fossile 古冰
~ incassable 安全玻璃
~ inéclatable 安全玻璃
~ sèche 干冰
~ translucide 半透明玻璃
~ trempée 钢化玻璃
glène *n.f.* 【航海】绳捆
glissière *n.f.* 滑轨,导槽,导轮;护栏
gong *n.m.* 锣,船钟
~ sonique 声震
goniomètre *n.m.* 测角器,测向仪
~ optique 光学定向器
goujon *n.m.* 销,销钉;螺栓,螺柱;滑轮轴
~ à embase 定位销,固定销
~ de centrage 定位销,固定销
~ de châssis 砂箱导销
~ de guidage 定位销,固定销
~ fileté 螺柱
~ noyé 淹没螺栓
goupille *n.f.* 销,销钉,柱销
~ d'arrêt 锁销,保险销
~ de fixation 定位销
~ de guidage 导销
~ de position 定位销
~ de renversement 锁销,保险销
gousset *n.m.* 肘材,肘板
~ de barrot 梁肘
~ de bouchain 舭肘板
~ de contreventement 防倾肘板,防挠肘板
~ de pied de membrure 二重底外侧腋板
~ de pont 梁肘,梁柱隅铁
gouttière *n.f.* 甲板舷
gouvernail *n.m.* 舵
~ actif 主动舵
~ de direction 方向舵
~ de profondeur 升降舵
gouverne *n.f.* 操纵舵,掌舵
~ automatique 自动舵机
gouvernement *n.m.* (小船的)驾驶,掌舵
graduation *n.f.* 分度,刻度
~ azimutale 按度分刻度
~ d'appareil 刻度盘
~ de la rose 罗经刻度盘刻度
~ en quart 定点分割
~ quadrantale 四分之一罗经点刻度
~ rationelle 按度分刻度
grain *n.m.* 飑
~ blanc 无形飑
~ noir 乌云飑
graisseur *n.m.* 加油器,油杯,滑脂嘴
~ à graisse 油脂嘴
~ à huile 油杯
~ à main 手提油枪
~ presse 压油机,油枪
grand, e *adj.* 主桅的;大的
~ flèchearrière 斜桁后帆
~ fond 海渊
~ hune 主桅上平台
~ hune centrale 中桅楼
~ largue 横风行驶,延伸
~ mât 主桅
~ miroir 动镜
~ pavois 挂满旗
~ pavois longitudinal 纵挂满旗
~ pavois transversal 横挂满旗
~ pétrolier 大型油船
~ vergue 主桅下帆横桁

G

~ intensité 高强度,高亮度

~ moyenne 大量海损

~s bas 主桅转桁索

~-voile 主帆,主桅机

grappin *n.m.* 四爪锚 小艇锚

gréement *n.m.* 帆缆索具

grelin *n.m.* 缆绳,索缆,小锚链

grippage *n.m.* 咬刹,卡住

groupe *n.f.* 组;机组,发电机组

~ de chaudière 蒸汽发生器

~ de cylindres 汽缸体

~ d'entraînement 动力传送装置

~ des chaînes 链群

~ diesel 柴油发电机

~ électrogène 发电机组

~ moteur 动力装置

grue *n.f.* 起重机,吊车

guerre *n.f.* 战争,斗争

~ anti sous marine (ASM) 反潜战

~ commerciale 贸易战

~ des frets 价格竞争

geueulard *n.m.* 传话筒

guide *n. m.* 指南,引导装置;定位销;基准舰,导航舰

~ amovible 组合导轨

~ arrière 后导部分

~ avant 前导部分

~ bande 导弹带板

~ câble 钢索导套

~ de lumière 光导

~ d'éjection 喷射导向

~ d'ondes 波导管;波导

~ d'ondes sonore sous marine 水声波导

~ d'ondes vertébré 装甲波导管

~ élingue 起重吊环

~ fil fusible 易熔导板

~ médicinal 引药

~ opérateur 提示符

~ outil 钻模

~ papier 导纸轮

~ poinçon 冲头导轮

~ queue 导向尾数

~ ressort 导杆

guidon *n.m.* 小燕尾旗,细长三角旗

guindeau *n.m.* 卧式锚机

~ cabestan 绞盘

guirlande *n.f.* 【船】尖蹼板

H

habitacle *n.m.* 罗经柜,罗盘箱;座舱,驾驶舱
- ~ de conducteur 驾驶室
- ~ fermé 封闭式驾驶室
- ~ ouvert 敞开式驾驶室

haler *v.t.* 拖向……,拉向……;风向转北

hameçon *n.m.* 钓鱼钩
- ~ et appât 带饵的鱼钩

hampe *n.f.* 杆,柄

hanche *n.f.* 船侧后部
- ~ du navire 船侧后部,船舷后部

hangar *n.m.* 棚,库房,货场
- ~ des marchandises 货栈
- ~ pour locomotives 机车库

hareng *n.m.* 鲱鱼,青鱼
- ~ chinois 曹白鱼;鲦鱼

harpon *n.m.* 鱼叉;鲸船

hauban *n.m.* 帆索,侧支索,稳索,拉索

haut, e *adj.* 高的
- ~ plage 沙堤
- ~ marée 大海潮
- ~ mer 远海,大海

hauteur *n.f.* 高度;深度
- ~ cinétique 速度头
- ~ d'affaissement 坍落度
- ~ d'aspiration 扬程,吸程
- ~ de chute 水头
- ~ de pointes 中心高
- ~ de pression 压头
- ~ de refoulement 扬程

- ~ d'élévation 海拔
- ~ énergétique 动力头
- ~ ferrostatique de coulée 金属压头
- ~ métallostatique de coulée 金属压头
- ~ minimale d'étrave 最小船首高度
- ~ oblique 斜高
- ~ représentative 压力头

hélice *n.f.* 螺旋桨,螺旋推进器;螺线
- ~ à pas à droite 右舷螺旋桨
- ~ à pas à gauche 左舷螺旋桨
- ~ à pas variable 变矩螺旋桨
- ~ arrière 船尾螺旋桨
- ~ avant 船首螺旋桨
- ~ bâbord 左舷螺旋桨
- ~ carénée 导管螺旋桨
- ~ de gavage 导流轮
- ~ d'étrave 船首转向推进器,首螺旋桨
- ~ sous tuyère 导管螺旋桨

heure *n.f.* 时间,时刻
- ~ de fuseau 区时
- ~ de Greenwich 格林尼治时间
- ~ de pointe 高峰时刻;运输高峰
- ~ de trafic intense 高峰交通时间
- ~ d'été 夏令时
- ~ d'hiver 冬令时
- ~ G. M. T. 格林尼治时间

~ légale 标准时间,法定时间

~ locale 地方时,当地时间

~s creuses 低峰时间

~ d'affluence 高峰时间

~s de pointe 高峰时间

hiloire *n.f.* 甲板梁;(甲板的)加强列板;舱口围板

~ axiale 甲板中心线梁

~ de panneau 舱口围板;舱口缘围

~ d'écoutille 舱口围板

~ longitudinale de panneau 侧缘围,舱口侧围板

~ renversée 甲板纵梁,舱口纵桁

~ sous barrots 甲板纵梁,甲板桁材

~ transversale de panneau 端缘围,舱口端围板

hinterland *n.m.* 腹地,内地贸易区

~ compétitif 具竞争力的内地贸易区

~ direct 紧邻腹地

~ dominant 优势内地贸易区

~ potentiel 潜在的腹地

~ réel 实质腹地

~ spécifique 特定腹地,内陆贸易区

homard *n.m.* 龙虾,鳌虾

~ épineux 龙虾

~ de roche 龙虾

homme *n.m.* 人;男人

~ de barre 舵手

~ de vigie 瞭望手

horizon *n.m.* 地平线,水平线;人工地平线,人工地平仪

~ de référence 标准层

~ gazéifère 气层

~ guide 标志层

~ imprégné 渗透层

~ pétrolifère 油层

~ peu profond 浅层

~ réfléchissant 反射界面

~ réfracteur 折射层

~ repère 标准层,标志层

horizontal, e *adj.* 水平的,横向的

~ du plan des formes 半宽图,半宽线图

hovercraft *n.m.* 气垫船

hublot *n.m.* 舷窗

huile *n.f.* 油,润滑油,润滑剂

~ à gaz 轻柴油

~ à graissage 润滑油,润滑脂

~ anticorrosive 防锈油

~ antirouille 防锈油

~ brute 原油

~ concrète 固化油,固态油

~ conservation 防腐油

~ de carter 曲柄箱用油

~ de couperose 发烟硫酸,浓硫酸

~ de dégrippage 去锈油

~ de graissage 润滑油

~ de graissage fluide 轻质润滑油

~ de lubrification 润滑油

~ de poissons de mers profondes 深海鱼油

~ de thon 金枪鱼油

~ de tortue 鳖油

~ de transformateur 变压器油

~ de transmission de chaleur 传热油

~ de transmission hydraulique 液压油

~ demi sécheuse 半干性油

~ demi siccative 半干性油

~ diesel 柴油

~ d'imperméabilisation 防水油

~ émulsifiable 乳化油

~ émulsionnable 乳化油

~ épaisse 重柴油

~ épaissie　氧化油

~ essentielle de pétrole　重汽油

~ exempte de gaz　脱气石油

~ fluide　轻油,稀油

~ grise　汞乳剂

~ hydraulique　液压油

~ lampante　煤油

~ légère　轻油,稀油

~ lourde　重柴油

~ lubrifiante　润滑油

~ marine　航海油

~ mercurielle　汞乳剂

~ minérale　矿物油

~ oxydée　氧化油

~ peu visqueuse　轻油,稀油

~ pour dynamos　电机油

~ pour paliers lisses　轴颈油

~ pour pétrolier　油船用油

~ pour pivots　轴颈油

~ pour soupapes　阀油

~ récupérable　可采原油

~ récupérée　采出原油,再生油

~ sèche　干性油

~ siccative　干性油

~ solidifiée　固化油,固态油

huilerie *n.f.*　榨油厂,炼油厂

hune *n.f.*　桅楼

~ de vigie　桅上瞭望台

hydravion *n.m.*　水上飞机

~ cargo　水上运输飞机

~ citerne　水上加油飞机

~ école　水上教练机

~ fusée　火箭发动机水上飞机

~ jet　喷气式水上飞机

~ jouet　水上飞机模型

~ laboratoire　水上飞机实验室

~ maquette　水上飞机模型

~ torpilleur　水上鱼雷机

H

I

iceberg *n.m.* 冰山

image *n.f.* 图,图像,影像

  ~ doublement réfléchie 双图像,重合显示图像

  ~ gradient 梯度图

  ~ logarithmique 对数图像

  ~ radar 雷达图

  ~ ratio 比例图

  ~ satellite 卫星图

immatriculation *n.f.* 登记,注册

  ~ d'un navire 船舶登记

immergé, e *adj.* 淹没的,下沉的,潜水的

imprimante *n.f.* 打印机

indemnité *n.m.* 赔款,补贴

  ~ pour surestaries 滞船费;港口滞留赔偿

indicateur *n. m.* 指示器,显示器;指南

  ~ à cadran 刻度盘指示器,千分表

  ~ de charge 载重指示器

  ~ de déviation de course 偏航指示器

  ~ de gyrocompas 陀螺罗经指示器

  ~ de niveau de carburant 燃油液面指示器

  ~ de niveau d'essence 汽油表

  ~ de parcours 路程表

  ~ de profondeur 深度指示器

  ~ de structure 标准层

  ~ de trafic 交通指示

  ~ de virage 转弯指示器

  ~ de vitesse 速度指示器,车速表

  ~ d'environnement 环境指标

  ~ du cap 航向指示器

  ~ du courant de marée 潮流计

  ~ enregistreur 自动记录器

  ~ omnidirectionnel 全向信标航向指示器

indicatif *n.m.* 呼号,呼叫信号

  ~ d'appel 呼号,船名呼号

  ~ de station 电台呼号

indice *n.m.* 指数,率

  ~ de compartimentage 分舱指数

inducteur *n.m.* 感应器,电感仪

industrie *n.f.* 工业,产业

  ~ à forte densité de main d'œuvre 劳动密集型产业

  ~ baleinière 捕鲸业

  ~ de la navigation de ligne 班轮海运业

  ~ de la navigation régulière 班轮海运业

  ~ de l'acier 钢铁业

  ~ de main d'œuvre 劳动密集型工业

  ~ de pointe 高科技工业

  ~ du transport par vraquiers 散装货物运输行业

  ~ maritime 航运业

infrasonore *adj.* 次声的,次声所产生的

injecteur *n.m.* 注水器,喷射器

injection *n.f.* 注,注入,喷射

inspecteur, trice *n.* 检查员,监督人,验船师
- ~ des impôts 税务监察员
- ~ inspecteur 总轮机长

inspection *n.f.* 检验,调查;验货
- ~ après abordage 碰撞检验,碰撞调查
- ~ de classification 船级检验
- ~ de la navigation commerciale 港监局
- ~ des marchandises 商品检验
- ~ en service 在役检查
- ~ maritime 海事检查;海船检验局
- ~ quadriennale et biennale 四年度和两年度的检验
- ~ spéciale 特别检验,特检

installation *n.f.* 装置,设备
- ~ d'assèchement 舱底水排出系统
- ~ de chargement 装载设备
- ~ de chargement et de déchargement 装卸设备
- ~ de chemin de fer 铁路设施
- ~ de gouverne 操舵装置
- ~ électrique 电器设备
- ~ ou structure au large 近海装置,近海设施
- ~ pour camions 卡车装置

institut *n.m.* 所,院,研究院;协会
- ~ de navigation 航海学会,航海学院

instrument *n.m.* 仪器,工具
- ~ à réflexion 镜面仪表
- ~ de navigation 航海仪器
- ~ de nivellement 水准仪
- ~ méridien 子午仪

intensité *n.f.* 强度,亮度
- ~ de champs magnétique 磁场强度
- ~ de séisme 地震强度
- ~ d'illumination 照度
- ~ du son 声强
- ~ lumineuse 发光强度
- ~ séismique 地震强度

intérêt *n.m.* 利益;利息
- ~ assurable 保险权益
- ~ de transit 转口利息
- ~ nautique 航海利息

itague *n.f.* 【航海】短索

intermédiaire *n.* 仲裁者,调解者;中间物
- ~ indépendant 自雇中间人
- ~ non-indépendant 非自营中介人

interrupteur *n.m.* 开关,断电器,断流器

itinéraire *n.m.* 路线,航线
- ~ du voyage 航次日程

I

J

jambette *n.f.*　缆柱,(露出在船舷上缘上的)肋材端

　　~ de pavois　舷墙支柱

jardin *n.m.*　园

　　~ de tambour　明轮罩舷台,舷伸甲板

jas *n.m.*　锚杆

　　~ d'ancre　锚杆

jauge *n.f.*　吨位,容积;测定表,计量仪

　　~ à huile　油面指示器;油标;油尺

　　~ brute　总吨位

　　~ de densité　密度计

　　~ d'essence　油量表

　　~ d'un navire　船舶吨位计量

　　~ nette　净吨位

　　~ pneumatique　气压计

jaumière *n.f.*　舵杆孔,舵轴筒

jetée *n.f.*　防波堤,海堤

　　~ flottante　浮桥

jeu *n.m.*　套,组,全套

　　~ complet　成套,全套,整套

　　~ complet de connaissement　全套提单

　　~ complet de documents　全套单据

　　~ complet de documents d'expédition　全套货运单据

　　~ complet de pièces d'embarquement　全套装船单据

　　~ de lames　片簧组

joint *n.m.*　接头,联轴节

jonction *n.f.*　连接处,汇合处

　　~ de deux chenaux　水道交叉处

joue *n.f.*　舭;舷侧;电缆盘

　　~ de vache　桅顶滑车

jour *n.m.*　日子,天

　　~ de mer　航海日

　　~ nautique　航海日

journal *n.m.*　日记,日志

　　~ de bord　航海日志

　　~ de bord-pont　甲板日志

　　~ de la machine　机舱日志,轮机日志

　　~ de marche　上机日记

　　~ de passerelle　驾驶台航海日志

　　~ de pêche　打渔日志

　　~ des chronomètres　对时日志

　　~ des hydrocarbures　油类记录簿

　　~ d'exploitation　上机日记

　　~ médical　医疗,药品日志

　　~ pour navire à gaz liquéfié　液化气运输船航海日志

　　~ pour navire de produits chimiques　化学品运输船航海日志

　　~ radio　电台日志

jupe *n.f.*　边缘;外壳;气垫船下部

　　~ de transfert　救生裙(潜艇救助船)

　　~ de ventilation　通风罩

jusant *n.m.*　退潮,落潮

L

labyrinthe *n.m.*　曲径密封
lac *n.m.*　湖,湖泊
- ~ lacrymal　泪湖
- ~ assal　阿萨尔湖[吉布提]
- ~ balaton　巴拉顿湖[匈]
- ~ balkhach　巴尔喀什湖[俄罗斯]
- ~ bangweulu　班韦乌卢胡[赞比亚]
- ~ bsïkal　贝加尔湖[俄罗斯]
- ~ de barrage　堰塞湖
- ~ de barrage morainique　冰碛湖
- ~ de chapala　查帕拉湖[墨]
- ~ de cirque　冰斗湖
- ~ de constance　博登湖,康斯坦次湖[欧洲]
- ~ de cuvette éolienne　风蚀湖
- ~ de doline　落水洞湖
- ~ de lave　熔岩湖
- ~ de maracaibo　马拉开波湖[委内瑞拉]
- ~ de shkoder　斯库台湖[欧洲]
- ~ d'effondrement　倒塌湖
- ~ edouard　爱德华湖[非洲]
- ~ en forme de croissant　牛轭湖
- ~ enriquillo　恩里基略湖[多米尼加]
- ~ erié　伊利湖[北美洲]
- ~ eyre　埃尔湖[澳]
- ~ fleuri　华池
- ~ frontière　界湖
- ~ glaciaire　冰川湖
- ~ huron　休伦湖[北美洲]

- ~ idi amin dada　伊迪·阿明·达达湖[非洲]
- ~ intérieur　内湖
- ~ interpédonculaire　脚间池
- ~ karstique　岩溶湖
- ~ kivu　基伍湖[非洲]
- ~ kyoga　基奥加湖[乌干达]
- ~ ladoga　拉多加湖[苏联]
- ~ léman　莱芒(日内瓦湖)[欧洲]
- ~ littoral　海滨湖
- ~ mälaren　梅拉伦湖[瑞典]
- ~ malawi　马拉维湖(尼亚萨湖)[非洲]
- ~ managua　马那瓜湖[尼加拉瓜]
- ~ michigan　密执安湖[美]
- ~ mobutu sese seko　蒙博托·塞塞·塞科湖[阿伯特湖][非洲]
- ~ Ness　尼斯湖
- ~ nicaragua　尼加拉瓜湖[尼加拉瓜]
- ~ nyass　马拉维湖(尼亚萨湖)[非洲]
- ~ onega　奥涅加湖[俄罗斯]
- ~ ontario　安大略湖[北美洲]
- ~ poopó　波波湖[玻利维亚]
- ~ réservoir　蓄水库
- ~ rodolphe　图尔卡纳湖(卢多尔夫湖)[肯尼亚]
- ~ salé　盐湖
- ~ salifère　盐湖

~ supérieur　苏必利尔湖［北美洲］

~ tana　塔纳湖［埃塞俄比亚］

~ tanganyika　坦噶尼喀湖［非洲］

~ temporaire　干湖

~ thermokarstique　熔化湖

~ titicaca　的的喀喀湖［拉丁美洲］

~ tongting　洞庭湖［中］

~ tsinghai　青海湖（库库诺尔）［中］

~ turkana　图尔卡纳湖（卢多尔夫湖）［肯尼亚］

~ vänern　维纳恩湖［瑞典］

~ vätter　维特恩湖［瑞典］

~ victoria　维多利亚湖［非洲］

~ viedma　别德马湖［阿根廷］

~ winnipeg　温尼伯湖［加拿大］

laisser(se) *v.pr.*　留下；任凭

~ aller en bande　放出缆绳

~ arriver　偏出航向

~ en souffrance　停付

~ passer　放行

~ porter　偏出航向

lame *n.f.*　浪，波浪

~ courte　短浪

~ d'avant　船首浪，顶头浪

~ de fond　潮波

~ de houle　海底涌

~ de tempête　风暴浪

~ d'eau　水层

~ déversante　水层

~ sourde　无声浪

lampe *n.f.*　灯，指示灯

~ à incandescence　白炽灯

~ à lumière de jour　日光灯

~ à luminescence　日光灯

~ au néon　霓虹灯

~ basse consommation　节能灯

~ de balisage　导航灯

~ de cloison　舱壁灯

~ de coin　航行灯

~ de poche　电筒

~ électrique　手电筒，手电筒电焊枪

~ incandescente　白炽灯

~ morse　摩尔斯信号灯

~ pendue　舱顶灯

~ phare　前大灯；闪光信号灯

~ pilote　领航灯

~ signal　信号灯

~ témoin de minimum d'essence　油压指示灯

~ -témoin　控制灯

lampisterie *n.f.*　灯具室，灯具维修间

lancement *n.m.*　下水；发射

~ de navire　船舶下水

~ de torpilles　鱼雷发射

~ en plongée　水下发射

~ par le travers　横向下水

~ sur double coulisse　双滑道下水

~ sur quille　单滑道下水

~ sur savate　单滑道下水

langouste *n.f.*　多刺的龙虾

lanterne *n.f.*　灯，信号灯；灯塔

~ à l'avant　船首灯

~ d'arrière　船尾灯

~ de bouée　浮标灯

~ de tendeur　螺旋扣

~ guide　导向灯

largage *n.m.*　【航】投放

~ de l'aussière　缆绳解脱

~ de lest　压载抛放（潜艇）

largeur *n.f.*　宽，宽度，型宽

~ angulaire　角宽

~ de jauge　量吨宽度

~ différence　宽度差

~ du navire　船宽

~ hors tout　总宽

~ intérieure 内部宽度
~ produit 宽度积
~ somme 宽度和
larmier *n.m.* 滴水石,挑口板
lège *adj.* 空载的,轻载的
législation *n.f.* 法律;立法
~ maritime 海上法,航运法
lentille *n.f.* 舷窗玻璃
lest *n.m.* 压载,压舱物;(渔)沉子
~ d'eau 压舱水
~ d'immersion 潜水压载物
~ liquide 压舱水
lestage *n.m.* 压载,装压载物
lettre *n.f.* 信,信函;文书,单据
~ contrat 信函保险合[同、约]
~ de change 汇票,商业汇票
~ de change à long terme 远期汇票
~ de garantie 赔偿保证书,担保书
~ de garantie pour documents manquants 文件丢失证明
~ de mer 航海证
~ de réclamation 索赔书
~ de transport 运单
~ de voiture 空运货车
~ d'envoi 发货通知书
~ d'expédition 发货通知书
~ d'indemnité 赔偿保证书
~ d'offre 报价书
~ radio maritime 海上无线电报
levée *n.f.* 高度,升成;堤、坝
~ de blocus 封锁解除
~ de la mer 巨涌
~ de plage 海滩堤
~ de réserve 保留项解除
~ d'embargo (出港)禁令撤销
~ des lames 巨涌
~ instantanée 瞬时升高

lever *v.t.* 升,升高;解除
~ l'ancre 拔锚
~ les rames 起桨
~ les remorques 盘绕拖缆
~ l'interdiction 禁令取消
licence *n.f.* 许可证;执照
~ de douane 海关许可证
~ de sortie 出口许可证
~ de station de navire 船舶电台执照
~ de transit 过境许可证,转口许可证
~ de vente 销售许可证
~ d'entrée 进口许可证
~ d'exploitation 营业许可证
~ d'exploitation de brevet 专利权许可证
~ d'exportation 出口许可证
~ d'importation 进口许可证
~ du fabricant 制造许可证
~ permis de lestage 压载许可证
lieu *n.m.* 场所,地点
~ d'amarrage 停泊处,泊位
~ d'ancrage 停泊地点,锚泊区域
~ de départ 出发地
~ de dépôt 贮存场
~ de destination 目的地
~ de livraison 发货地点
~ de mouillage 锚地,泊地
~ de pêche 渔场,渔区
~ d'expédition 发货地点
ligne *n.f.* 线,绳;线路,航线;【船】水线,吃水线;测绳,水砣绳
~ à jet 引缆,抛索
~ à main 手钓鱼具
~ à service régulier 定期航线
~ au long cours 远洋航线
~ centrale 中心线,中线
~ d'arbres 船尾轴系,轴线

~ d'arrivée 终点线

~ d'attrape 抛缆

~ de cabotage 沿海岸航行线

~ de cambrure 拱线(船梁)

~ de changement de date 日界线,
日期变更线

~ de changement de jour 日界线,
日期变更线

~ de charge (船舶的)载重线

~ de charpente 构架线

~ de cote 尺寸线

~ de cotidale 等潮线

~ de crête 分水岭

~ de démarcation 分水岭

~ de départ 始点线

~ de faîte 分水岭

~ de flottaison 水线,吃水线

~ de foi 航向标线;中线;航向指
示器

~ de force magnétique 磁力线

~ de grande sonde 深水测深绳

~ de harpon 鲸镖缆

~ de l'épiphyse 骺线

~ de loch 计程绳,计程仪绳

~ de mouillage 锚泊线

~ de navigation 航线

~ de partage des eaux 分水岭

~ de peinture 水线标志

~ de pont 甲板线

~ de pression 啮合线

~ de quille 龙骨线

~ de rappel 浮锚回收绳

~ de référence 基准线

~ de relèvement 导航标线(海
图)

~ de renvoi 尺寸界线

~ de sauvetage 施救航线

~ de séparation du trafic 通航分
割线

~ de signalisation 路标线

~ de sondage 测深绳,水砣绳

~ de sonde 测深绳,水砣绳

~ de surimmersion 【船】限界线

~ d'eau 水线

~ d'eau zéro 基线

~ d'écho 回波线,反射线

~ d'embossage 船列停泊线

~ dérivante 漂网长缆

~ des tins 龙骨墩线

~ discontinue 虚线

~ d'isocoûts de transport 等费用
运输线

~ droite 直线

~ du plus près 迎风航线

~ en pointillé 虚线

~ flottante 漂网长缆

~ interurbaine 长途路线

~ isallobarique 等变压线

~ isallothermique 等变温线

~ isobathe 等深线

~ isogonale 等角线

~ isoplèthe 等值线

~ loxodromique 恒向线

~ médiane 中心线,中线

~ N-S du compas 罗经南北线

~ orthodromique 大圆航线,大型
客轮航线

~ parallèle 平行线

~ perpendiculaire 垂线,垂直线

~ phréatique 地下水值线

~ portante 承载线

~ porte amarre 救生火箭索

~ régulière 定期航线,正常航线

~ sans fin 环索

~ tectonique 构造线

~ tourbillon 涡流线

~ traînante 拖钓绳

~ transatlantique 横渡大西洋航线

~ traversière 分支线,支管

~s de carène 船线型

~s de charge （船舶的）载重线

~s de charge de compartimentage 分舱载重线

~s de modèle 船模型线

limande *n.f.* 扎带;黄盖鲽

limbe *n.m.* 刻度盘,分度环

limite *n.f.* 边界;范围,极限

~ de charge 负载极限

~ de levage 起重极限

~ de plasticité 塑性极限

~ de rupture 断裂极限

~ de température 极限温度

~ de vitesse 速度极限

~ des marées 潮汐区界

~ du navire 船舶局限

~ explosive 爆炸极限

~ inférieure 下限

~ inférieure d'effort 交变最小应力

~ supérieure 最高限额,上限

~ supérieure d'effort 交变最大应力

~s du port 港口限制,港口局限

linguet *n.m.* （绞盘的）止动制子,掣索扣

lisse *n.f.* 【船】栏杆;纵桁

~ de batayole 舷墙扶手

~ de cloison longitudinale 斜舱壁纵桁

~ de couronnement 船尾舷部

~ de double fond 内底纵骨,内底纵材

~ de fond 船底纵骨,船底纵桁

~ de garde corps 舷墙扶手

~ de hune 桅楼栏杆

~ de muraille 舷侧纵骨

~ de parois 舷墙扶手

~ de plat bord 舷缘拉杆

~ de pont 甲板纵桁,甲板纵骨

~ des façons 肋板端点连线

~ d'ouverture 撑木

~ gauche 翘曲纵材

~ voûte 船尾折角饰材

liste *n.f.* 表,单,清单

~ d'approvisionnement 库存清单,物料单

~ d'attribution 发货单,邮件单

~ de colisage 装箱单

~ de diffusion 发货单,邮件单

~ de marchandises 货单

~ de réservation 订舱清单

~ d'équipage 船员名单

~ des départs 船期表

~ des marchandises dangereuses 危险货物清单

~ des marchandises libres 自由货单

~ des opérations 程序表

~ des passagers 旅客名单

~ des programmes 程序表

~ des provisions 船舶备品申报单,库存清单,物料单

~ prévisionnelle 预订单

~ questionnaire 调查单

~ type 调查单

livet *n.m.* 【船】舷弧线,甲板线

~ du pont 甲板线

livre *n.m.* 航海日志;书,账册

~ de bord 航海日志

~ de compte 账簿

local *n.m.* 舱,间

~ à bagages 行李舱

~ de barre 舵机舱

~ des batteries 蓄电池间

~ des chaînes d'ancre 锚链舱

~ électrique 电气室

loch *n.m.* 海湾;计程仪,测程仪
- ~ à hélice 转轮计程仪
- ~ à main 手操计程仪
- ~ électrique 电子计程仪
- ~ électromagnétique 电磁计程仪
- ~ électronique 电子计程仪
- ~ mécanique 机械计程仪
- ~ remorqué 拖曳式计程仪

logement *n.m.* 船舱,客舱;小屋
- ~ à rouf 甲板室
- ~ avant 前舱
- ~ d'ancre 锚穴
- ~ de tête de puits sous marin 海底井口外壳

loi *n.f.* 法,法律,法规
- ~ d'assurance 保险法
- ~ maritime 航运法,航运法规
- ~ sur la navigation 航海法
- ~ sur la navigation maritime 航海法律

longitudinal, e *adj.* 纵向的

longueur *n.f.* 长度,距离
- ~ de la remorque 拖缆长度
- ~ d'onde 波长
- ~ hors tout 总长,最大长度
- ~ du navire 船长
- ~ envahissable 【船】可浸长度

loupe *n.f.* 放大镜,探测器
- ~ à poisson 鱼群探测器

lumière *n.f.* 光,光线;孔

lunette *n.f.* 船尾柱轴孔,船尾孔;镜,望远镜,瞄准镜;支架
- ~ à image droite 正像望远镜
- ~ astronomique 天文望远镜
- ~ catadioptrique 反射镜式望远镜
- ~ d'étambot 螺旋桨毂
- ~ de gisement 方位角望远镜
- ~ de visée 瞄准镜
- ~ de visée de gisement 方向瞄准镜
- ~ de visée de référence 基准瞄准镜
- ~ de visée de site 高低瞄准镜,仰角瞄准镜
- ~ de visée panoramique 火炮周视瞄准镜
- ~ de vision nocturne 夜视眼镜
- ~ jumelle 望远镜眼镜
- ~ parallactique 赤道仪
- ~ polaire 天极仪
- ~ stadimétrique 视距望远镜
- ~ très lumineuse 高透光度望远镜
- ~ viseur 瞄准望远镜
- ~ zénithale 天顶仪

lusin *n.m.* 油麻绳,双股绳

M

machine *n.f.* 机,机器;机器间,机舱
- ~ à affûter 砂轮机
- ~ à combustion externe 外燃机
- ~ à combustion interne 内燃机
- ~ à déblayer （场地）清除机
- ~ à dessiner 制图仪
- ~ à draguer 疏浚机,挖泥机
- ~ à gouverner 操舵装置
- ~ à mesurer 测量机
- ~ à mesurer des coordonnées 坐标测量机
- ~ à sonder 测深机,机械测深仪
- ~ à vapeur 蒸汽机
- ~ bombardement torpillage 鱼雷轰炸机
- ~ de broyage 搅拌机
- ~ de chargement 装料机
- ~ de permutation 装卸机
- ~ de pompage 抽水机
- ~ de serrage des goujons 螺栓机
- ~ d'exhaure 抽水机
- ~ d'injection 灌浆机
- ~ électrique 电动机
- ~ propulsive 推进设备

magasin *n.m.* 仓库,货栈;物料间,储藏室
- ~ de pièces de rechange 备品库
- ~ d'outils 工具库
- ~ flottant 浮式仓库
- ~ sous douane 保税库

magnétisme *n.m.* 磁力,磁性
- ~ terrestre 地磁

maille *n.f.* 锚链环,链环

mailloche *n.f.* 大木槌

maillon *n.m.* 链环;一节锚链,锚链节（法国一节长 30 米）
- ~ courbé 弯板
- ~ de chaîne 链式联结
- ~ intérieur 内链板

main *n.f.* 扶手;吊架
- ~ courante 扶手
- ~ d'œuvre 劳动力,人工费

maintenance *n.f.* 维修,检修
- ~ curative 检修
- ~ par pression gazeuse 充气维护
- ~ préventive 预防性维护,保养

maintenir *v.t.* 维持,维护
- ~ la route 保持航向
- ~ le bateau dans le courant 逆着潮流,顶潮航行
- ~ son cap et sa vitesse 直航

maître *n.m.* （法国的）海军上士

maîtresse *n.f.* 船中肋骨
- ~ ancre 右舷大锚
- ~ section 船中断面图,舯横剖面

malle *n.f.* 行李箱;邮船;海峡渡船
- ~ arrière 后置行李箱
- ~ transatlantique 大西洋定期邮船

manche *n.f.* 柄,杆;管,软管;风向标,风向袋;通风筒
- ~ à air 通风筒
- ~ à air de cale 货舱通风筒
- ~ à balai 操纵杆

M

~ axiale 轴套
~ d'aviron 桨柄
~ d'avitaillement 加油软管
~ de commande 驾驶杆
~ de couteau 蛏子,竹蛏
~ de culasse 炮筒
~ de gouvernail 舵杆筒
~ d'écubier 锚链筒
~ d'évacuation 救生袋
~ flexible 水龙带
~ pour bistouri 手术刀柄
manchette *n.f.* 套筒
manchon *n.m.* 套筒;轴套;锚链筒
~ de capelage 桅顶箍
mandrinage *n.m.* 穿孔,扩孔
maneton *n.m.* (曲轴)轴颈,曲拐销
manifeste *n.m.* 单;舱单,舱口单,载货清单
~ de cargaison 舱单
~ de douane 海关舱单
~ de la marchandise 舱单,货物清单
~ de transit 过境舱单
manille *n.f.* 吊耳,卸扣;链环,锚链环
~ d'ancre 锚卸扣
~ d'attelage 牵引钩
~ de suspension 悬挂吊耳
manipulateur *n.m.* 电键;机械手,操作器
manœuvre *n.f.* 操作;操船,驾驶;索具
~ de barre 操舵动作
~ de renversement de marche 行驶方向改变
~ d'ouverture et de fermeture 开关操作
~ d'urgence 紧急操纵
~ en marche arrière 倒车驾驶
~ pour éviter les abordages 避碰

操作
~ s courantes 动索
~ s dormantes 静索
manœuvrer *v.t.*;*v.i.* 操纵,操作
manomètre *n.m.* 气压表,压力计
~ à cloche 浮钟压力计
~ à eau 水压计
~ à huile 油压计
~ à membrane 薄膜压力计
~ à mercure 水银压力计
~ à soufflet 弹簧箱压力计
~ d'alimentation d'essence 供油压力表
~ de carburant 燃油压力表
~ de pression de pneu 轮胎压力表
~ de vide 真空式压力计
~ différentiel 差压式压力计
~ pour pneus 轮胎压力计
manostat *n.m.* 恒压器,稳压器
manutention *n.f.* 搬运,装卸
~ à levage 吊装系统
~ brutale 野蛮装卸
~ de la cargaison 装卸船货
~ des marchandises 货物装卸
~ des matériaux 材料调度
~ des pulvérulents 散装装卸
~ du port 港口运输
~ pneumatique 风力输送
~ verticale 吊装系统
maquereau *n.m.* 鲭鱼
~ espagnol 鲅,鲅鱼;马鲛鱼
marchand, e *n.* 商人
~ en gros 批发商
marchandise *n.f.* 商品,货物
~ à transporter 待运载货物
~ acquittée 已纳关税货物
~ dangereuse 危险货物
~ de contrebande 水货

~ dédouanée 已清关货物

~ d'occasion 二手货,旧货

~ en dépôt 保税货物,托管货物

~ en entrepôt 库存货物

~ en transit 转运伙,过境货

~ en vrac 散装货物

~ exempte de droits de douane 免税货物

~ explosive 爆炸品

~ faiblement taxée 低税货物

~ fongible 可代替货物

~ générale 杂货,普通货物

~ liquide 液体货物

~ lourde 重货

~ peu maniable 重货,笨重的货物

~ non dédouanée 未结关货物

~ non emballée 未包装货物

~ nue 未包装货物

~ payable à la commande 订货付款

~ pré-élinguée 预先绑好吊索的货物

~ réfrigérée 冷藏货

~ séparée 散件货物,未捆紧的货物

~ solide 干货

~s à terme 期货

~s bonnes ventes 畅销商品

~s chères 高价商品

~s dangereuses 危险货物,危险品

~s de choix 精选最优商品

~s de contrebande 走私货

~s de prix élevé 高价商品

~s de tonnelage 桶装货物

~s déclarées en transit 申报过境货物

~s destinées à l'essai 试销商品

~s du pont 舱面货

~s durables 耐用商品

~s en vrac 散装货物

~s exportables 可出口商品

~s exposées 陈列商品

~s facturées 已开发票货物

~s intactes 未受损商品

~s palettisées 托盘货物

~s retournées 退回货物

~s sacrifiées 亏本出售商品

marché *n.m.* 市场

~ à concurrence imparfaite 不完全竞争市场

~ à la baisse 熊市

~ à livrer 期货交易

~ à terme 期货市场

~ à termes des instruments financiers 金融期货市场

~ acheteur 买方市场

~ ambulant 流动市场

~ au comptant 现货市场

~ au comptant 现货交易

~ au tramping 不定期、不定线船运输市场

~ aux puces 跳蚤市场,旧货市场

~ cambiste 外汇市场

~ clandestin 秘密市场

~ commun 共同市场

~ d'acheteur 买方市场

~ de crédit 信贷市场

~ de dollar asiatique 亚洲美元市场

~ de fourniture 供货合同

~ de gestion des devises étrangères 银行间外汇市场

~ de l'or 黄金市场

~ de titres 证券市场,股市

~ de vendeur 卖方市场

~ dérégularisé 公开市场,开放市场

M

~ des changes libres 自由外汇市场

~ des frets 租船市场

~ des options négociables à Paris 巴黎期权市场

~ des services 劳务市场

~ des valeurs 证券市场,股市

~ diurne 日差率,日定额

~ du comptant 现货市场

~ du disponible 现货市场

~ du tramping 不定期、不定线船运输市场

~ du travail 劳动市场

~ en hausse 牛市

~ fermé 封闭市场

~ financier 金融市场

~ florissant 繁荣市场

~ forfaitaire 承包合约

~ hors cote 场外证券市场

~ inactif 不活跃市场

~ libre 自由市场

~ maritime 航运市场

~ matinal 早市

~ mieux orienté 市况好转

~ monétaire 货币市场

~ monétaire international 国际金融市场

~ monopolisé 垄断市场

~ monopoliste 垄断市场

~ noir 黑市

~ orienté à la baisse 市场趋跌

~ ours 熊市

~ ouvert 公开市场,开放市场

~ parallèle 黑市

~ partiel 黑市

~ privé 私人市场

~ prospère 繁荣市场

~ saturé 饱和市场

~ taureau 牛市

~ vendeur 卖方市场

marée *n.f.* 潮,潮汐;出海航次

~ astronomique 天文潮,特大潮汐

~ atmosphérique 大气潮

~ basse 低潮,落潮,退潮

~ bâtarde 小潮

~ de côté du vent 上风潮

~ de flot 满潮

~ de morte eau 小潮

~ de solstice 二至潮

~ de syzygie 朔望潮

~ de vives eaux 朔望潮

~ d'équinoxe 春分秋分潮

~ des tropiques 热带潮

~ descendante 低潮,落潮,退潮

~ du matin 晨潮,早潮

~ du soir 晚潮

~ équatoriale 赤道潮

~ faible 小潮

~ gravimétrique 重力潮,潮汐引力

~ gravitationnelle 引力潮

~ haute 大潮;高潮;涨潮

~ interne 内潮

~ ionosphérique 电离层潮

~ lunaire 月潮,太阴潮

~ météorologique 气象潮

~ mixte 复合潮,混合潮

~ montante 涨潮,高峰,巨量

~ noire 黑潮

~ par grands fonds 深海潮

~ partielle 分潮

~ petite 小潮

~ portant au vent 上风潮

~ portant sous le vent 下风潮

~ rouge 赤潮

~ solaire 日潮,太阳潮

~ solsticiale 二至潮

~ sous le vent　顺风潮

~ stationnaire　稳潮

~ tropique　回归潮

~s barométriques　气压潮

~s hautes et basses　涨落潮

margouillet *n.m.*　【船】导索木环

marin *n.*　海员,船员,水手

marin , e *adj.*　海洋的,航海的

marionnette *n.f.*　（桅脚导索）竖直滑轮

maroquin *n.m.*　（两桅桅顶之间的）水平牵索,信号旗桅索

marque *n.f.*　导航标志,警戒标志;检验合格证

~ de bornage　界标

~ de déplacement　吃水标志

~ de fabrication　商标

~ de fabrique　商标

~ de franc-bord　干舷标志;满载吃水标线,载重线标志

~ de jalonnement　沿海航标

~ de jauge　吨位标志

~ de niveau　标高

~ de peinture　涂漆标志

~ de qualité　质量标记

~ de sortie d'arbre　船尾轴导流罩

~ de terre　岸标

~ de tonnage　吨位标志

~ d'eau　测潮杆;水斑

~ déposée　商标

~ paysagère　界桩

~ sur le sol　地面标高

~ dc charge de cmpartimentage　分舱载重线

~s de jour　导航昼标

~s de nuit　导航夜标

martinet *n.m.*　【船】斜桁顶索,吊杆顶索;水力锤

masquer *v.t.*　转桁逼风,转帆使正面

吃风

~ partout　全转桁逼风

~ sous le vent　转桁逼风

mât *n.m.*　桅,桅杆,樯

~ arrière　后桅,船尾桅

~ basculant　可倒桅

~ carré　横帆桅

~ creux　空心桅

~ d'antenne　天线杆

~ d'artimon　后桅,船尾桅

~ d'assemblage　组装桅

~ de beaupré　龙门桅

~ de cacatois de perruche　后顶桅

~ de centrage　定心杆

~ de charge　吊货杆,吊杆

~ de contre cacatois　天桅

~ de forage　钻井桅塔

~ de hune　上桅

~ de misaine　前桅

~ de pavillon　旗杆

~ de repérage　标记桩

~ d'un brin　整体桅

~ en tôles　桁格桅

~ hissable　可翻桅

~ ombilical　管缆杆

~ tour　塔桅

~ treillis　桁格桅

~ tripode　三脚桅

~ tubulaire　管桅

matelot *n.m.*　海员,水兵

matériel *n.m.*　设备,材料

~ de navigation　船舶设备

~ de pêche　渔具

~ maritime　船舶设备

~ pont　甲板设备

~ pyrotechnique　烟火;信号弹

mazout *n.m.*　燃油,重油

mazouter *v.t.*　加燃料油

mèche *n.f.*　舵柱,舵轴

~ à secteur 舵廓

~ de gouvernail 舵柱,舵轴

~ inférieure 下舵杆

membre *n.m.* 【航海】肋骨;成员

~ à part entière 正式会员

~ associé 准会员

~ de béton 混凝土杆件

~ de cale 船舱内肋骨

~ de fond 舱底肋骨

~ de l'équipage 船员水手

~ de muraille 船舷墙肋骨

~ d'équipage 船员,水手

~ moteur 主动件,驱动件

membrure *n.f.* 【船】肋骨;框架

~ à âme double 双腹板式弦杆

~ d'arcasse 船艄肋骨

~ de bordé 舷侧肋骨

~ de coqueron 船尖舱肋骨

~ de l'avant 船首肋骨

~ de suspension 吊杆

~ latérale 船舷肋骨

~ longitudinale 舷侧纵骨

~ renforcée 肋骨框架,强肋骨

méridien *n.m.* 子午线;经线

~ de Greenwich 格林尼治子午线,本初子午线

~ d'origine 格林尼治子午线,本初子午线

~ d'une surface de révolution 回转面子午线

~ géomagnétique 地磁子午线

~ magnétique 磁子午线

~ nul 格林尼治子午线,本初子午线

~ terrestre 地球经圈

~ zéro 格林尼治子午线,本初子午线

merlin *n.m.* （三股捻成的）麻绳,油麻绳

merlu *n.m.* 无须鳕

mesure *n.f.* 方法,措施;计量

~ appropriée 适当的方法,适当的措施

~ britannique 英制单位

~ de distance 测距

~ de fassement 下沉测量

~ de nivellement 水平测量

~ de précaution 防范措施,预防措施

~ d'urgence 紧急措施

~ protectioniste 贸易保护政策

~s de secours 抢救措施

métacentre *n.m.* 定倾中心,稳心

~ longitudinal 纵向稳心

~ transversal 横向稳心

métacentrique *adj.* 稳心的

méthode *n.f.* 方法

~ de la construction de coque par section 船体分段建造法

~ de l'arrachement 锚环法

~ de pêche 捕鱼方法

mettre *v.t.* 放,置

~ à l'eau 下水

~ en panne 使船停驶

~ en quarantaine 停船检疫

~ le point sur la carte 在[地、海]图上标出船位

mille *n.m.* 千,英里

~ anglais 英里(1英里=1 609 km)

~ marin 海里

~ mesuré 标准海里,船速校验线

~ nautique 海里(1海里=1 852 km)

~ terrestre 英里

~s à l'heure 英里/小时

~s par gallon 英里/加仑

minéralier *n.m.* 矿砂船

~ charbonnier 矿砂－煤运输船

~ géant 巨型矿砂船

~ pétrolier　油矿船

~ -pétrolier-porteur de vrac　多用途散货船,油货-散货-矿砂复合多用图船

~ -pétrolier-porteur de vrac　矿-油混装船

~ -pétrolier-porteur de vrac　油-散货-矿砂-复合型船,OBO 船

mise *n.f.*　放,置

~ à disposition　有效性,交付

~ à feu　点火

~ à jour　更新

~ à la cape　顶风低速航行

~ à l'angle　转一角度(舵)

~ à l'eau　【航海】下水

~ à poste de l'ancre　起锚到锚穴

~ à quai　靠码头

~ à terre　卸到岸上

~ au dock　进坞

~ au point　调试,调校

~ au rebut　报废

~ de feu　引信

~ de feu à choc　击发引信

~ de feu à influence　非触发引信

~ de feu à temps　定时引信

~ de feu hydrostatique　水压引信

~ de feu par inertie　惯性引信

~ de légende　加图例

~ en arrêt　断开

~ en attente　等待

~ en caisse　箱装

~ en cale sèche　进干坞(船大修)

~ en dépôt　入库

~ en dépôt des marchandises nondéclarées　未申报货物入库

~ en feu　开炉

~ en fonctionnement　开动,投入,启动

~ en fût　装桶

~ en gage　抵押,典押

~ en l'air　悬空

~ en marche　开动,投入,启动

~ en œuvre　运作;施工

~ en production　投产

~ en quarantaine　隔离检疫

~ en rebut　报废

~ en route　开动,投入,启动

~ en service　投入使用,启用

~ en service d'un navire　舰艇服役

~ en stock　贮存

~ en travers　【航海】横甩

~ en valeur　开发

~ en vitesse　加速

~ hors pression　泄压

~ hors tension　下电,断电

~ sous cocon　封存

môle *n.f.*　防波堤;码头

~ de chargement de pétrole　装油码头

~ de la douane　海关码头

~ de port maritime　海港防波堤

moment *n.m.*　矩,力矩;动量;时刻

~ de torsion　扭矩,转矩

~ d'élasticité　弹性弯矩

~ d'inclinaison longitudinale　平衡力矩

~ d'inclinaison transversale　横倾力矩

~ d'inertie　转动惯量

~ d'inertie de la flottaison　浮力的惯性矩

~ du couple de redressement　静稳性力矩

~ du couple inclinant　横倾力矩

~ du gouvernail　转舵力矩

~ magnétique　磁矩

montant *n.m.*　支柱,支架;涨潮

~ à lunette　中心支架

~ de cloison 舱壁扶强材

montre *n.f.* 手表,钟

~ à arrêt 秒表

~ à masse 机械表

~ à quartz 石英钟

~ à remontage automatique 自动手表

~ à secousse 自动手表

~ à trotteuse 秒表

~ avec trotteuse 带秒针时钟

~ bracelet 手表

~ bracelet électronique 电子手表

~ comparateur 千分表

~ de gousset 怀表

~ de plongée 潜水表

~ de poche 怀表

~ de timonerie 驾驶台时钟

~ d'habitacle 罗经钟

~ électronique 电子手表

~ marine 天文钟

monture *n.f.* 框,架,柄,托座

moteur *n.m.* 电动机

~ à air chaud 热力发动机

~ à air comprimé 风动发动机

~ à alimentation forcée 增压发动机

~ à alimentation sous pression 增压发动机

~ à allumage commandé 强制点火发动机

~ à antichambre 预燃室式发动机

~ à auto allumage 压燃式发动机

~ à bague 滑环式发动机

~ à bicylindrique 双气缸发动机

~ à bride 法兰式电动机

~ à cage d'écureuil 鼠笼式电动机

~ à came 凸轮式发动机

~ à caractéristiques séries 串励特性电动机

~ à carburateur 汽化器式发动机，火花点火发动机

~ à carburation 汽化器式发动机；火花点火发动机

~ à chambre à réserve d'air 空气室式发动机

~ à chambre de turbulence 涡流室式发动机

~ à chemise tiroir 滑阀配气式发动机

~ à collecteur 整流子式发动机

~ à combustion 内燃发动机

~ à combustion interne 内燃机

~ à courant alternatif 交流发动机

~ à courant continu 直流发动机

~ à courant Foucault 博科电流发动机

~ à crosse 十字头式发动机

~ à cylindres détachables 可换缸套发动机

~ à cylindres horizontaux 卧式发动机

~ à démultiplicateur 减速器发动机

~ à deux carburateurs 双汽化器式发动机

~ à deux cylindres 双缸发动机

~ à deux temps 二冲程发动机，二冲程内燃机

~ à double effet 双动发动机

~ à double encoche 双鼠笼式电动机

~ à engrenage 齿轮马达

~ à enroulement auxiliaire de démarrage par réactance 电抗起动分相电路

~ à essence 汽油机

~ à étincelles 火花发动机

~ à excitation séparée 他激发

动机

~ à flasque bride　凸缘式电动机
~ à fort couple　大扭矩发动机
~ à fort glissement　高滑动发动机
~ à gaz　燃气发动机
~ à huile lourde　重油发动机
~ à induction　感应电动机
~ à induction et répulsion　推迟感应
~ à injection　喷油式内燃机
~ à jet　喷气发动机
~ à pétrole　石油发动机
~ à piston fourreau　套筒式活塞发动机
~ à piston radial　径向栓塞马达
~ à pistons opposés　对置活塞发动机
~ à pistons rotatifs　旋转隔板马达
~ à plat　卧式气缸发动机
~ à plusieurs vitesses constantes　多级恒速电动机
~ à plusieurs vitesses variables　多级变速电动机
~ à quatre carburateurs　四汽化器式发动机
~ à quatre temps　四冲程发动机
~ à réaction　喷气发动机
~ à réaction subsynchrone　次同步磁阻电动机
~ à régime variable　变速发动机
~ à répulsion　推斥电动机
~ à rotor bobiné　滑环式异步电动机
~ à rotor extérieur　外转子式电动机
~ à rotor massif　实心转子电动机
~ à rotor noyé　密封转子电动机
~ à stator noyé　密封定子电动机
~ à turbine　燃气轮机

~ à un seul temps　单冲程发动机
~ à vapeur　蒸汽发动机
~ à ventilation forcée　强迫通风式电动机
~ à vitesse variable　变速电动机
~ aérobie　空气推进发动机
~ alternatif　往复式发动机
~ alterno　交流电动机
~ anaérobie　非空气推进发动机
~ anti déflagrant　防爆电动机
~ anticompound　差复励电动机
~ asynchrone　异步电动机
~ asynchrone à cage d'écureuil　鼠笼式异步电机
~ auxiliaire　辅机
~ blindé　密封式发动机
~ cloche　空心转子电动机
~ compound　复[励,激]电动机
~ couple　伺服电动机
~ d'antenne　天线旋转电动机
~ d'asservissement　伺服电动机
~ de croisière　巡航发动机
~ de forage　钻井动力机
~ de poursuite　跟踪电动机
~ de recherche　搜索引擎
~ de traction　牵引发动机
~ de vissage et de dévissage　转矩反转矩电动机
~ démultiplié　减速电动机
~ déviation　并联绕组电动机
~ diesel　柴油机
~ d'inférence　（人工智能）推理电动机
~ d'inférence engine　推理机
~ d'orientation　定向发动机
~ droit　单列发动机
~ électrique　电动机,电动马达
~ en dérivation　并激发动机
~ étanche à eau projetée　防溅电

动机
- ~ excité en dérivation 并激发动机
- ~ excité en série 串激发动机
- ~ flat twin 卧式双发动机
- ~ flottant 弹性悬置发动机
- ~ fractionnaire 步进电动机
- ~ frein 制动电动机
- ~ fusée 火箭发动机
- ~ fusée à liquide 液体火箭发动机
- ~ fusée à poudre 固体火箭发动机
- ~ fusée de propulsion 火箭主发动机
- ~ générateur 电动发电机, 电动机-发电机组
- ~ hors bord 舷外发动机
- ~ hydraulique 液压马达, 水力发动机
- ~ hydraulique à palettes 叶片马达
- ~ hydraulique à vitesse constante 定量马达
- ~ hydraulique orientable 摆动液压马达
- ~ ionique 离子发动机
- ~ monocylindrique 单缸发动机
- ~ non ventilé 全封闭式发动机
- ~ pas à pas 步进电动机
- ~ polycarburant 多燃料发动机
- ~ polycylindrique 多气缸发动机
- ~ poussé 加力式发动机
- ~ principal 主机
- ~ principal et auxiliaire 主机和辅机
- ~ protégé contre le grisou 防爆电动机
- ~ radial double 双排星形发动机
- ~ réversible 可逆转发动机; 可逆电动机
- ~ Schrage 希拉机电动机
- ~ semi diesel 热球式发动机

- ~ série 串激电动机
- ~ stationnaire 固定式发动机
- ~ Stirling 斯特灵发动机
- ~ supercarré 短行程发动机
- ~ sursynchrone 超同步电动机
- ~ synchrone 同步电动机
- ~ tétrapolaire 四极电动机
- ~ triphasé 三相电动机
- ~ universel 交直流电动机
- ~ ventilateur 电动通风机
- ~ vernier 微调发动机
- ~ Wankel 旋转隔板马达
- ~s jumaux 双电枢电动机

mouchoir *n.m.* 悬伸船尾

moufle *n.f.* 滑车, 滑轮组
- ~ de garde 调整滑轮组, 回转滑轮组
- ~ fixe 定滑轮组, 支撑滑轮组
- ~ mobile 动滑车, 动滑轮组

moule *n.f.* 蚌类, 贻贝

mouvement *n.m.* 移动, 运动; 交通
- ~ des marées 潮流运动
- ~ du port 港口运输
- ~ laminaire 层流
- ~ relatif 相对运动

moyen *n.m.* 法, 办法, 手段
- ~ de levage 起吊装置
- ~ de navigation 导航设备
- ~ de production 生产资料, 生产方式
- ~ de propulsion 推进方式
- ~ de repérage 定位仪
- ~ de transport 运输工具, 运输形式
- ~ desauvetage 救生用具
- ~ flottant 漂浮工具

multilatéral, e *adj.* 多边的, 多国的

mur *n.m.* 墙, 壁, 障
- ~ d'eau 水障

N

nationalité *n.f.* 国籍,民族

  ~ de l'équipage 船员国籍

  ~ du navire 船籍,船旗国

nature *n.f.* 性质,属性

  ~ des fonds 海底性质,底质

  ~ du sol 地质

nautique *adj.* 航海的,海上的,水上的

navigabilité *n.f.* 适航性

navigant *n.* 航海人员
        adj. 航行的,航海的

navigateur, trcice *n.* 领航员,驾驶员;导航仪

  ~ Decca 台卡导航仪

  ~ intertial 惯性导航仪

  ~ Loran 罗兰导航仪

  ~ radar Doppler automatique 多普勒雷达自动导航系统

  ~ solitaire 快艇艇员

  ~ Sonar Doppler 多普勒声纳导航仪

  ~ Sperry gyro 斯伯利陀螺导航系统

navigation *n.f.* 航行,航海;导航,领航;航海学

  ~ à contre courant 逆流航行

  ~ à inertie Doppler 多普勒惯性导航

  ~ à inertie magnétique 磁校正惯性导航

  ~ à la pêche 捕鱼航行

  ~ à la sonde 按水深定位航行,测探航行

  ~ à lège 空载航行

  ~ à l'estime 船位推算航行,估程航行

  ~ à toute vapeur 全速航行

  ~ à toute vitesse 全速航行

  ~ à vapeur 蒸汽推进航行

  ~ à vide 空载航行

  ~ à vitesse réduite 慢速航行

  ~ à voiles 扬帆航行

  ~ à vue 目视导航

  ~ acoustique 声学导航

  ~ aérienne 飞机导航

  ~ astronomique 天文导航

  ~ astronomique automatique 天文自动导航

  ~ au beam 无线电信标导航

  ~ au bornage 内河航行,内港航行

  ~ au cabotage 沿海岸航行

  ~ au compas 罗经导航

  ~ au long cours 远航

  ~ au moyen de navires citernes 油轮运输

  ~ au radar 雷达导航

  ~ au tramping 不定期航行,不定线航行

  ~ automatique 自动导航

  ~ aux instruments 仪表导航

  ~ avec le moteur auxiliaire 用辅机航行

~ céleste 天文导航
~ classique 常规航行
~ commerciale 商务航行
~ conventionnelle 常规航行
~ correcte 准确导航
~ cosmique 星际航行,宇宙航行
~ côtière 沿海岸航行
~ dans le lit du vent 处在风眼航行
~ de charge 负载航行
~ de conserve 联合航行
~ de ligne 定航线航行
~ de nuit 夜间航行
~ de proche 目视航行
~ Decca 台卡导航
~ d'été 夏季航行
~ d'hiver 冬季航行
~ directionnelle 定向导航
~ Doppler 多普勒[频差]导航
~ en amont 上游航行,顺流航行
~ en compagnie 随船队航行,伴船航行
~ en croisière 巡航
~ en formation 编队航行
~ en groupe 编队航行
~ en haute mer 远洋航行,公海航行
~ en pleine mer 大海航行
~ en plongée 潜航
~ en poursuite 跟踪航行
~ fautive 错误航行
~ fluviale 内河航行,内港航行
~ grille 经纬线网导航,网格坐标航行
~ hauturière 远航
~ hauturière 航海
~ hyperbolique 双曲线航行
~ intégrée 综合导航
~ intérieure 内河航行,内港航行

~ interplanétaire 星际空间导航
~ irrégulière 不定期航行,不定线航行
~ lacustre 湖泊航行
~ Loran 罗兰导航
~ loxodromique 等角航线航行
~ magnétique 磁罗经导航
~ marine 航海
~ maritime 海上航行,航海
~ météorologique 利用最佳气象条件航行
~ mixte 内河海洋混合航行
~ nocturne 夜间航行
~ observée 目视航行
~ orthodromique 大圆航线航行
~ par gros temps 大风浪航行
~ par inertie 惯性导航
~ par l'observation de satellites 卫星观测导航
~ par radio 无线电导航
~ par T. S. F. 无线电导航
~ précise 准确航行
~ proportionnelle 比例导航
~ radio électrique 无线电导航
~ radiogoniométrique 无线电测向导航
~ régulière 定期航行
~ réservée 谨慎航行,保留航行
~ sans visibilité 无能见度航行,仪表航行
~ séquentielle 顺序导航
~ sidérale 天文导航
~ sous la panne 背风航行,下风航行
~ sous le vent 背风航行,下风航行
~ sous marine 潜航
~ sous pavillon national 悬挂国籍旗航行

~ suivant un arc de grand cercle 大圆航行,沿大圆弧线航行

~ sur le méridien 按子午线航行

~ sur les cartes de Marcator 麦卡托海图导航

~ sur lest 压载航行

~ sur mer 海上航行

~ sur un parallèle 沿纬度圈航行

~ sur un parallèle moyen 按中分纬度航行

~ sur une route intermédiaire 使用中间航向航行

~ transatlantique 横渡大西洋航行

~ vagabonde 不定线航行

~ vent arrière 顺风航行

~ vent de travers 横风航行

~ vent largue 后侧风航行

naviguer *v.i.* 航;驾驶船舶

~ à contre bord 迎面近舷对驶

~ au large 远洋航行

~ au plus près 逼风航行

navire *n.m.* 船,船舶,舰

~ à accastillage bas 平甲板船

~ à ailerons portants 水翼船

~ à arrière de croiseur 巡洋舰尾船

~ à aubes 明轮船

~ à bordé ondulé 波形外板船

~ à capacité de manœuvre restreinte 操纵受限船

~ à citernes cylindriques 圆柱舱油[轮、船]

~ à coffre 凹甲板船

~ à coussin d'air 气垫船

~ à diesel 柴油机船

~ à flancs ondulés 波形侧板船

~ à fond simple 单底船

~ à fort tirant d'eau 深吃水船

~ à gaz 气体运输船

~ à grande ouverture 大舱口船

~ à grue 浮吊

~ à hydrofoils 水翼艇

~ à long château 长桥楼船

~ à marchandise générale 杂货船

~ à passagers 客船

~ à pont découvert 平甲板船

~ à pont ras 平甲板船

~ à propulsion classique 常规动力船

~ à propulsion mécanique 机动船

~ à un mât 单桅船

~ à une ligne d'arbres 单螺旋桨船

~ à voile 帆船

~ à voyageurs 客船,客轮

~ abandonné 漂流船

~ abordé 被撞船

~ aéroglisseur 非排水船舶

~ amiral 指挥舰

~ amphibie 两栖舰,两栖船

~ anti pollution 扫海船

~ antiaérien 防空舰艇

~ asdic 声纳舰艇

~ au mouillage 停泊船只

~ au vent 迎风船只

~ automoteur 内燃机船

~ aux normes inférieures 低标准船

~ auxiliaire porte hydravions 水上飞机母舰

~ baleinier 捕鲸船

~ base 浮动基地;冷藏渔船,渔业母船

~ battant pavillon national 指挥舰

~ brise glace 破冰船

~ câblier 布缆船

~ cellulaire 导轨式集装箱船

~ chaland de transport débarquement

登陆运输舰

~ chargé　载货船

~ chargé à couler bas　超载船

~ chef de rade　锚地警戒舰

~ cible　靶船

~ citerne　油［轮、船］，油槽船

~ contrebandier　走私船

~ conventionnel　常规船

~ convoyeur　护航舰

~ croisant　横过船，交叉相遇船

~ cuirassé　装甲舰

~ d'accostage　登陆舰

~ d'assaut　登陆舰

~ d'assaut pour opérations amphibies
两栖作战突击舰艇

~ d'avitaillement　供应船，供给船

~ de barrage　拦击舰

~ de bataille　战列舰

~ de charge traditionnel　传统货船

~ de combat　战舰

~ de commandement　指挥舰

~ de commerce　商船

~ de conserve　并航船

~ de croisière　巡航舰艇

~ de débarquement　登陆艇

~ de déminage　扫雷舰

~ de forage　钻井船

~ de fort tonnage　大吨位船

~ de garde côtière　海岸护卫船，
海岸警卫队巡逻船

~ de grande puissance　大功率船

~ de guerre　军舰，兵舰

~ de haute mer　远洋轮船

~ de la marine de guerre　军舰，
兵舰

~ de ligne　主力舰

~ de long cours　远洋轮船

~ de mer　远洋船，海船

~ de mer sur coussin d'air　海上气

垫船

~ de navigation glaciale　冰区航
行船

~ de pêche　渔船

~ de production et de stockage　储
油生产船

~ de ravitaillement　供应船，供
给船

~ de recherche　科考船，调查船

~ de renflouage　海上救助船

~ de soutien d'opérations amphibies
登陆支援舰；两栖作战支援舰

~ de surface classique　常规水面
舰艇

~ de surface lance missiles　导弹
水面舰艇

~ de surface rapide　高速水面
舰艇

~ de surveillance　警戒舰，巡逻艇

~ de tramping　不定期船，不定
线船

~ de travail　工作艇

~ de type classique　常规舰船

~ de vrac sec　干货船

~ de vrac solide　干货船

~ découvert　无甲板艇

~ d'engins de débarquement　登陆
艇母舰

~ dépollueur　除污船

~ d'escorte　护卫舰艇

~ d'escorte anti sous marin　反潜
护航舰

~ d'expérience　试验船

~ d'exploration　探险船

~ d'occasion　二手船

~ dragueur de haute mer　远洋扫
雷舰

~ échoué　搁浅船只

~ éclaireur　侦察艇

~ écluse 转运船浅水驳

~ école 教练舰;练习舰

~ en béton pré contraint 预应力混凝土船

~ en bois 木船

~ en convoi 编队航行船

~ en croisant un autre 交叉相遇局面

~ en déchargement 卸货船

~ en dérive 漂流船

~ en détresse 遇难船

~ en retour 返航船

~ en service régulier 班轮,班船,衬垫

~ en train d'assurer l'entretien 海上维修船

~ en train de pêcher 从事捕鱼的船

~ en train de poser une bouée 设置航标的船舶

~ en train de pousser 顶推船

~ en train de relever 起捞鱼货的船

~ en train de transborder 减载船

~ en train d'effectuer des opérations de dragage 从事疏浚挖泥的船

~ en train d'effectuer des opérations d'hydrographie ou d'océanographie 海上调查船

~ en train d'effectuer des travaux sous-marins 水下作业船

~ en train d'effectuer une opération de collage 在下水的船舶

~ en train d'effectuer une opération de récupération 在搜救的船

~ en train d'esffectuer un ravitallement 海上供给船

~ engagé 侧倾船

~ frigorifique 冷藏船

~ garde côte 海岸防卫舰,岸防舰

~ géant 超大型船

~ gigogne 母船

~ gondolé 大脊弧船

~ gros porteur 大装载量船

~ handicapé par son tirant d'eau 吃水受限船,受阻船

~ hauturrier 远洋轮船

~ hors d'âges 超龄舰艇

~ hôtel 旅店船

~ hydrofoils 水翼船

~ hydrographe 水道测量船

~ hydrographique 调查船,测量船

~ lance engins 导弹舰

~ lance fusée 火箭舰

~ lancemissiles 导弹舰

~ lège 未载货船

~ léger lance engins 轻型导弹舰

~ magasin 仓库船

~ major 旗舰

~ maquereautier 捕鲭船

~ marchand 商船

~ morutier 捕鳕船

~ mouilleur de mines 布雷舰

~ naufragé 遇难船

~ non endommagé 未受损船

~ non manœuvrable 失控船

~ non-privilégié 让路船,义务船

~ océanographique 海洋考察船

~ polyvalent 多用途船,通用船

~ porte chars 登陆艇母舰

~ porte palettes 包装货船

~ porte-barges du type bacat 载驳双体船,巴卡特型船,双体载驳船

~ porte-conteneurs 货柜船,集装箱运货船

~ porteur d'engins 导弹舰

~ porteur du type catamaran 载驳

双体船,巴卡特型船,双体载驳船

~ poseur 布缆船

~ poussé en avant 被顶推向前的船

~ privilégié 直航船,权利船

~ qui est obligé de s'écarter 让路船,义务船

~ qui ne doit pas s'écarter 直航船,权利船

~ qui n'est pas maître de sa manœuvre 失控船

~ qui observe 观测船

~ rattrapent 超越船

~ réfrigéré 冷藏船

~ Ro Ro（Roll on Roll off） 滚装船

~ roulier 滚装船

~ seabee 海蜂式载驳船

~ semi immergé 半潜船

~ semi réfrigéré 半冷藏船

~ semi submersible pour pose de pipe lines 半潜式输油管道敷设船

~ semi- porte-conteneur 半集装箱船

~ sous le vent 下风船

~ sous marin 潜艇

~ standard économique 标准经济船

~ submersible 潜艇

~ surchargé 超载船

~ surhaussé 高船舷船

~ tank 油船

~ traditionnel 常规船

~ tramp 不定航线商船

~ transbordeur （连人带车）转运船

~ transporteur de gpl 液化石油气运输船

~ transporteur de lng 液化天然气运输船

~ usine 修理船

~ vagabond 不定航线船

~ well deck 凹甲板船

~ s d'occasions 二手船

~ s en vue l'un de l'autre 目测到的船

~ s qui se croisent 交叉航道

nettoyage *n.m.* 打扫,清洁

~ au jet 喷射冲洗,射水冲

~ de citernes 清舱,洗舱

niche *n.f.* 龛,壁龛

~ de cloison 舱壁龛

niveau *n.m.* 水平面;潮线

~ à bulle 水平仪,水平线

~ à bulle d'air 气泡水平仪

~ à flotteur 浮子式液位计

~ à lunette 水平仪

~ critique de crue 洪峰

~ d'amont 水游水位

~ d'aval 下游水位

~ de base 基准面

~ de basse mer 低潮线

~ de congélation 封冻水位

~ de débordement 泛滥水位

~ de la marée 潮水位

~ de la marée basse 低潮水位

~ de la pleine mer 高潮水位,满潮水位

~ de mi marée 半潮水位

~ de réduction 水深基准点,海图基准

~ de référence 水深基准点,海图基准

~ de référence de basse mer 低潮基准

~ de repère 基准面

~ de séisme 地震等级

~ d'eau moyen 平均水位

~ d'eau permanent 稳定水位

~ d'équilibre 平衡波面

~ des eaux souterraines 地下水位

~ des hautes eaux 高水位

~ du lit 河床标高

~ fondamental 基准面

~ géodésique 大地基准

nœud *n. m.* 节, 绳结, 缆节; 节 (船速 = 海里/小时)

~ à œil 眼环结

~ à trois boucles 三重结

~ adhérent 死节

~ articulé 铰接

~ atrio ventriculaire 房室结

~ auriculo ventriculaire 房室结

~ carré 方结

~ coulant 活结

~ de bosse 绳头双反结

~ de carrick 绳花结

~ de chaise 单套索结

~ de cravate 吊索结

~ de drisse de batelier 单帆索结

~ de filet 网结

~ de gueule de raie 猫爪索结

~ de jambe de Chine 缩绳结

~ de passeresse 联结

~ de patte de chat 猫爪结

~ de racine de lotus 藕节

~ de réseau 网结

~ de ris 缩帆索结

~ de soldat 松紧索结

~ de Tawara 房室结

~ de tire veille 菱形结

~ de vache 死结

~ d'écoute 单索花结

~ d'écoute double 双花结, 双索花结

~ d'écoute simple 单索花结

~ d'inflexion 拐叉点

~ double de tire veille 双菱形结

~ en forme de huit 8 字结

~ marin 海里

~ parallèle 平行纽结

~ plat 二重结, 平结

~ rigide 死结

~ simple 单结

~ simple de tire veille 单菱形结

nombre *n.m.* 数, 数目, 数额

~ de jours en mer 航行天数

~ de navires 船舶数量

~ de navires assurés 相关船舶数量

~ de tours de l'hélice 螺旋桨的转数

~ de voyages 航次频率

~ de voyages faits par le navire 船舶航次数

~ de voyages par année 挂港频率

~ d'heures passées au port 在港时间, 停泊时间

~ d'heures passées en mer 海上时间

note *n.f.* 笔记; 订单, 账单

~ de cubage 丈量单, 塞尺

~ de débours portuaire 港口费用结算

~ de frais de port 港口开支单

~ de location de places 订舱单

notification *n.f.* 通知, 通告

~ d'arrivée du navire 船只到港通告

~ notification de transbordement 转船通知

O

objet *n.m.* 物品；目标，对象
- ~ abîmé 受损商品
- ~ avec valeur déclarée 保价物品
- ~ de dimension exceptionnelle 超限货物
- ~ de longueur exceptionnelle 超长货物
- ~ d'occasion 二手货
- ~ éloigné 远距离目标
- ~ flottant 漂浮物，浮动物体
- ~ transportable 可运输物品

obligatoire *adj.* 强制的，义务的
observateur, trice *n.* 观察员
observation *n.f.* 观察，观测
- ~ à champ réduit 小视角观察
- ~ à courte distance 近距离观察
- ~ à distance 遥测
- ~ à grand champ 大视角观察
- ~ à la vue 目视观察
- ~ à l'œil 目视观测
- ~ astronomique 天文观察
- ~ au dessus de l'horizon artificiel 假定地平线上观测
- ~ barométrique 气压观测
- ~ bilatérale 交会观察，双侧面观察
- ~ céleste 天体观测
- ~ climatologique 气候观测
- ~ de la course par radar 雷达跟踪
- ~ de la gravité sous marine 水下重力观测
- ~ de l'horizon de la mer 海上水平线观测
- ~ de satellite 卫星观察
- ~ directe 目力观察，直观法
- ~ diurne 白天观察
- ~ du niveau d'eau 水位观察
- ~ du soleil 太阳观测
- ~ éloignée 远距观察
- ~ humaine 目视观察
- ~ latérale 侧面观察
- ~ littorale 沿海观测
- ~ lointaine 远距观察
- ~ méridiennes 中天观察
- ~ météorologique 气象观测
- ~ panoramique 全景观察，环视观察
- ~ par radar 雷达观察
- ~ rapprochée 近距离观察
- ~ standard 标准观测
- ~ terrestre 地面观测

obstacle *n.m.* 障碍
- ~ à la navigation 航行障碍

obturateur *n.m.* 密闭件，塞子
occultation *n.f.* 遮光
- ~ des hublots 关闭舷窗

œil *n.m.* （复数 yeux）眼睛；绳环，眼环结
œuvres *n.f.pl* 船体
- ~ mortes 船舷水上部分
- ~ vives 船体水下部分

officier *n.m.* 军官

~ de garde　（泊时）值班军官
~ de quart　（航时）值班军官,值班大副

offre *n.f.*　提供,供应;报价
~ compétitive　有竞争性报价
~ de cargaison　货物报价
~ de marchandise　商品报价
~ d'emploi　招聘启事
~ dépasse demande　供大于求
~ dépasse la demande　供过于求
~ et demande　供求
~ excède la demande　供过于求
~ labiale　口头报价
~ ne répond pas à la demande　供不应求
~ verbale　口头报价

oléoduc *n.m.*　输油管,输油管道
~ sous marin　海底管道

oligopole *n.m.*　卖方市场

onglet *n.m.*　楔;楔形体积
~ d'émersion　出水楔形体积
~ d'immersion　浸水楔形体积

opérateur, trice *n.*　操作员;经营人
~ maritime　船舶经营人

opération *n.f.*　操作;业务,交易;运转
~ au comptant　现货交易
~ d'achats　采购业务
~ de chargement et de déchargement　装卸作业
~ de crédit bail　租赁业务
~ de déchargement　卸船作业
~ de déminage　扫雷操作
~ de remontée　（潜水员）上升过程
~ de remorquage　拖带操作
~ de retour　（潜水员）回程作业
~ monétaire　货币交易
~ océanographique　海洋调查

~s de forage en mer　近海钻井作业
~s de forage en offshore　近海钻井作业
~s de marché　市场业务
~s des devises　外汇业务
~s du port　港口作业

opercule *n.m.*　盖,罩,帽
~ d'obturation　封盖

orage *n.m.*　暴风雨,雷暴
~ carabiné　狂风暴雨
~ cyclonique　气旋雷暴
~ de chaleur　热雷暴
~ de dépression　降压雷暴
~ frontal　锋面雷暴
~ magnétique　磁暴

ordre *n.m.*　订单;令,指示
~ annulé　取消订单
~ contremandé　取消订单
~ d'achat　实进订单,购货单
~ de livraison　交货单,出货单,提货单
~ de marché　市场定购单
~ de paiement　支付委托书,付款通知
~ de service　开工令
~ d'expédition　发货通知,装货单
~ limité　设限委托,设限定单
~ stop loss　免损条文

oreille *n.f.*　锚耳
~ d'âne　系索耳;驴耳
~ de levage　起重吊环,吊耳
~ de suspension　起重吊环,吊耳
~ des panneaux　舱口楔耳

organigramme *n.m.*　组织机构图,流程图

organisme *n. m.*　生物,有机体;组织,机构
~ épibenthique　浅海底栖生物

~ marin 海洋生物
~ multicellulaire 多细胞生物
~ neustonique 漂浮生物
~ pélagique 远洋生物
~ planctonique 浮游生物,漂浮植物
~ portuaire 港口管理机构

orientation *n.f.* 方向;(帆的)顺风位置,吃风方向
~ du safran 舵板转向
~ en azimut 方位角定向

orifice *n.m.* 孔,开口

ouverture *n.f.* 开口,孔,通道
~ de pont 甲板开口

ouvrage *n.m.* 工程
~ à démolir 拆除工程
~ à la mer 海上工程
~ de crue 防洪工程
~ de défense de la côte 护岸工程
~ de palplanches 板桩围堰工程
~ flottant 浮动工程
~ hydraulique 水利工程
~ littoral 海岸工程

ouvrier, ière *n.* 工人
~ au salaire peu élevé 廉价劳动者
~ de chantier 船厂工人
~ de port 码头工人
~ hautement qualifié(OHQ) 高级技工
~ lamaneur 系泊工人
~ plongeur 作业潜水员
~ professionnel (OP) 专业工人;熟练工人
~ qualifié (OQ) 技工
~ spécialisé (OS) 技术工人;特种工,普通熟练工人

P

palan *n.m.* 滑车,滑车组,索具

~ à air comprimé 气吊

~ à caliorne 三饼滑车组

~ à croc 带钩复滑车

~ à deux poulies simples 双饼滑车组

~ à deux poulies triples 六饼滑车组

~ à double effet 双饼滑车组

~ à engrenages 齿轮式滑车组

~ à enroulement double 双盘卷扬机

~ à fouet 带动索三饼复滑车

~ à la main 手动起重滑车,轻型滑车组

~ à monorail 单轨起重机

~ à moufle 滑车组

~ à simple effet 单饼滑车

~ à vis sans fin 蜗杆滑车组

~ d'amure 帆下前角复滑车组

~ d'ancre 吊放有杆锚滑车组

~ d'apiquage 变幅滑车

~ de balancine 升降滑车组

~ de balancine de gui 顶索滑车

~ de barre 操舵复滑车

~ de bout de vergue 桁端滑车组

~ de candelette 吊锚复滑车

~ de capon 吊锚复滑车

~ de charge 起重滑车组

~ de davier d'embarcation 吊小艇滑车

~ de deux poulies à violon 升帆滑车组

~ de dimanche 小型滑车组

~ de drisse 拉帆桁滑车组

~ de drosse 桁架滑车组

~ de gouvernail 操舵滑车组

~ de guinderesse 升降中桅滑车组

~ de hissage 起吊滑车组

~ de manœuvre 甲板滑车组

~ de martinet 顶索滑车

~ de retenue 操舵滑车组

~ de roulage 帆桁稳固滑车组

~ de roulis 帆桁稳固滑车组

~ de soutien d'embarcation 小艇系留滑车组

~ d'embarcation 吊小艇复滑车

~ d'étai 起重滑车组

~ d'étargue 索具三饼复滑车

~ d'hune 拢帆索具滑车组

~ différentiel 差动链式滑车

~ double 四饼滑车组

~ du pavillon de pic 旗绳滑车,信号索滑车

~ électrique 电葫芦,电动复滑车

~ épicycloïdal 行星齿轮复滑车

~ mobile 动滑车组

~ pneumatique 气动滑车组

~ renversé 三饼滑车组

~ sur garant 动索端装滑车

~ sur itague 动端滑车

palangre *n.f.* 延绳钓

pale *n.f.* 桨板,明轮桨板;(螺旋桨的)叶片,桨叶

palier *n.m.* 轴承;支座,托架
- ~ à anneau graisseur 油环式滑动轴承
- ~ à butée 止推轴承,轴向轴承
- ~ à cannelures 环形止推轴承
- ~ à chaise 托架轴承
- ~ à collet 环形止推轴承
- ~ à coussinet 米切尔式轴承
- ~ à glissières 滑动轴承
- ~ à pierre précieuse 宝石轴承
- ~ à pivot 耳轴承
- ~ à rouleaux 滚柱轴承
- ~ à roulement 滚动轴承
- ~ autograisseur 自动润滑轴承
- ~ autolubrifiant 自动润滑轴承
- ~ auxiliaire 外轴承
- ~ côté commande 内侧轴承
- ~ de balancier 游梁轴承
- ~ de butée 止推轴承,轴向轴承
- ~ de grille 炉条床
- ~ de l'arbre à cames 凸轮轴轴承
- ~ de l'arbre de manivelle 曲轴轴承
- ~ de vilebrequin 曲轴立轴承
- ~ de volant 飞轮轴承
- ~ en porte à faux 外悬式轴承
- ~ fendu 对开式轴承
- ~ guide 导向轴承
- ~ guide de mèche 舵承
- ~ hydrodynamique à gaz 气动轴承
- ~ hydrostatique 静压轴承
- ~ juste 止推轴承,推力轴承
- ~ lisse 滑动轴承
- ~ partiel 半轴承
- ~ prélubrifié 含油轴承
- ~ radial 向心轴承

- ~ sûr 划伤轴承
- ~ support de mèche 舵承;舵托
- ~ suspendu 悬吊式轴承

palonnier *n.m.* 平衡杆,起吊杆

palpeur *n.m.* 传感器;探头,探尺

panne *n.f.* 故障;檩条;无风停航
- ~ à treillis 桁架式组合檩
- ~ de gouvernail 船舵故障
- ~ de machine 机器故障
- ~ de moteur 发动机故障
- ~ du gouvernail 舵故障,用舵记录
- ~ du marteau 平砧
- ~ flottante 浮木栅
- ~ flottante de fermeture （航道）关闭浮木栅
- ~ morte 隐蔽故障
- ~ sèche 缺油[水]故障
- ~ sûre 安全故障
- ~s du port 港口防浪洲

panneau *n.m.* 舱盖,舱门
- ~ àtrois plis 三合板
- ~ à charnière 带铰链舱口盖
- ~ à cinq plis 五合板
- ~ à commande hydraulique 液压舱口盖
- ~ à grillage 格栅舱口盖
- ~ à parement en matière plastique 塑料面胶合板
- ~ à plat pont 平甲板舱口
- ~ amovible 活动壁板
- ~ arrière 后面板
- ~ aveugle 空面板
- ~ basculant 摆动舱口盖
- ~ contre plaqué 胶合板
- ~ d'accès 进入舱口
- ~ d'aérage 通风舱口
- ~ d'aération 炉舱棚顶口
- ~ d'arrimage 匀货舱口

~ d'avis 指路标志

~ de bord 仪表盘

~ de cale 舱口,货舱口

~ de chalut 网板

~ de chantier 施工标志

~ de commande 操作盘,控制盘;
配电盘

~ de connexion 接线盘

~ de contrôle 控制板

~ de descente 升降舱口

~ de direction 方向标志,指路牌

~ de distance 距离标志

~ de fermeture de cale 舱盖

~ de fibre 纤维板

~ de goulot 鱼雷手孔盖

~ de localisation 地名牌

~ de refroidissement 冷却掩板

~ de réservoire 油舱舱口

~ de résistance 承载板格

~ de sabord 侧舱口

~ de sauvetage 脱险舱口

~ de super signalisation 大型路标

~ de type ponton 箱式舱口盖

~ de virage 弯道标志

~ d'échappée 逃生舱口

~ d'écoutille 舱盖

~ d'embarquement des missiles 导
弹装载舱口

~ des chaufferies 锅炉舱舱口

~ d'évacuation de secours 应急
舱口

~ directionnel 方向标志,指路牌

~ disjoncteur 开关盘

~ éclairé 发光标志

~ frontal 面板

~ graphique 图解面板

~ mécanique 机械舱口盖

~ mort 死面板

~ réflecteur 反射器板

~ refroidissant 平板式冷却器

~ rigide en fibres de bois comprimées
硬质纤维板

~ routier 道路标志

~ routier de localisation 地名牌

~ solaire 太阳能电池板

pantoire *n.f.* 索,索缆,带钩吊索

~ d'attache 系艇索

~ de bras 转桁索

~ de candelette 吊锚滑车索

~ de capon 吊锚滑车索

~ de corps mort 系泊浮筒短索

~ de mât de charge 吊货索

~ de remorque 中间拖缆

~ de retenue de gui 吊杆张索,帆
横桁张索

~ de tête de mât 桅顶吊索

~ de traversière 吊锚滑车索

~ d'écoute 帆脚索

~ en chaîne 带钩吊链

~ sauvegarde 应急操舵索

papillon *n.m.* 【船】挂在第四层帆上
的小帆

paré *adj.* 准备的

~ à mouiller ! 准备抛锚(令)

~ à mouiller à tribord ! 准备右
锚(令)

~ à ramer ! 备桨划(桨、船)

~ à virer ! 准备调樯,准备转航
向(令)

parquet *n.m.* (机舱的)通道平台

~ de chauffe 锅炉舱的地板

~ de l'appareil à gouverner 舵机
平台

~ de manœuvre 机舱操纵平台

~ des machines 机舱平台

partie *n.f.* 部分

~ fixe du compas rapporteur 罗盘
固定部分

~ supérieure du mât 桅杆顶端

~ inférieure 下部,下底板

pas *n.m.* 海峡;关口,隘口

~ de Calais 英吉利海峡

passager, ière *n.* 乘客

passe *n.f.* 航道,通道

~ avant 步桥

~ balisée 有浮标航道

~ câble 电缆孔

~ de barrage 障碍内通道

~ de flottage 筏道

~ d'entrée 进港航道

~ déversoir 溢洪道

~ difficile 有险滩的航道

~ étroite 狭航道

~ maritime 海上航道,海上通道

~ navigable 通航航道

passeport *n.m.* 护照;商船出口许可证

~ des navires 船舶出口通行证

~ du passager 乘客护照

passer *v.t.*;*v.i.* 过;转,给

~ à ranger 近距离航行

~ à travers 越过

~ des marchandises en fraude 商品偷运

~ en marche arrière 挂倒挡

~ sur l'avant 横越船首

passerelle *n.f.* 舷梯,舰桥,栈桥;驾驶台;方帆风暴索

~ à câbles 缆桥

~ amiral 舰队指挥桥楼

~ arrière 船尾指挥桥楼

~ d'accès 跳板

~ de combat 作战指挥桥楼

~ de commande 驾驶台

~ de commandement 指挥桥楼

~ de conduite de tir 火炮指挥桥楼

~ de majorité 舰队指挥桥楼

~ de manœuvre 操作台;船尾桥台;系泊桥楼

~ de navigation 舰桥,罗经台,上层桥楼

~ de paillet 堵漏垫底角索

~ de veille 值更桥楼

~ de vigie 瞭望桥楼

~ d'ouragan 风暴桥楼

~ en bois 木栈桥

~ ouverte 开顶桥楼,露天桥楼

~ pipe line 输油管桥

~ volante 登陆跳板

patente *n.f.* 检疫证;营业税,税

~ de sanré (船只的)健康证书,健康申报单

patin *n.m.* 垫座,垫块

~ de chalut 桁网架

~ de traverse 导块

~ d'hotieu 撑篙架

~ frein 制动块

patte *n.f.* 索耳,爪齿,铁钩

~ d'aie 短系船索

~ d'aiguillot 舵销带板

~ d'ancre 锚爪

~ d'attache 固定爪

~ de bouée 浮标索

~ de bouline 帆脚索

~ de chalut 拖网网脚

~ de palanquin de ris 缩帆滑车索耳

~ de point de drisse 帆顶角索

~ de ralingue de mât 纵帆前缘索耳

~ de remorque 多股拖索,拖网支索

~ de ris 边绳索圆,缩帆索耳

~ de supportage 支承座

~ d'élingues 吊桶钩

~ d'embarcation 系艇索

~ d'empointure 帆顶角索耳

~ d'oie de corps mort　浮筒凸耳

~ d'oie dc pie　桁套索

~ support　支臂

paumelle *n.f.*　窗铰链,帆工护掌

pavillon *n.m.*　旗;国籍旗;信号旗

~ à bras　手旗

~ affirmatif　肯定信号旗

~ alphabétique　字母旗

~ amiral　海军上将旗

~ chargement dangereux　危险品旗

~ couplé　狭长旗

~ d'armateur　轮船公司旗

~ d'attention　"注意"信号旗

~ de beaupré　船首旗

~ de club　俱乐部旗

~ de commandement　指挥舰旗

~ de complaisance　游览船旗

~ de course　赛船旗

~ de départ　出航信号旗;开船信号旗

~ de détresse　遇难信号旗

~ de douane　海关旗

~ de la Marine　海军旗

~ de partance　启航旗

~ de pilote　领航旗,引水旗

~ de poupe　舰尾旗

~ de quarantaine　检疫旗

~ de rappel　召回信号旗

~ de réclamation　抗议旗

~ de secours　呼救信号旗

~ des chargeurs　航运公司旗

~ des pirates　海盗旗,黑旗

~ d'invités　宾客旗

~ du code　信号旗

~ du navire　船籍,船旗

~ du propriétaire　船主旗

~ en berne　半旗

~ étranger　外国籍船旗

~ jaune　检疫旗

~ marchand　商船旗

~ national　国籍旗

~ négatif　否定信号旗

~ neutre　中立国船旗

~ noir　海盗旗,黑旗

~ numérique　数字[三角]信号旗

~ pilote　领航旗

~ postal　邮政旗

~ rouge　易爆物品旗

~ sanitaire　检疫旗

~ sémaphorique　手旗

~ spécial　特种旗

pavois *n.m.*　彩旗;舷墙

~ de courtoisie　礼节彩旗

~ de la poulaine　船首饰

payement *n.m.*　付款,支付

~ à l'arrivée　货到付款

~ au comptant　现金付款

~ échelonné　分期付款

pays *n.m.*　国,国家;地方,地区

~ capitaliste　资本主义国家

~ créancier　债权国

~ de l'OCDE　经济合作与发展组织国家

~ débiteur　负债国

~ développé　发达国家

~ d'immatriculation　登记国

~ d'origine　原产地

~ du COMECON　经济互助会成员国

~ en voie de développement　发展中国家

~ exportateur　输出国

~ francophones　法语区

~ importateur　输入国

~ insulaire　岛国

~ signataire　缔约国,签字国

~ sous développé　欠发达国家

P

~ transitaire 转口国
peak *n.m.* 尖舱
~ arrière 船尾尖舱
~ avant 船首尖舱
pêche *n.f.* 捕鱼;海底采集;渔区
~ à couple 双船捕鱼
~ à filets seine 围网捕鱼
~ à la baleine 捕鲸
~ à la bellée 延绳钓
~ à la chalutière 拖网捕鱼
~ à la seine 拖网捕鱼
~ à la senne aux chaluts de fond et pélagiques 中深层拖围网捕鱼
~ à la traîne 大拉网捕鱼
~ à lampe 灯光捕鱼
~ à lumière 灯光捕鱼
~ à senne 围网捕鱼
~ à traquenard 陷阱网捕鱼
~ au filet 网具捕捞
~ au haveneau 捞网捕鱼
~ au havenet 捞网捕鱼
~ au large 海上捕鱼
~ au thon 捕金枪鱼
~ aux cordes 延绳钓捕鱼
~ aux filets dérivants 漂网捕鱼
~ aux petites cordes 手钓捕鱼
~ côtière 沿海渔业
~ de drague 牡蛎采捞船
~ de hareng 捕鲱鱼
~ des éponges 海绵采捞
~ des perles 采集珍珠
~ d'outre mer 海外渔业
~ électrique 电捕鱼
~ en haute mer 远洋捕鱼
~ excessive 过度捕鱼
~ fluviale 内河捕鱼
~ gardée 有看管的渔场
~ hauturière 远洋渔业
~ illégale 非法捕鱼

~ interdite 禁止捕鱼
~ maritime 海洋渔业
~ mécanisée 机械化捕鱼
~ pélagique 深海捕鱼
~ pélagique hauturière 深海远洋渔业
~ saisonnière 季节捕鱼
peinture *n.f.* 油漆,涂料
~ à base de bitume 沥青涂料
~ à base de caoutchouc chlore 氯化橡胶漆
~ à base de chlorocaoutchouc 氯化橡胶涂料
~ à base de poussière de zinc 锌粉基漆
~ à la caséine 可赛因油漆,可赛因
~ à la chaux 白涂料
~ à la poudre d'aluminium 银粉漆,银粉涂料
~ à l'eau 水漆
~ à séchage rapide 快干油漆
~ alumineuse 铝油漆
~ antiacide 耐酸漆
~ anticorrosive 防腐油漆
~ antidérapante 防滑油漆
~ antifeu 防火漆
~ antifouling 防污涂料
~ antigivre 防冻漆
~ antiparasite 防污漆
~ antirouille 防锈涂料
~ antisalissante 防虫漆
~ antisalissure 防污漆
~ antiseptique 防腐漆
~ antivégétale 防虫漆
~ argentée 银粉漆,银粉涂料
~ au blanc de plomb 白铅油漆
~ au blanc de zinc 白锌漆
~ au four 烘漆

~ au liège 软木涂漆

~ au mica 云母漆

~ au pistolet 喷漆,喷油漆

~ au pistolet électostatique 静电喷涂漆

~ au vernis 釉漆,磁漆,亮漆

~ auto-polissante 防污涂料

~ bitumineuse 沥青涂料

~ cellulosique 赛璐珞油漆

~ d'aluminium 铝粉漆

~ d'apprêt 底漆

~ de balisage 公路路标油漆

~ de cales 货舱用油漆

~ de camouflage 伪装漆;覆面漆;盖面涂料

~ de carène 船底漆

~ de fond 底涂料

~ de latex 乳胶漆

~ de pont 甲板漆

~ de signal 标志漆

~ des modèles 木模漆

~ d'intérieur 内墙用涂料

~ d'ornement 装饰漆

~ émail 瓷漆

~ émail au vernis 瓷油漆

~ émulsion 乳化油漆

~ en détrempe 胶漆

~ en pâte 厚漆

~ fongicide 防霉漆,含杀菌剂油漆

~ frein 红铅漆

~ hydrofuge 防水涂料

~ ignifuge 防火漆

~ indélébile 耐洗漆,不褪色油漆

~ intumescente 膨胀漆

~ isolante 绝缘漆

~ luminescente 发光油漆,火光漆

~ lumineuse 发光油漆,火光漆

~ mate 无光油漆

~ mélangée 调和漆

~ métallique 金属涂料

~ minium 红丹油漆

~ mixte 调和油漆

~ par immersion 浸涂漆

~ par pulvérisation 喷漆,喷油漆

~ par roulement 滚涂漆

~ phosphorescente 磷光漆

~ pigmentée 有色漆

~ pneumatique 喷漆,喷油漆

~ polyuréthane 聚氨基甲酸基漆

~ pour capacités à eau salée 海水舱用漆

~ pour citerne 油舱漆

~ pour œuvres mortes 水上体漆

~ première main 底油漆

~ primaire 底漆

~ résistante à la chaleur 耐热漆,耐热涂料

~ résistante à l'abrasion 抗磨蚀漆

~ résistante aux alkalis 耐碱漆

~ résitante aux huiles 耐油漆

~ riche en zinc 富锌漆

~ sans solvant 无熔剂漆

~ siccative 快干油漆

~ sous marine 水下漆

~ synthétique antipoussière 防尘合成[油]漆

~ thermo indicatrice 示温漆

~ thermométrique 示温漆

~ thixotropique 触变漆

~ vernissée 瓷油漆

péniche *n.f.* 艇,驳船

~ de débarquement 登陆艇

~ sanitaire 救护艇

perceuse *n.f.* 钻床,钻机,冲头,穿孔机

~ à colonne 柱式钻床,立式钻床

~ à main 手摇钻

~ d'établi　台钻

~ électrique　电钻

~ pneumatique　风钻

~ portative　手摇钻

~ radiale　摇臂钻床

~ sur colonne　柱式钻床, 立式钻床

perche *n.f.*　杆, 撑杆, 测量杆; 鲈鱼

~ à gaffer　艇篙

~ de guidage　导杆

~ de sondage　测深杆

période *n.f.*　期, 周期

~ de houle　波浪周期

~ d'interdiction de pêche　禁渔期

~ d'oscillation　振动周期

~ glaciaire　冰川期, 冰期

périscope *n.m.*　潜望镜

~ d'antenne　天线潜望镜

~ d'attaque　攻击潜望镜

~ de radar　雷达潜望镜

~ de veille　监视潜望镜

perméabilité *n.f.*　渗透性, 可被透过

permis *n.m.*　许可证, 执照

~ d'arrivée　抵港许可证

~ de chargement　装货许可证

~ de circulation　通行证

~ de circuler　路条

~ de conduire　驾驶证

~ de débarquement　卸货许可证

~ de déchargement　卸货许可证

~ de départ　开船许可证, 离港许可证

~ de descendre à terre　上岸许可证

~ de mission　出差证

~ de monter à bord　登轮证

~ de navigation　航行许可证

~ de séjour　停留许可证

~ de sortie　出口许可证

~ de transbordement　捭船许可证, 转运许可证

~ d'embarquement　装船许可, 准运单

~ d'enlèvement　离船坞许可证

~ d'entrée　进口许可证

~ d'exportation　出口许可证

~ d'importation　进口许可证

perpendiculaire *n.f.*　垂直线
　　　　　　adj.　垂直的

~ avant（PPAV）　艏垂线, 首垂线

~ arrière（PPAR）　艉垂线, 尾垂线

~ milieu（PPM）　船中部垂直线

personne *n.f.*　人

~ civile　法人

~ juridique　法人

~ légale　法人

~ morale　法人

~ physique　自然人

personnel *n.m.*　员工, 人员

~ de manutention　装卸人员

~ de terre　陆上人员

~ d'entretien　维机人员, 维修人员

~ des machines　机舱人员

~ d'intervention　维机人员, 维修人员

~ dirigeant　执行者, 管理人员

~ du pont　甲板人员

~ du quart　倒班人员, 值班人员

~ judiciaire　（集合名词）法人

~ navigant　海勤人员, 航海人员

perte *n.f.*　损失; 漏泄

~ brute　毛损

~ de chaleur　散热

~ de direction　迷航

~ de flottabilité　浮力下降

~ de masse　失重

~ de matériel　器材损耗

~ de vitesse　失速

~ de volume （气垫船）失容

~ hydraulique 水力损失

~ mécanique 机械损耗

~ nette 净损失

~ par abrasion 磨损量

~ par corrosion 腐蚀失重

~ par frottement 沿程水头损失

~ par hauteur de chute 压头损失

~ par tourbillons 涡流损失

~ sèche 全部损失

~ totale 全部损失

~ volumétrique 舱容损失,容积损失

perturbation *n.f.* 扰乱,紊乱干扰；微幅运动

~ de fond 海底干扰

~ de surface 海面扰动

~ fonctionnelle 功能紊乱

~ vibrationnelle 振动摄动

petit, e *adj.* 小的

~ aubage 小叶轮

~ axe 短轴

~ pavois 桅顶彩旗

~ quart 小夜班

~ attelle 小夹板

~ houle 低涌

~ pêche 近海渔业

~ sciène 小黄鱼

~ vitesse 低速

pétrole *n.m.* 石油；煤油

~ asphaltique 沥青基石油,沥青质石油

~ brut 原油

~ brut à base paraffinique 石蜡基原油

~ brut à forte teneur en eau 含水石油

~ brut asphaltique 沥青基原油

~ brut naphténique 环烷基原油

~ brut non sulfuré 低硫石油

~ brut salin 含盐原油

~ brut traditionnel 天然原油

~ brut visqueux 高黏度原油

~ de fissures 裂隙石油

~ de récupération 回收石油

~ d'éclairage 煤油,灯油

~ déshydraté 纯石油,脱水石油

~ et gaz 油气

~ lampant 煤油,灯油

~ léger 轻油

~ liquide saponé 皂化石油

~ paraffiné 石蜡质石油

~ pour éclairage longue durée 久燃煤油

~ purifié 精炼石油

~ raffiné 精炼油

~ sans composés aromatiques 不含芳烃石油

~ solidifié 固化石油,凝固石油；氧化石油

~ soufflé 吹制石油

~ sous marin 海底石油

~ synthétique 合成石油

~ traité 加工石油

pétrolier *n.m.* 油船,油轮

~ à deux cloisons longitudinales 双舱壁油船

~ à moteur 柴油机油船

~ au long cours 海上油轮

~ brise glace 破冰油轮

~ brut 原油船

~ caboteur 沿海油船

~ classique 常规油船

~ de haute mer 远洋油轮

~ de taille moyenne 中型油船

~ fluvial 内河油船

~ géant 大型油轮

~ long courrier 远洋油船

P

~ minéralier　石油散砂船
~ navette　穿梭运输油轮
~ pour produits　成品油轮
~ ravitailleur　补给油船
~ sous marin　潜水油船
~ traditionnel　传统型油船
~ vracquier　散货油船
~ vracquier minéralier　石油散货
矿砂船

phare *n.m.*　灯塔,导航灯,信标
~ à éclat　灯塔
~ à éclat de rotation　旋转灯塔
~ à éclipses　闪光灯塔
~ à feu　灯塔
~ à feu fixe　定光灯塔
~ à rotation　旋转灯塔
~ à terre　岸上灯塔
~ automatique monobloc　组装自
动灯塔
~ brouillard　雾灯
~ code　近光灯,闪光信号灯
~ de danger　危险标灯
~ de ligne　航线导航灯
~ de terrain　航站灯塔
~ distance　远光灯
~ fanal　强光前灯
~ route　远光灯

phénomène *n.m.*　现象
~ atmosphérique　气象
~ de succion　岸吸(吸船尾推船
首)
~ hydrodynamique　流体动力效应

pièce *n.m.*　机件,零件,部件;证件
~ coulée　铸件
~ d'attache　连接件
~ d'attelage　拖挂件,车钩
~ de chasse　舰首炮
~ de fixation　坚固件
~ de fonte　铸件

~ de forge　锻件
~ de jonction　连接件
~ de rechange　备件,零配件
~ de renfort　【航海】扶强材
~ de résistance　阻力件
~ détachée　零备件;配件
~ d'identité　身份证
~ forgée　锻件
~ moulée　铸件
~ soudée　焊体
~s de bord　船舶证件
~s moulées sans noyaux　无芯铸件

pied *n.m.*　支脚;尺
~ à coulisse　游标规,游标卡尺
~ de bigue　吊杆撑柱
~ de mât　桅脚
~ de support　支撑桩腿
~ d'emplanture　桅脚
~s lourds　重型潜水服

pilotage *n.m.*　驾驶,领港,领航;流
向控制
~ à auto alimentation　内控
~ côtier　沿海岸领航
~ de sortie　出港领航
~ d'entrée　进港领航
~ des navires　船舶领航
~ facultatif　非强制性领港
~ hauturier　远洋领航
~ libre　非强制性领港
~ obligatoire　强制性领港

pilote *n.m.*　驾驶员,领航员,引水
员;舵,导向装置
~ automatique　自动舵,自动导航
~ breveté　有证书领港员
~ de bassin　港内领航员
~ de mer　海上领航员
~ des glaces　冰区领航员
~ élargisseur　领眼扩孔钻
~ hauturier　远洋领航员

~ robot 自动驾驶仪

pipe *n.f.* 管,管道

~ line 输油管;天然气管道

~ line pour huile brute 原油管道

piquage *n.m.* 刺孔;俯冲

~ de purge 排放口

piston *n.m.* 活塞

~ grippé 活塞咬缸

~ à air 压气活塞

~ à double diamètre 二级活塞

~ à double effet 双向作用活塞

~ alternatif 往复活塞

~ aspirant 吸入活塞

~ baladeur 浮动活塞

~ collé 活塞咬缸

~ d'injection 压缩活塞

~ frappeur 冲压活塞

~ glissiers 活塞阀

~ libre 空转活塞

~ moteur 压射活塞

~ pousseur 举升活塞

~ valve 阀芯,栓塞式滑阀

~ s opposés 对置活塞

piton *n.m.* 吊环螺栓;海底尖峰

pivot *n.m.* 销轴,轴头

~ de fusée 轴销

placard *n.m.* （帆上的）补丁

place *n.f.* 位置

~ de cabine 舱位

plafond *n.m.* 平顶,天花板

~ de ballast 内底,压载水舱顶板

~ de roof 舱室顶板

~ de tunnel 轴隧顶

~ de waterballast 压载水舱顶

~ sans nervure 无梁平顶

~ suspendu 吊顶

plan *n.m.* 面,平面;计划;图

~ à long terme 长期计划

~ axial 轴平面

~ cylindre 平柱面

~ d'achat 购货计划

~ d'arrimage 配载图,积载图

~ d'assemblage 组装图

~ de base 基面

~ de battage 桩位布置图

~ de câblage 接线图

~ de capacité 舱容[量]图

~ de commande 控制平面;订货计划

~ de dérive 抗横漂平面

~ de finition 竣工图

~ de flottaison 浮面;吃水线

~ de fracture 破裂面

~ de joint 密封平面;分型面

~ de la mer 海平面

~ de l'écliptique 黄道平面

~ de l'équateur 赤道平面

~ de l'équateur terrestre 地球赤道平面

~ de maintenance 维修计划

~ de moutonnage 桩位布置图

~ de niveau 海平面

~ de nivellement 等高线图;水平测量图

~ de phase 相平面

~ de polarisation 偏振面

~ de profil de coque 纵剖图

~ de référence d'outil 基面

~ de référence en travail 工作基准

~ de régression 回归平面

~ de restriction 限制图

~ de rotation 旋转平面

~ de saturation 饱和面

~ de seconde œuvre 竣工图

~ de séparation 分隔平面,界面

~ de séparation eau huile 水－油界面

P

~ de symétrie 对称平面
~ de transmission 透射面
~ de tuyautage 管系图
~ de tuyautage de coque 船体管系图
~ de vitesse 速度[矢量]图
~ de voilure 帆装置图
~ d'eau 水平面,半宽水线图
~ d'eau amont 上游水面
~ d'eau aval 下游水面
~ d'eau de fleuve 江河水面
~ d'eau portuaire 港口水面
~ d'eau utile 有用水面
~ définitif 竣工图
~ d'emménagements 舱室布置图
~ d'ensemble 总图
~ des couples de tracé 横剖线图
~ des formes du navire 船体线型图
~ des lignes d'eau 水线曲线图
~ d'exécution 施工图
~ diamétral 纵剖面,纵向平面
~ directeu 炮火瞄射图
~ d'onde 波面
~ équiamplitude 等幅面
~ équiphase 等相位面
~ équipotentiel 等势面
~ financier 财政计划
~ frontal de projection 正投影面
~ général 总布置图
~ général de coordination 协调总计划
~ hodographe 速度图
~ horizontal 水平面,半宽水线图
~ horizontal de projection 水平投影面
~ hyperstatique 超静定平面
~ imaginaire 虚平面
~ incident 入射面

~ incliné 坡道,斜面
~ libre 自由液面
~ longitudinal 纵剖面,纵向平面
~ longitudinal médian 船中纵剖面
~ médian longitudinal 首尾线,中心线
~ méridien 子午面
~ métrique 可测平面
~ mince 【航海】呆木
~ nautique 大比例尺海图
~ objet 物平面
~ perspectif 透视平面
~ polaire 极平面
~ porteur de navire 船水翼
~ profil de coque 侧面图
~ profil de projection 侧投影面
~ réticulaire 点阵平面
~ sagittal 矢状切面
~ sécant 切断平面
~ topographique 地形测量图
~ transversal 横剖面,横断面
~ vers arrière d'outil 切深平面
~ vertical longitudinal 纵侧视图
~ vertical transeversal à mi navire 中站面

planning *n.m.* 计划,进度
~ de chantier 施工进度
~ des travaux 工程计划
~ du voyage 航行计划

plaque *n.f.* 装甲板;板,板材
~ à masse 底板
~ anti sismique 防震板
~ d'affourche 多锚链并连板
~ d'âme 腹板
~ d'appui 垫板,轴承托板
~ d'arrêt 底板
~ d'assise 底板
~ de base 油路板

~ de blindage   装甲钢板
~ de bornes   接线板
~ de dame   缓冲[挡]板
~ de dessus   上底板
~ de flanc   舷外板
~ de fond   底板
~ de fondation   座板
~ de garde   护板
~ de jaumière   船首柱包板
~ de masquage   挡板
~ de montage   底板
~ de pont   甲板钢板
~ de protection   挡板
~ de raccordement   油路板
~ de serrage   压板
~ de sol   垫板
~ de soutirage   泄流板
~ de ventilation   通风孔板
~ de visite   孔板
~ d'écartement   垫板
~ d'électrode   电极板
~ embase   油路板
~ en bois   木板
~ guide   导向板
~ inférieure   下底板
~ intermédiaire   滑台
~ mobile   动型板, 移动板
~ parasismique   防震板
~ perforée   多孔板
~ protectrice   挡板
~ support   支撑板, 垫板

plat, e *adj.*   平的
~ bord   舷边, 舷缘; 舷缘材
~ d'aviron   桨面
~ pont   平甲板

plate *n.f.*   台, 平台; 甲板; 平底船; 大陆架
~ en béton   混凝土平台
~ forme à bascule   自卸货平台

~ forme à cloche simple   增压室式气垫平台
~ forme à effet de sol   气垫平台
~ forme à embase poids   重力平台
~ forme à porte à faux   悬臂平台
~ forme amarrée   系泊平台
~ forme amarrée sur bouée   绳系浮动平台
~ forme arrière   船尾平台甲板
~ forme auto élévatrice   自升平台
~ forme autonome   自足平台
~ forme avant   船首平台甲板
~ forme cantilever   悬臂平台
~ forme côtière   沿岸平台
~ forme d'abrasion littorale   海蚀台地
~ forme d'accrochage   二层台
~ forme d'appontage   飞机着舰平台
~ forme de basculeur   自卸货平台
~ forme de cale   货舱可拆平台
~ forme de chargement   装货平台
~ forme de compensation des compas   罗差修正平台
~ forme de construction   造船平台
~ forme de conteneur   集装箱底板
~ forme de coupée   舷梯平台
~ forme de déchargement   卸货平台
~ forme de forage   钻井船, 钻井平台
~ forme de forage à vérins   升举式钻探平台
~ forme de forage en mer   近海钻井设备
~ forme de forage en offshore   近海钻井设备
~ forme de forage et d'entretien   钻探维修平台

P

~ forme de forage légère 轻型钻探平台

~ forme de forage lourde 重型钻探平台

~ forme de forage pétrolière 石油钻探平台

~ forme de forage triangulaire 三角钻探平台

~ forme de lance torpilles 鱼雷发射平台

~ forme de lancement 发射台

~ forme de levage 起重平台

~ forme de montage 装配平台

~ forme de mortier 深水炸弹发射平台

~ forme de moteur 电机台

~ forme de navire 船舶平台

~ forme de production 采油平台

~ forme de production flottante 浮式采油平台

~ forme de projecteur 探照灯平台

~ forme de sonde 测深平台

~ forme de télémétrie 测距平台

~ forme de travail 工作平台

~ forme de travail en mer 近海工作平台

~ forme d'entretien 维修平台

~ forme d'essai 试验平台, 试验台

~ forme d'exploitation 海洋开发平台

~ forme drainée 排水路基

~ forme du compartiment 居住舱室平台

~ forme du type jacket 套管型钻探平台

~ forme élévatrice 升降平台

~ forme en béton type sea tank 水舱型混凝土平台

~ forme en mer 海上平台

~ forme fixe 固定平台

~ forme fixe en acier 钢质固定钻井平台

~ forme flottante 浮动钻井平台

~ forme flottante de lancement 舰上发射平台

~ forme gravitaire 重力平台

~ forme gyroscopique 陀螺平台

~ forme horizontale 水平平台；稳定平台

~ forme hôtel 海上居住平台

~ forme immobile 固定钻井平台

~ forme inertielle 惯性陀螺平台

~ forme insulaire 岛架

~ forme logement 居住平台

~ forme marine 海上钻探平台

~ forme mobile 活动钻探平台

~ forme mobile à coulée 移动浇铸平台

~ forme mono colonne articulée sur fond 单柱接底钻探平台

~ forme pivotante 回转盘

~ forme poids 重力钻探平台

~ forme pour forage pétrolier sous marin 水平石油钻探船

~ forme reposant sur le fond 坐底平台

~ forme sableuse 砂路基

~ forme semi submersible 半潜钻探平台

~ forme semi submersible autopropulsée 半潜式自进平台

~ forme stabilisée 稳定平台

~ forme submersible 潜水平台

plateau *n.m.* 台, 台架

~ continental 大陆架

~ d'aiguilles 指针面

~ externe　大陆架
~ océanique　大洋台地,海底高原
~ sous marin　海台
plet *n.m.*　绳盘一圈
pli *n.m.*　折叠,皱纹
~ de câble　一圈缆绳
plomb *n. m.*　测深锤,水砣;(渔)沉子
~ lourd　深海测深锤
poids *n.m.*　码,砝码,秤砣;重量
~ à l'embarquement　装船重量
~ à sec　干重量
~ à vide　自重,空船载重
~ à vide de construction　结构重量
~ absolu　绝对比重
~ adhérent　黏着重量
~ ajustable　天平游码
~ apparent　表观重量;容积重量
~ au cheval vapeur　重量功率比
~ au litre　升容积重量,升容量
~ brut　毛重
~ de balance　秤锤
~ de balance romaine　秤砣
~ de charge　压铁,压箱铁
~ de charge marchande　载重
~ de chargement　载重
~ de construction　船体重量
~ de la coque　船壳重量
~ de tare　皮重;自重
~ de volume　单位体积重量,容积比重,体积密度
~ d'eau déplacée　排水重量
~ débarqué　卸货重量
~ délivré　交货重量
~ d'équilibrage　配重,平衡重量,平衡块
~ élastique　弹性荷重量
~ embarqué　装船重量
~ en charge　满载重量

~ en ordre de marche　航行重量
~ en sus　超出重量
~ équivalent　当量,化合当量
~ et mesures　度量衡
~ étalon　标准砝码
~ global　总重,全重
~ le faible　最低位
~ légal　法定重量
~ lourd　大卡车,大吨位汽车
~ manquant　缺量
~ marqué　砝码
~ mobile　活动砝码
~ mort　净重,皮重;自重
~ moyen　平均重量
~ net　净重
~ net à sec　净重
~ rempli　毛重
~ statique　静载重量,静载
~ statistique　统计重量
~ suspendu　悬重量
~ unitaire　单位重量
~ utile　有效重量
~ volumétrique　容重量
poignée *n.f.*　把手,操作杆
~ d'aviron　桨柄
~ de la roue　舵轮把手
point *n.m.*　点,位置,船位
~ à visée　瞄准点
~ amphidromique　无潮点
~ cardinal　方位基点,坐标点
~ corrigé　修正船位
~ d'abordage　碰撞点
~ d'ancrage　锚定点,系锚点
~ d'arrivée　目的
~ d'attache de remorque　拖缆连结点
~ de basculement　转向点
~ de bifurcation　分支点
~ de compas　罗经方位点

P

~ de condensation 冷凝点,凝点
~ de congélation 凝固点,冰点
~ de départ 出发地,起点;起航点
~ de destination 航行终点
~ de drisse 三角纵帆顶端
~ de forage 井位,钻探井位
~ de mesure 测量点
~ de navire 船位
~ de partence 出发点;起航点
~ de plongée 潜水点
~ de référence 基准点;方位点
~ de rejet 出水口
~ de remplissage 加油点
~ de repère 基准点;方位点
~ de repère topographique 水准基点,定点
~ de ressuyage 正常含水量
~ de sortie 出境站
~ d'ébulition 沸点
~ déterminatif 交叉法定方位
~ d'évitement des navires 船舶避让处
~ d'intersection 交叉点,交集,十字路口
~ éloigné 远点
~ en une de terres 陆标定方位
~ estimé 航位推算,航迹推算
~ final 终点
~ fixe 水准基点,定点
~ focal 焦点
~ observé 观测船位
~ optimal d'alimentation 最佳进料点
~ origine 原点
~ par arcs 圆弧定船位
~ par deux alignements 交叉法定船位,选标定船位
~ par trois relèvements 三测点定船位

~ terminal 终点
~ terminus 终点
~ tourbillon 旋涡点
~ tournant 转弯点
~ trigonométrique 三角[测]点
~ vélique 风压中心
~s intercardinaux de compas 罗经点,罗盘分位
pointe *n.f.* 尖,尖端;岬角;高峰
~ de la terre 岬头,海角
~ de trafic 运输高峰
~ négative (潜艇)首部下倾
~ positive (潜艇)尾部下倾
pointeur, se *n.* 瞄准手
~ en gisement 方向瞄准手
~ servant 火炮瞄准手
~ tireur 瞄准射手
poisson *n.m.* 鱼;鱼状物;猎雷具
~ autopropulsé 自航猎雷具
~ cartilagineux 软骨鱼
~ chat 鲇,鲇鱼;六须鲶
~ de fond 深水鱼,居于水底的鱼
~ de mer 海鱼
~ de rivière 河鱼
~ d'eau douce 淡水鱼
~ d'ornement 观赏鱼
~ grenouille 鮟鱇
~ mandarin 桂鱼;鳜
~ mazouté 油污海鱼
~ pélagique 远洋鱼
~ perroquet 鹦嘴鱼
~ plat 比目鱼
~ rouge 金鱼
pôle *n.m.* 极;极地;极点
~ antarctique 南极
~ arctique 北极
~ austral 南极
~ boréal 北极
~ de croissance 增长点,增长极

~ de régulation de compas 罗经[调整,校正]极

~ géomagnétique 地磁极

~ géométrique boréal 地磁北极

~ inférieur 下极

~ magnétique 磁极

~ négatif 阴极,负极

~ Nord 北极

~ nord magnétique terrestre 地球磁北极

~ positif 正极,阳极

~ Sud 南极

police *n.f.* 单,保险单;警察

~ à navire dénommé 记船名保单

~ à ordre 指示保单

~ à temps 定期保单

~ à temps et au voyage 定期和航次保单

~ à terme 定期保单

~ au porteur 不记名保单

~ au voyage 航程保单

~ contre danger de port 港口保单

~ contre tout risque 航海全损保单

~ d'abonnement 预约保单

~ d'assurance 保单,保险单

~ d'assurance contre l'incendie 火险保单

~ d'assurance maritime 海运保单

~ de chargement 提单

~ de construction 船建造保单

~ de double assurance 双重保单

~ distincte 特别保单

~ évaluée 定值保险单

~ flottante 滚动保单

~ fluviale 河运保单

~ franc d'avarie 海损不赔保单

~ judiciaire 法警

~ maritime 海运保单

~ mixte 混合保险单

~ nominative 记名保单

~ ordinaire 普通保单

~ ouverte 船名未确定保单

~ portuaire 港口保单

~ pour risques de port 停港保单

~ séparée 特别保单

~ sur corps 船舶保单

~ sur facultés 船货保单

~ sur marchandises 货物保单

~ tous risques 全险保单

~ type 标准保单

pollution *n.f.* 污染

~ du plan d'eau 水面污染

~ par les navires 船舶污染

pompage *n.m.* 泵送,汲出,抽送

pompe *n.f.* 泵,抽水机

~ à action directe 直接联动泵

~ à ailettes 叶片泵

~ à air 风泵,气泵

~ à anneau liquide 液压环泵

~ à barrel 双壳泵

~ à bicyclette 气筒

~ à boue 泥浆泵

~ à boulet 球泵

~ à carburant 燃料泵

~ à chaleur 加热泵

~ à chapelet 链泵

~ à cimentation 水泥泵

~ à combustible 燃料泵

~ à commande 动力泵

~ à corps segmenté 环壳泵

~ à débit constant 定量泵

~ à débit variable 变量泵

~ à dépression 吸锡枪

~ à déssouder 吸锡枪

~ à deux cylindres 双缸泵

~ à diffuseur 扩散泵

~ à double corps 双壳泵

P

~ à double effet　双动泵
~ à engrenages　齿轮泵
~ à essence　加油器
~ à excentrique　偏心轮泵
~ à grande hauteur　高压头泵
~ à grande vitesse spécifique　高速泵
~ à hélice　螺旋泵
~ à incendie　消防泵
~ à mouvement alternatif　往复泵
~ à palette sur stator　外叶泵
~ à palettes sur rotor　内叶泵
~ à piston　活塞泵
~ à piston axial　轴向栓塞泵
~ à piston plongeur　栓塞泵
~ à piston radial　径向栓塞泵
~ à simple effet　单动泵
~ à vide　真空泵
~ à vide poussé　高真空泵
~ à volant　曲柄飞轮泵
~ à volute　螺旋泵
~ aspirante　抽气泵,自吸泵
~ aspirante avec pédale de fonctionnement　脚踏吸引器
~ autoamorçage　自充水泵
~ blindée　屏蔽泵
~ centrifuge　离心泵
~ d'accélération　加速泵
~ d'alimentation　给水泵
~ d'amplification　升压泵,增压泵
~ d'arrosage　喷淋泵
~ d'aspersion　喷淋泵
~ d'assèchement　排水泵
~ de balayage　扫气泵
~ de brassage　混合泵
~ de cale　船底排水泵,污水泵
~ de circulation　循环泵
~ de dénoyage　脱水泵
~ de dose　剂量泵

~ de dragage　泥浆泵
~ de gavage　升压泵
~ de gonflage　轮胎充气泵
~ de puisage　汲水泵
~ de puisard　排水泵
~ de purge　汲水泵
~ de refoulement　增压泵
~ de réfrigération　冷却液泵
~ de refroidissement　冷却液泵
~ de renfort　增压泵
~ de reprise　加速泵
~ de soulèvement　升液泵
~ de suralimentation　增压泵
~ de surcompression　增压泵
~ d'écrémage　排渣泵
~ d'épreuve　试验泵
~ d'épuisement　污水泵
~ d'exhaure　排水泵
~ d'huile　油泵
~ d'injection　注入泵
~ doseuse　剂量泵
~ élévatoire　增压泵
~ foulante　增压泵
~ hélice　螺杆泵
~ hélicoïdale　螺旋泵
~ hydraulique　液压泵
~ immergeable　潜水泵
~ immergée　潜水泵
~ injecteur　油泵-喷油器
~ manuelle　手摇泵
~ monocellulaire　单级泵
~ multicellulaire　多级泵
~ nourricière　引液泵
~ noyée　潜水泵
~ pneumatique　气筒
~ soufflante　打气泵
~ submergée　潜水泵
~ volumétrique　变容泵,正排量泵,计量泵

pont *n.m.* 桥;甲板,舱面,船板

~ à axe décalé 斜起甲板

~ à bidôme 双曲拱桥

~ à corde 滑线电桥

~ à dalle de béton léger 轻质混凝土人行桥

~ à deux étages 公铁路两用桥

~ à double voie 双轨甲板

~ à flanc de colline 悬索桥

~ à haubans 斜拉桥

~ à mouvement 轻便桥

~ à plusieurs voies 多轨道甲板

~ à poutres multiples 多梁桥

~ à suspentes obliques 斜拉桥

~ à tablier dalle 板桥

~ à travées multiples 多跨桥

~ à voie unique 单轨甲板

~ abaissé 低甲板

~ abri 遮蔽甲板

~ acoustique 声电桥

~ aérien 高架桥

~ aqueduc 渡槽

~ arrière 后桥,后甲板

~ auxiliaire 便桥

~ avant 前甲板

~ balayé 浪冲洗甲板

~ basculant 竖旋桥,升降桥

~ bascule 地磅

~ cadre 框架桥

~ cambré 梁拱甲板

~ circulaire 水平回转起重桥

~ continu 连续上甲板

~ coupé 不连续甲板

~ courant 平甲板

~ d'accès 引桥

~ dalle 板桥

~ d'azote 氮桥

~ de bateau 浮桥

~ de bateaux 舟桥

~ de boîte de cheminée 锅舱棚围壁甲板

~ de château 桥楼甲板

~ de cloisonnement 舱壁甲板

~ de coffrage de cheminée 炉舱棚围壁甲板

~ de compartimentage 舱壁甲板

~ de coqueron 尖舱甲板

~ de demi-dunette 升高前甲板

~ de dunotte 船尾楼甲板

~ de fortune 便桥

~ de franc-bord 干舷甲板

~ de gaillard 船首楼甲板

~ de gélose 盐液电桥

~ de grue 龙门吊

~ de hangar 机库甲板

~ de jauge 量吨甲板

~ de la dunette 后桥,后甲板

~ de longue teugue 加长船首楼甲板

~ de mesure 测试电桥

~ de passagers 旅客甲板

~ de pêche 捕鱼作业甲板

~ de rassemblement 旅客集合甲板

~ de redresseur 整流器电桥

~ de réseau 网桥

~ de résistance 强力甲板

~ de roulement 滚装甲板

~ de sel 盐桥

~ de service 环形吊

~ de signaux 信号桥楼甲板

~ de superstructures 上层建筑甲板

~ de suspension 吊桥

~ de teugue 锚机甲板

~ de tonnage 量吨甲板

~ de travail de poisson 加工鱼甲板

P

~ de Varole　脑桥
~ de wagons　车厢甲板
~ décomposable　轻便活动桥
~ découvert　露天甲板
~ d'embarcations　艇甲板
~ d'emménagements　客舱甲板
~ d'ensoleillement　游步甲板
~ dental　牙桥
~ d'équipage　浮桥
~ des logements　起居甲板, 住舱甲板
~ d'habitation　居住甲板
~ diviseur　分频电桥
~ d'oxygène　氧桥
~ du coffre　船台甲板
~ élévateur　吊桥
~ en acier　钢甲板
~ en arc　拱桥
~ en arches multiples　连拱桥
~ en bois　木甲板
~ en carpace de tortue　龟背甲板
~ en chaînes　吊桥
~ étanche　水密甲板
~ eurasiatique　欧亚大陆桥
~ exposé　露天甲板, 敞露甲板
~ flottant　浮桥
~ grue monopoutre　单梁桥式吊车
~ haubané　斜拉桥
~ hydrogène　氢桥
~ inférieur　下甲板
~ intermédiaire　中间甲板
~ léger　轻型遮蔽甲板
~ levant　竖旋桥, 升降桥
~ métallique　金属甲板;铁桥
~ mobile　活动甲板
~ ouvrant　开式桥
~ plat　平甲板
~ polaire　环形吊

~ portable　轻便桥
~ portique　龙门吊
~ pour piétons　人行桥
~ poussé　顶推桥
~ principal　主甲板
~ provisoire　便桥
~ rail　铁路桥
~ ras　连续上甲板
~ rotatif　旋桥, 转桥
~ roulant　吊车, 桥式吊车, 桥式起重机
~ roulant birail　双轨桥式起重机
~ roulant monopoutre　单梁桥式吊车
~ semi couvert　半掩蔽甲板
~ supérieur　上甲板
~ sur gueule　平甲板
~ surélevé　升高甲板
~ suspendu　吊桥
~ suspendu à câbles　缆索吊桥
~ tente　遮阳甲板
~ tournant　环形吊
~ tournant à bras égaux　对称双臂平旋桥
~ tournant à un bras　单臂平旋桥
~ tournant double　双翼平旋桥
~ turret　弧形凸起甲板
~ viaduc　高架桥
~ viaduc et aqueduc　高架水道桥

pontée *n.f.*　舱面货物;甲板货物

porque *n.f.*　【船】加强肋骨, 框架肋骨

port *n.m.*　港, 港口, 港湾;口岸, 码头, 船埠;入港停泊
~ à barre　候潮港
~ à bassin unique　单港池港
~ à conteneur　集装箱港口
~ à flot élémentaire　简易港
~ à la côte　沿海港

~ à marée 潮汐港
~ à passagers 客运港,邮船港
~ abrité 避风港
~ aérien 航空港,空港
~ artificiel 人工港
~ au bois 木材港
~ au long cours pour les passagers 远洋客运港
~ au silicium 硅港
~ autonome 自治港
~ baleinier 捕鲸港
~ bloqué 被封锁港
~ bloqué par les glaces 冰封港
~ centralisateur d'approvisionnement 专业补给港
~ centralisateur d'avaries 海损归口港
~ céréalier 粮食港口
~ charbonnier 煤港,装煤港
~ civil 商港
~ commercial 自由贸易港,商港
~ côtier 沿海港口
~ d'adjudication 裁讼港
~ d'amarrage 泊位,船[台,坞]
~ d'armement 船籍港,注册港
~ d'arrivée 到达港
~ d'attache 船籍港,注册港,登记港
~ d'atterrissage 停靠港
~ de canal maritime 通海河港
~ de chargement 装货港
~ de commerce 商港,商埠
~ de construction et de soutien 海军后勤港
~ de débarquement 下船港,卸船港
~ de décharge 卸货港
~ de déchargement 卸货港

~ de départ 出发港,起航港
~ de destination 目的港
~ de détresse 避难港
~ de distribution 流通港,集散港
~ de ferry boats 火车轮渡港
~ de front de mer 海岸港
~ de groupement 混载港,分组运输港
~ de guerre 军港
~ de lagune 环礁湖港
~ de livraison 租船交付港,交货港
~ de mazoutage 加燃料港,加油港
~ de mer 海港
~ de passagers 客运港
~ de pêche 渔港
~ de pêche spécialisé 特种渔港
~ de plaisance 游艇停泊港
~ de provenance 货源港
~ de quarantaine 检疫港
~ de rassemblement 集货港
~ de ravitaillement 燃料补给港,加油港
~ de réception 收货港
~ de redistribution 转运港
~ de référence 标准港
~ de refuge 避难港,避风港
~ de relâche 停泊港,避难港
~ de relâche forcée 避难港
~ de remise 租船交付港
~ de reste 目的港
~ de retour 返航港
~ de salut 避风港,避难港,安全港
~ de service 勤务港
~ de sidérurgie 冶金运输港
~ de sortie 出口港
~ de toute marée 深水港

P

~ de tramping　不定期船港

~ de transbordement　中转港,换船港

~ de transit　过境港,转运港,中转港

~ d'échelle　寄航港

~ d'échouage　浅水港

~ d'éclatement　超级油船装卸港,流通港,集散港

~ delta　三角洲港,三角形港

~ d'embarquement　装船港

~ d'embouchure　河口港

~ d'entrée　进口港

~ d'entrepôt　中转港

~ d'escale　停靠港

~ d'estuaire　江湾港,三角洲港

~ d'exportation　出口港,输出港

~ d'expédition　发港;货港;运港

~ d'hivernage　停航港

~ d'importance internationale　国际港

~ d'importance mondiale　国际化港口

~ d'importation　输入港

~ d'intérieur　内陆港

~ d'ordre　指定停靠港

~ d'outre mer　国外港

~ dû　邮费未付

~ élémentaire　简易港

~ embryonnaire　天然港;海盆

~ en eau profonde　深水港

~ en lourd（PL）　总载重量,载重吨位

~ estuaire　河口港

~ expéditeur　发港;货港;运港

~ extérieur　外港

~ fermé　不开放港,非通商港,封闭港

~ ferroviaire　铁路水运换装港

~ final de déchargement　最终卸货港

~ fluvial　河港,内河港

~ franc　自由港,免税港

~ gagné sur la mer　围填海港

~ gagné sur la terre　挖入式港

~ incongelable　不冻港

~ industriel　工业港

~ intérieur　内港

~ intermédiaire　中间港

~ international　国际化港口

~ libre　自由贸易港

~ libre de glace　不冻港

~ ligne de tête　航线始发港

~ marchand　贸易港

~ maritime　海港

~ maritime d'intérieur　内海港

~ maritime mixte　混合航运港

~ maritime pure　船只专用港

~ militaire　军港

~ minéral　矿砂港

~ minéralier　矿砂港

~ minier　矿砂港

~ mondial　国际港

~ naturel　天然港

~ naturellement abrité　天然屏障港

~ non autonome　非自治港

~ non ouvert　不开放港,非通商港

~ off-shore　离岸港口

~ optionnel　选择港

~ ouvert　通商港,自由港,开放港

~ parallèle　并行口

~ payé　邮费付讫

~ pétrolier　供油港,石油码头

~ poly industriel　多种工业港

~ pour embarcations　小艇停泊港

~ pour marchandise générale　杂

货港

~ pour transbordeur 渡船港口

~ refuge 避风港

~ régional 地方港

~ saisonnier 季节性港口

~ secondaire 次要港

~ série 串行口

~ soumis au régime international 国际港

~ spécialisé 专用港

~ sûr 安全港

~ terminal 终点港

~ terminus 终点港

~ terminus de croisière 邮船终点港

~ tête de ligne 起点港

porte *n.f.* 门;闸门

~ à charnières 铰链舱壁门

~ allèges 载驳船

~ arrière 船尾门

~ autoclave 高压舱门

~ barge 船载驳船,载驳船;子母船

~ câble 缆索夹

~ canal 运河港

~ conteneur 集装箱货船

~ conteneurs de haute mer 远洋集装箱货船

~ conteneurs frigorifique 冷藏集装箱货船

~ conteneurs universel 通用集装箱货船

~ de bassin 坞门

~ de charbonnage 煤舱门

~ de chargement 货门

~ de coupée 舷门

~ de dock flottant 浮船坞门

~ de flot 外闸门,涨潮坞门,涨潮闸门

~ de fourneau 炉门

~ de la forme 坞门

~ de sas 闸门

~ de secours 应急舱,安全门

~ de transmission 传输门

~ de travail 节流口

~ de vidange 炉门

~ d'ébé 落潮闸门

~ d'échappement 紧急舱

~ d'écluse 船闸门,水闸门

~ d'écluse à élévation 升降式闸门

~ d'emménagement 舱室门

~ d'enfournement 装料口

~ d'orifice de nettoyage 清泥孔

~ étanche 水密门

~ fusible 保险丝座

~ hauban 桅侧支索牵条

~ injecteur 喷油器

~ manteau (吊艇用)艇架;吊艇柱

~ marinière 拦河门

~ matrice 下模座

~ mèche 舵柄托架

~ meule 砂轮架

~ monture 插座

~ quille 龙骨搁架;船台小车横梁

~ rame 桨架

~ roulante 滚动坞门

~ sabot 刹车块

~ tolet 桨叉座

portée *n.f.* 范围,航程,距离,跨度;视程;续航力

~ aller retour 往返航程

~ d'acquisition (雷达)搜索距离

~ de but en blanc 直射距离

~ de détection (雷达)搜索距离

~ de masquage 覆盖范围

~ de poutre 梁跨

~ de tir　射程
~ de vision　能见度
~ de vue　能见度
~ de vue de nuit　夜间能见度
~ de vue nocturne　夜间能见度
~ distale　最大时距范围
~ diurne　每日航程
~ d'utilisation　实用航程
~ efficace　有效射程
~ géographique　（海上）灯光地理视程
~ intermédiaire　平均航程
~ lumineuse　（海图）灯光视程
~ maximum　最大航程
~ minimum　最小航程
~ nocturne　夜间航程
~ proximale　最小时距范围
~ sonore　可闻距离
~ théorique　理论航程

portelone *n.m.*　（艏、艉装卸货物的）活动门，装货舷门

portique *n.m.*　龙门吊车，龙门起重机；桥门架；探测器，探测仪
~ à calcaire　石灰岩探测仪
~ à conteneurs　集装箱门式起重机
~ à scintillation　闪烁探测仪
~ à tourelle　转塔门式起重机
~ arrière　船尾龙门架
~ de cale　船台门式起重机
~ de chaleur　热量探测仪
~ de chantier de construction navale　船厂门式起重机
~ de flux　通量探测器
~ de fuites　泄漏探测器
~ de grue　起重机架
~ de lancement　发射塔
~ de stockage　装卸桥
~ d'humidité　湿度探测仪
~ étagé　塔吊
~ extérieur　龙门吊
~ multipoutre　多梁门式起重机
~ pivotant　旋转门式起重机
~ roulant　龙门吊车，龙门式起重机
~ sur rails　轨道式龙门吊
~ sur roues en caoutchouc　胶轮式龙门吊
~ tripode　三脚支撑门式起重机

portugaise *n.f.*　螺蛎

pose *n.f.*　敷设；置
~ de câble sous marin　海底电缆敷设
~ de câbles　电缆敷设
~ de canalisation　管道铺设
~ de mines　布雷
~ de tuyaux　布管
~ d'oléoduc　输油管铺设

position *n.f.*　位置，船位
~ approximative　近似船位
~ de demande　需要位置
~ d'offre　供应位置
~ du marché　市场地位，市场情况
~ estimée　估算船位
~ favorable sous le vent　下风船位

poste *n.f.*　站，站位；舱，船位
~ à déblais　泥舱
~ à galène　矿石收音机
~ à quai　泊位，码头
~ à quai à divers　杂货码头
~ à quai de passagers　客运码头
~ à quai pour colis lourds et encombrants　大件重货码头
~ à quai spécialisé　专业码头
~ abaisseur　降压变电［所、站］
~ amiral　将军舱
~ central artillerie　火炮指挥部
~ central de commandement et de

P

signation d'objectifs 敌方目标识别指挥部

~ central de conduite de tir 射击指挥部

~ central de défense 防御指挥部

~ central de réseau d'alerte 警报网指挥部

~ central d'interception et de brouillage 拦截和干扰指挥部

~ central manœuvre 战术操船指挥部

~ central opérations 作战指挥部

~ central sécurité 消防指挥部

~ coupe feu 消防栓

~ d'accostage 锚泊,锚栓,泊位

~ d'achèvement à flot 舾装泊位

~ d'alerte 警报站

~ d'alerte contre la tempête 风暴警报站

~ d'amarrage 泊位

~ d'amarrage à divers 杂货船泊位

~ d'amarrage conteneurs 集装箱船泊位

~ d'amarrage de mazoutage 装燃料泊位

~ d'amarrage d'expérimentation 试验泊位

~ d'amarrage en pleine mer 外海泊位

~ d'amarrage non protégé 无外堤泊位

~ d'amarrage sur bouée unique 浮筒式单点泊位

~ d'amarrage sur bouées multiples 浮筒式多点泊位

~ d'amarrage sur duc d'albe 靠系缆桩泊位

~ d'amarrage sur point unique 单点系泊

~ d'ancre 锚穴

~ d'appel de secours 呼救站

~ d'assemblage 装配位

~ d'attente 停泊处

~ de barre secondaire 辅操舵部位

~ de brouillage 干扰台

~ de carénage 船底清理检修场

~ de combat 战位

~ de commandement 指挥部

~ de commandement au combat 战斗指挥部

~ de commandement de secours 应急指挥部

~ de conduite 操纵台,操纵室

~ de conduite à radar 雷达操纵室

~ de contrôle 中央操纵室

~ de couchage 水手舱座

~ de couchage des soldats du corps 运兵住舱

~ de démagnétisation 消磁站

~ de détection 雷达站

~ de direction 指挥台

~ de distribution 变电所

~ de garages 船台船位

~ de garde 关卡

~ de graissage 润滑油站

~ de guidage 制导台

~ de guidage d'engins guidés 导弹制导台

~ de lancement 发射站

~ de lavage 清洗站

~ de maintenance 检修场

~ de mouillage 锚地

~ de nuit 夜班

~ de pansement 包扎站

~ de parking de camions 货车舱

~ de patte d'ancre 锚床

~ de pesée 磅站

~ de pointage stabilisé 稳定瞄准部位

~ de police 派出所

~ de quarantaine 检疫站

~ de raccordement 变电站

~ de ravitaillement 补给站

~ de repli 紧急停机盘

~ de repos des veilleurs 瞭望哨位舱,值班员住舱

~ de réseau 变电所

~ de secours 救护所

~ de serre file 殿后船位

~ de sortie 收税道路出口

~ de soudage 焊机

~ de sous marin 潜水艇指挥塔

~ de surveillance 岗楼

~ de télémesures 遥测站

~ de tonnage 量吨深舱

~ de transformation 变电站,变电所

~ de travail 岗位

~ de veille 警戒所

~ d'écoute 监听站,水下声波定位器,搜声器

~ d'élinde 吸泥管舱

~ d'embarcation 艇垫架

~ d'embarquement 救护站

~ d'embossage 泊位

~ d'entrée 收税道路入口

~ d'équipage 水手舱座

~ des chauffeurs 司炉住舱

~ des exempts de service 病员住舱

~ d'évitage 港口回转水区

~ d'expansion 膨胀舱

~ directeur 调度站

~ d'observation 观察所

~ électrique 变电站

~ élévateur 升压变电[所、站]

~ étanche （声纳的）水密深舱

~ mobile 桌机

~ mural 墙机

~ récepteur 收报机

~ relais 中继站

~ sur bouées 浮筒锚泊地

~ suspendue 吊舱

~ téléphonique à touches musiques 音乐电话

pot *n.m.* 赤道无风带

~ au noir 赤道无风带

potence *n.f.* 挂架,舱面吊架,起重吊杆

~ de chalut 网架板

~ de cloche 船钟挂架

~ de dragage 挖泥机吊架

~ de hissage 轻便吊杆

~ de manutention de la tourelle 深潜器吊杆

~ du pivot de tangon 系艇杆

~ hydraulique 液压吊杆

~ à double bras 双臂起重机

poulie *n.f.* 滑轮,滑车,皮带轮

~ à câble 钢索滑轮

~ à chaîne 链式滑车

~ à cône 锥形皮带轮

~ à cosse 带套管滑轮

~ à croc 带钩滑轮

~ à deux gorges 双槽滑轮

~ à émerillon 带转环滑轮

~ à estrope 环索滑轮

~ à estrope en cordage 索套滑轮

~ à estrope en fer 铁索套滑轮

~ à estrope interne 内索套滑轮

~ à fouet 带尾索滑轮

~ à gorge 有槽滑轮

~ à gorge trapézoïdale 三角皮带轮

~ à goujure 带槽皮带轮

~ à gradin　塔形滑轮,宝塔轮

~ basse　导向滑车

~ combinée　组合滑车,复滑车

~ coupée　开口滑轮

~ courante　动滑轮

~ d'assemblage　组合滑车

~ de balancine　吊索滑车

~ de bas cul　蝶形滑轮

~ de battage　中间滑轮

~ de bout de vergue　补助帆滑轮

~ de bras　手拉滑轮

~ de caliorne　起重滑轮

~ de candelette　收锚复滑车

~ de capon　吊锚滑轮

~ de cargue　收帆滑轮

~ de cargue fond　拢帆索滑轮

~ de cargue point　拉帆索滑轮

~ de cartahu　桅顶吊索滑轮

~ de chaîne de drosse　操舵链滑轮

~ de charge　吊货滑轮

~ de commande　主动滑轮

~ de conduite　导轮,导向滑轮

~ de contact　接触滚轮

~ de drisse　吊索滑车

~ de drisse de basse vergue　桁索滑车

~ de guidage　导轮,导向滑轮

~ de guinderesse　竖桅索滑车

~ de halage　拖曳滑轮

~ de hale bas　收帆索滑轮

~ de levage　起[吊、重]滑车

~ de ligne de sonde　水砣滑车

~ de mât de charge　吊杆滑轮

~ de palan de balancine　吊索滑车组滑轮

~ de palanquin de ris　缩帆滑车组滑轮

~ de pied de mât　桅座滑车

~ de retour de drosse　操舵链导向滑轮

~ de traversière　吊锚滑车

~ d'écoute　缭绳滑轮

~ derrick　吊杆滑轮

~ d'itague　顶帆升降索滑轮

~ double　双滑轮

~ électrique　电动葫芦

~ en fer　铁滑轮

~ ferrée　铁滑轮

~ fixe　定滑轮

~ folle　活轮,空转轮,游滑轮

~ havraise　内带滑轮

~ humérale　肱骨滑车

~ hydraulique　液压滑车

~ magnétique　磁力滑车

~ menante　主滑轮

~ mobile　动滑轮

~ motrice　电动滑车

~ plate　单面滑车,开口滑车,桅顶滑车

~ toueuse　拖曳滑车,曳纲束锁滑车

~ volant　飞轮

poupe *n.f.*　船尾,艉

~ à voûte　拱形尾

~ de croiseur　巡洋舰型尾

~ élancée　瘦型尾

~ en cuillère　匙型尾

~ plate　平板型尾

~ pointue　尖型尾

~ ronde　圆形尾

~ surplombante　悬伸形尾

poupée *n.f.*　(绞车的)卷筒,绞缆筒

~ d'amarrage　带橄榄桩

~ de déhalage　绞盘卷筒

~ de guindeau　起锚机卷筒

~ de pied de mât　张帆索具卷筒

poussage *n.m.*　(内河航行中的)驳船顶推法

poussée *n.f.* 浮力,升力
- ~ d'Archimède 浮力
- ~ hydrostatique 静浮力
- ~ de départ 初始浮力

pousseur *n.m.* 推顶船;推杆
- ~ catamaran 双体顶推船
- ~ d'étrave 首推进器
- ~ fluvial 内河顶推船

poussoir *n.m.* 按钮,推杆
- ~ de soupape 阀门提杆
- ~ pneumatique 风动推杆

précision *n.f.* 准确性,精度
- ~ d'arrêt de barre 保持舵角精度
- ~ de manœuvre de barre 转舵精度
- ~ de point 船位精度
- ~ des mesures de distances 量程精度
- ~ des relèvements 方位准确性,方位精度
- ~ en azimut 方位精度

prélart *n.m.* 盖舱帆布,油布,防水盖布

preneur, se *n.* 承租人,买主

prescription *n.f.* 规定,细则
- ~ de sécurité 安全规则,安全条例
- ~ tarifaire 运价细则
- ~s fiscales 税务条例

presse *n.f.* 舵轴封;压力机
- ~ à vis 螺旋压机,螺旋压床
- ~ étoupe 舵轴封
- ~ étoupe de la mèche de gouvernail 舵轴封
- ~ étoupe de mèche 舵承密封
- ~ hydraulique 水压机,液压机

prime *n.f.* 保险费;补偿金;奖金,津贴
- ~ à la grosse （船舶或船货的）抵押借款率

- ~ à la navigation 航行津贴
- ~ brute 总保险费
- ~ d'assurance 保险费,保险补偿金
- ~ d'assurance maritime 海运保险费
- ~ de célérité 停泊期缩短给回扣
- ~ de conversion 外汇溢价
- ~ de fidélité 延期回扣
- ~ de travail spéciale 特种工作报酬
- ~ d'exportation 退税
- ~ du capitaine 船长酬金
- ~ nette 净保险费
- ~ syndicale 工会会费

principe *n.m.* 原则,准则
- ~ de libre-échange 自由贸易原则

priorité *n.f.* 优先,优先权

prise *n.f.* 进口;捕获船,捕获物
- ~ d'air 空气进口
- ~ d'air neuf 新风口
- ~ de fond 海水入口
- ~ de livraison 提货
- ~ de niveau 液位测量
- ~ d'eau 吸水器,吸水口;取水装置
- ~ d'eau à géométrie fixe 固定形吸水口
- ~ d'eau à géométrie variable 可变形吸水口
- ~ d'eau à la mer 通海阀
- ~ d'eau à la mer principale 主通海阀
- ~ d'eau en écope 勺形吸水口
- ~ d'eau pariétale 舷墙吸水口
- ~ d'eau principale 海水主入口
- ~ d'échantillons 取样
- ~ d'humidité 受潮
- ~ du coffre 【航海】系水鼓

~ en mer　海上俘获船

~ maritime　海上俘获船

privilège *n.m.*　特权,优先权;优惠

~ de droit commun　优先留置权

~ de pavillon　最惠国优先权

~ du prêteur à la grosse　船舶抵押留置权

~ exclusif　专属特权

~ maritime　船舶保置权,船舶扣押权

~ sur droit de pilotage　领航留置权

~ sur frais de sauvetage　物资优先抵押权

~ sur salaires de l'équipage　工资留置权

prix *n.m.*　价[格],费

~ à l'usine　厂内交货价[格]

~ à terme　定期付款价[格]

~ affiché　标价[格]

~ au comptant　付现价格

~ brut　毛价[格]

~ choc　倾销价格

~ compétitif　有竞争力价[格]

~ concurrent　有竞争力价[格]

~ contracté　合[同、约]价[格]

~ contractuel　契约价[格]

~ convenu　议定价[格],约定价[格]

~ courant　时价;市价[格]

~ coûtant　实价[格],原价[格]

~ d'achat　购价[格],买价

~ d'acquisition　购价[格]

~ d'appel　兜揽价[格]

~ d'approvisionnement　供应价[格]

~ de base　基价[格]

~ de concurrence　竞争价[格]

~ de construction　造价

~ de détail　零售价[格]

~ de dumping　倾销价[格]

~ de fabrication　造价

~ de fabrique　出厂价[格]

~ de facture　发票价[格]

~ de fret　运费率

~ de gros　承包价[格];批发价[格]

~ de la location　租金

~ de lancement　新产品价[格]

~ de magasin　仓库交货价[格]

~ de marché　市场价格

~ de monopole　垄断价[格]

~ de premier établissement　基建费

~ de production　生产价[格]

~ de promo　推销价[格]

~ de promotion　推销价[格]

~ de référence　参考价[格]

~ de remorquage　拖船费

~ de revient　成本价[格];成本

~ de revient à la fabrication　生产成本

~ de revient à la production　生产成本

~ de revient brut　毛成本

~ de revient budgétaire　预算成本

~ de revient complet　总成本

~ de revient concret　实际成本

~ de seuil　最低限价[格]

~ de transport　运费

~ de transport par mer　海上运费,海道运费

~ de vente　售价[格];卖价

~ de zone　地区价[格]

~ départ usine　出厂价[格]

~ des matériaux　材料费

~ d'exportation　出口价[格]

~ différenciel　差别价[格]

~ d'importation　进口价[格]

~ du marché　时价;市价[格]

~ du marché noir　黑市价[格]

~ du voyage　旅费

~ élevé　高价

~ en gros　承包价[格];批发价[格]

~ en hausse　上涨价[格]

~ excédentaire　顺价

~ excessif　重价[格]

~ exhorbitant　高价

~ fait　议定价[格],约定价[格]

~ favorable　顺价

~ ferme　实价[格],原价[格]

~ fixe　定价

~ fluctuant　变动价[格]

~ forfaitaire　承包价[格];批发价[格]

~ garanti　担保价[格]

~ indicatif　标价[格]

~ juste　公平价[格]

~ légal　法定价[格]

~ limite　限价[格]

~ loco　厂内交货价[格]

~ marginal　边际价[格]

~ modique　低廉价[格],廉价

~ net　净价[格],实价

~ non révisible　不可议价[格]

~ officiel　公价[格],官价[格]

~ par unité　单价;单项造价

~ pilote　领航费

~ plafond　最高价[格],最高限价

~ plancher　最低价[格]

~ profitable　顺价

~ promotionnel　[推、试]销价[格]

~ raisonnable　合理价[格]

~ seuil　门槛价[格]

~ soutenu　稳定价[格]

~ stable　稳定价[格]

~ total　总价

~ uniforme　统一价[格]

~ unique　不二价

~ unitaire　单价;单项造价

produit *n.m.*　物品,产品,货物

~ anti rouille　防锈剂

~ anticorrosion　防腐剂

~ antidétonnant　防爆剂

~ blanc　清洁货物

~ d'acier　钢材

~ d'addition pour essence　汽油添加剂

~ d'addition pour huile de graissage　润滑油添加剂

~ d'alcoylation　烷化产[物、品],烷基化物

~ d'apport　填充物

~ de beauté　化妆品

~ de carbonisation　碳化产[物、品]

~ de composition　合成产物

~ de distillation directe　直接蒸馏产[物、品];直馏石油产[物、品]

~ de laminage　轧材

~ de marque　名牌产[物、品]

~ de remplissage　填充物

~ de substitution　替代货物

~ demi fabriqué　半成品

~ détergent　清洁剂

~ diététique　保健食品

~ extincteur halogéné　卤化灭火液

~ final　成品,最终产物

~ fini　成品,最终产物

~ hydrophobant　防水剂,疏水剂

~ laitier　乳制品,乳品

~ noir　润滑重油,黑油

~ non homologué　未承认合格

产品
- ~ pétrolier　石油产品
- ~ semi fini　半成品
- ~ sidérurgique　钢材,钢铁产品
- ~ solide de pétrole　固体石油产
  ［物、品］
- ~ stratifié　层压板
- ~ synthétique　合成产［物、品］
- ~s alimentaires　食品
- ~s aquatiques　水产
- ~s aquicoles　水产
- ~s blancs　透明石油产［物、品］
- ~s chimiques dérivés du pétrole　石
  油化学产［物、品］
- ~s colmatants　填塞剂
- ~s liquides extraits du gaz naturel
  天然气汽油
- ~s pétrochimiques　石油化学产
  ［物、品］

profilé *n.m.*　型材,钢材
- ~ composite　组合型材
- ~ cornière　角钢
- ~ d'acier　型钢
- ~ de section irrégulière　异型钢板
- ~ en double T　工字钢
- ~ en I　工字钢
- ~ en U　槽钢
- ~ en Z　Z型钢
- ~ fer en U　槽钢

profit *n.m.*　利益,利润,盈利
- ~ brut　毛利
- ~ d'exploitation　业务利润
- ~ espéré　预期超额利润
- ~ et pertes　损益
- ~ excessif　暴利
- ~ faible　薄利
- ~ maritime　(船舶或船货的)抵押
  借款率
- ~ nautique　(船舶或船货的)抵押

借款率
- ~ net　纯利润,净益
- ~s et pertes　盈亏
- ~s supplémentaires　附加超额利润

profondeur *n. f.*　深,深度;深质;
水位
- ~ à marée basse　低潮水位
- ~ à marée haute　高潮水位
- ~ abyssale　深海深［度］
- ~ au quai　码头水深［度］
- ~ critique　临界深［度］
- ~ d'attaque　浸蚀深［度］,腐蚀深
  ［度］
- ~ de carène　吃水深
- ~ de compensation　补偿深［度］
- ~ de corrosion　浸蚀深［度］,腐蚀
  深［度］
- ~ de coupe　切削深［度］
- ~ de détection　探测［极限］深
  ［度］
- ~ de filet　螺纹深［度］
- ~ de fondation　基础深［度］
- ~ de forages　进尺,钻探深［度］
- ~ de foyer　焦深
- ~ de la barre　拦沙水深［度］
- ~ de la colonne　油管下放深度
- ~ de la mer　海深［度］
- ~ de l'eau　水深,吃水深
- ~ de modulation　调制深［度］
- ~ de pénétration　潜水深［度］;侵
  入深［度］;贯穿深［度］
- ~ de pénétration de chaleur　加热
  深［度］,透热深［度］
- ~ de perçage　钻孔深［度］
- ~ de plongée　下潜深［度］
- ~ de rétroaction　反馈深度
- ~ de service　作业深［度］
- ~ de submersion　下潜深［度］
- ~ de taux de combustion　燃耗深

［度］

~ de tonnage　量 吨［舱、船］深
［度］

~ d'engrenage　工作齿高

~ des rayures　膛线深［度］

~ d'exploration　探测深［度］,勘
探深［度］

~ d'impression　印痕深［度］

~ d'investigation　探测深［度］,勘
探深［度］

~ disponible de l'eau　有效水深可
用的深度

~ d'opération　水下作业深［度］

~ du champ　景深

~ du fond　水深

~ du sabot de tubage　下套管深
［度］

~ enterrée　埋置深［度］

~ fictive　模拟深［度］

~ marine　海底深［度］

~ moyenne　平均深［度］;中深［度］

~ opérationnelle　水下作业深［度］

~ optique　光［学］深［度］

~ sur radier　坞槛以上水深［度］

~ totale　总井深

~ variable　可变深［度］

projecteur *n.m.*　探照灯;发射器

~ antibrouillard　防雾灯

~ de sable　抛砂机

~ de signalisation de passerelle　驾
驶室信号探照灯

~ du Canal de Suez　苏伊士运河
探照灯

~ infrarouge　红外线辐射器

~ orientable　聚光灯

~ signaleur　信号探照灯

~ sonar　声纳发射器

~ sonar sous marin　水声发射器

propagation *n.f.*　传播,蔓延

~ de la marée　潮汐传播

propriétaire *n.*　物主,业主,所有人

~ de la marchandise　货主

~ de navires　船主

~ -fréteur　船东

propriété *n.f.*　性能,性质;所有权

~ de manœuvre　操纵性能,机动
性能

~ des marchandises　商品拥有权

~ drainante　排水性能

~ électro magnétique　电磁性

~ mécanique　机械性能

~ oxydante　氧化性质

propulseur *n.m.*　推进器,发动机,推
进装置

~ à hélice　螺旋桨推进器

~ à réaction　喷气推进器

~ auxiliaire accolé　捆绑式助推器

~ axial　轴向导推器

~ d'accélération　助推器

~ de croisière　巡航助推器

~ de point fixe　动力定位推进器

~ de proue　船首推进器

~ d'étrave　船首推进器

~ d'étrave transversal　船首横向推
进器

~ gouvernail　主动舵

~ hydraulique　喷水推进器,液压
推进器

~ latéral　横向推进器

~ orientable et relevable　可收转
向推进器

~ porteur à vis d'Archimède　螺旋
推进器

~ principal　主推进器

~ rétractable　可收放推进器

~ transversal　横向推进器

~ vertical　直叶推进器

prospection *n.f.*　勘探,勘测

~ biochimique　生物地球化学

勘探

~ de gravité 重力勘探

~ d'onde plane 平面波勘探

~ électromagnétique 电磁法勘探

~ en courant continu 直流电法勘探

~ flat spot 平点勘探

~ géochimique 地球化学勘探

~ géologique 地质勘探,地质调查

~ géophysique 地球物理勘探

~ géothermique 地热勘探

~ gravimétrique 重力勘探

~ magnétique 磁法勘探

~ magnétométrique 磁法勘探

~ magnétotellurique 大地电磁勘探

~ par radioactivité 放射性勘探

~ pédogéochimique 土壤地球化学勘探

~ pétrolière 石油勘探

~ séismique 地震勘探

~ sismique 地震勘探

~ sismique sans source 无源地震勘探

~ terrestre 陆上勘探

protection *n.f.* 保护,防护

~ anodique 防酸涂层,阳极防蚀

~ cathodique 阴极防蚀

~ cathotique des coques 船体阴极防护

~ contre la foudre 避雷

~ contre le feu 防火

~ contre les crues 防汛

~ contre les inondations 防洪

~ contre les paquets de mer 防海浪装置

~ contre les projections de liquide 防溅设备

~ contre les radiations 防辐射

~ contre l'explosion 防爆

~ contre l'humidité 防潮湿,防潮

~ contre l'incendie 消防,防火

~ de chenal 航道防护

~ de filtrage 滤波防卫度

~ des convois 护航

~ des côtes 海岸防护

~ des rivages 护岸工程

~ des rives 护岸工程

~ du milieu marin 海洋环境保护

~ électrochimique 电化学保护

~ gazeuse 气体保护

~ image 镜像干扰防护度(雷达)

~ par l'isolation électrique 电绝缘保护

~ par oxydation 氧化处理保护

protêt *n.m.* 声明,异议书,拒绝证书

~ de mer 海事声明

~ du capitaine 船长拒绝证书

~ du capitaine de navire 海损异议书

proue *n.f.* 船首,船艏

~ sous le vent 背风船首

provision *n.f.* 食品

~ de bouche 船舶装储粮食,伙食备品

~ d'eau douce 淡水供应

publication *n.f.* 出版物,文献

~s nautiques 航海出版物

puisard *n.m.* 井;污水井;舱底水井

~ de cale 舱底水井

~ d'huile 油池,油槽

~ du tunnel 轴隧泄水井

~ machine 发动机底壳

puissance *n.f.* 功率,能力

~ absorbée 消耗功率

~ active 有功功率

~ au frein 制动马力

~ calorifique 热功率

~ cheval 马力

P

~ de grue　起重能力

~ dissipée　功耗

~ électrique　电功率

~ nominale　额定功率

~ réelle　有效功率

~ thermique　热功率

~ utile　有效功率

puits *n.m.*　井,坑;深舱

~ à balancier　抽油井

~ à câbles　锚链舱

~ à gaz　气井

~ à injection d'eau　注水井

~ à pétrole　油井

~ à régime pulsatif　间歇自喷井

~ à vide　积带箱

~ aux chaînes　锚链舱

~ buse　通风天井

~ d'aération　通风井,通风舱

~ d'air　机舱通风井

~ de cuve　压力壳坑

~ de dépression　积带箱

~ de dérive　滑动舵龙骨内收舱

~ de dragage　疏浚井

~ de gaz naturel　气井

~ de lancement　发射[管、井]

~ de l'ascenseur　升降机井

~ de machines　机舱棚

~ de mine　矿[井、坑]

~ de pétrole en formation sableuse　出砂油井

~ de pompage　抽油井

~ de potentiel　热势井

~ de production　生产井

~ de prospection　探井

~ de rabattement　抽水井

~ de séchage　干燥井

~ de stockage　贮槽

~ de tourelle　炮台下围井

~ de ventilation　通风井,通风舱

~ d'éclairage　照明井,透光井

~ d'essai　探井

~ dévié　斜井

~ d'exploration　探井

~ d'extension　探边井,扩边井

~ directionnel　定向井

~ en jaillissement　自喷油井

~ en mer　近海井,海外井

~ en offshore　近海井,海外井

~ enterré　埋藏井

~ enterré de la cuve　内壳埋藏井

~ éruptif　自喷井

~ exploratoire　勘探井

~ fermé　封闭井

~ forage　钻探井

~ immergé　海底油井

~ improductif　非生产井

~ infléchi　弯曲井

~ jaillissant　自喷井

~ marginal　低产井

~ non tubé　裸井

~ noyé　水淹井,水侵井

~ productif　出油井

~ salant　盐井

~ sec　干井

~ sous marin　海底油井

~ sous marin satellite　卫星式水下井组

~ stérile　无油气井

~ structural　浅井

~ tubé　下套管井

~ vertical　竖井

purge *n.f.*　排放,排泄

~ d'air　排气

~ de vapeur　疏水

~ d'eau　疏水,排水

purgeur *n.m.*　排泄装置,疏水阀,放气阀

~ de vapeur automatique　疏水器

Q

quai *n. m.* 停泊处, 码头; 站台, 船台; 船埠; 堤岸
- ~ d'accostage 驳岸, 堤岸, 停[泊、靠]码头
- ~ d'amarrage 驳岸, 堤岸, 停[泊、靠]码头
- ~ de chargement 装[船、货]码头
- ~ d'embarquement 装[船、货]码头
- ~ à charbon 煤炭码头
- ~ de charbonnage 煤炭码头
- ~ d'armement 系泊码头
- ~ d'entrepôt 储运码头
- ~ de commerce libres 自由贸易码头
- ~ de marchandises libres 自由贸易码头
- ~ de battelage 小船码头
- ~ de cabotage 不定期船码头
- ~ de chargement 装车站台
- ~ de commerce 商业码头
- ~ de débarquement 卸货码头
- ~ de départ 发车站台
- ~ de gare 车站站台
- ~ de port 港码头
- ~ de rive 顺岸码头
- ~ de transbordement 换装码头
- ~ en eaux profondes 深水码头
- ~ flottant 浮码头
- ~ minéralier 矿砂码头
- ~ ouvert 雨棚站台
- ~ pour la manutention de poisson 鱼装卸码头
- ~ pétrolier 油船码头
- ~ vertical 垂直岸线码头
- ~ vracquier 散装码头
- ~ à divers 杂货码头
- ~ à marchandises diverses 杂货码头
- ~ à bestiaux 牲畜码头
- ~ à combustible 运燃料码头, 装煤站台
- ~ à conteneurs 集装箱码头
- ~ à divers long courriers 远洋杂货船码头
- ~ à houille 运煤码头
- ~ à marchandises 货运码头
- ~ à marée 潮汐码头
- ~ à pétrole 运油码头
- ~ à voyageurs 客运码头

qualification *n.f.* 资质, 资格; 鉴定
- ~ de l'équipage 船员技能
- ~ des soudeurs de coque 船体焊工专业鉴定

qualité *n.f.* 质量, 品质, 精度
- ~ antidétonante 抗爆性; 防震[品]级
- ~ conforme aux échantillons 符合货样品质
- ~ d'allumage 着火性
- ~ de giration 回转性能
- ~ de la marchandise 商品质量
- ~ de l'essai 试验精度

~ de maniement　操纵性
~ de pilotage　引水技能
~ de poursuite　跟踪质量
~ de réalisation　施工质量
~ d'eau　水质
~ d'huile　油品级
~ hydrofuge　抗水性能
~ industrielle　工业级
~ intrinsèque de produit　产品固有质量
~ standard　标准品质
~ supérieure　超级
~s d'usure　磨耗量
~s évolutives　适航性
~s innées　赋性

quantité *n.f.*　量,数量
~ à charger　待装[货]量;应装[货]量
~ à embarquer　待装[货]量;应装[货]量
~ à livrer　应交[货]量
~ chargée　装载[数]量
~ chargée en moins　短装[货]量
~ chargée en plus　多装[货]量
~ de chaleur　热量
~ de chaleur dégagée　放热量
~ de combustible injecté　喷燃油量
~ de fluide　流体量
~ de fluide en circulation　物料通过量
~ de gaz　可燃混合气进气量
~ de lumière　光量
~ de marchandise　货物数量,货量
~ de mouvement　动量
~ de pluie　降雨量
~ de précipitation　降水量
~ de production　生产量
~ de produit transportée par pipeline　管道输送量
~ de réduction en eau douce pour tous les francs bords　干舷淡水减少量
~ de référence　参考量,基准量
~ de sortie　输出量
~ d'eau nécessaire　给水量;需水量
~ d'écoulement　流量
~ définie　定量;有限量
~ d'électricité　电量
~ d'huile perdue　油损失量;油逸出量
~ embarquée　装[船、货]量
~ embarquée en moins　短装[货]量
~ livrée　交付数量
~ passée　物料通过量
~ périodique　周期量
~ totale de marchandises à transporter par année　年度运输货物总量

quarantenier *n.m.*　三股右旋细绳
quart *n.m.*　值勤,轮班;值班船员;四分之一
~ à la mer　海上值勤
~ à poche　漂网浮标,渔网浮子
~ de bâbord　左舷值勤
~ de bâbordais　左舷值勤
~ du jour　白班

queue *n.f.*　尾,尾部,后端;尾舰
~ de banc　礁边缘
~ de barre　钳口
~ de capon　锚钩索
~ de cochon　安全挂钩,保险钩;辫线
~ de distillation　尾油,油脚;最后馏分
~ de poussée　剩余推力
~ de terre　岸侧定置网
~ de traversière　副吊锚索

~ d'escadre 舰队殿后舰

~ du large 海洋定置网

~ du lin （桨叶）根部

~ d'un banc 沙滩边缘

~s d'échos 伴流干扰

quille *n.f.* 龙骨,船骨

~ auxiliaire 边龙骨,鳍龙骨

~ caisson 导管骨,箱形龙骨

~ cambrée 弯曲龙骨

~ creuse 带槽龙骨,中陷龙骨

~ de ballast 压载龙骨

~ de bouchain 舭龙骨,船底龙骨

~ de dérive 边龙骨,鳍龙骨

~ de navire 船龙骨

~ de roulis 舭龙骨,减摇龙骨

~ d'échouage 坞座龙骨,(潜艇)坐底龙骨

~ en barre 棒龙骨,矩形龙骨,立龙骨

~ en caisson 隧道式龙骨,箱形龙骨

~ en l'air 船底朝上

~ en tôles 钢板龙骨

~ inclinée 斜龙骨

~ intérieure 内龙骨

~ latérale 边龙骨,鳍龙骨

~ lestée 压载龙骨

~ massive 棒龙骨,矩形龙骨,立龙骨

~ massive centrale 中线立龙骨

~ plate 平板龙骨

~ principale 主龙骨

~ saillante 棒龙骨,矩形龙骨,立龙骨

~ supérieure 上龙骨

~ sur forme 墩木上龙骨

~ tubulaire 隧道式龙骨,箱形龙骨

Q

R

raban *n.m.* 索,系索,绳环,索环

~ de barre 舵轮绳环,舵杆端索环

~ de chalut 沉子系绳

~ de cul 抽纲(渔网),囊网底束纲

~ de dos 上网缘索

~ de faix 收网纲;系帆索

~ de ferlage 卷帆索

~ de gouverne 舵轮固定索

~ de hamac 吊铺系索

~ de sac 缚网袋绳

~ de tente 天幕索

~ de têtière 束帆索

~ d'empointure 帆桁端耳索;帆角索;缩帆索

~ d'envergure 束帆索

râblure *n.f.* （木船龙骨上的）槽口,镶口

~ de la quille 龙骨镶口

~ de l'étanbot 船尾柱镶口

~ de l'étrave 船首柱镶口

raccord *n.m.* 管件,管接头,联轴节

~ à baïonnette 卡口接头

~ à double filetage 外螺纹中间接头

~ à trois voies 三通接头

~ articulé 铰接头

~ cardan 万向接头

~ coaxial 同轴接头

~ coudé 弯头

~ courbé 弯管

~ croisé 十字接头

~ d'admission d'air 进气口

~ d'alimentation 进料管

~ de flexible 软管接套

~ de séparation 中间接头

~ de sortie 排气口

~ de tige de forage 钻杆接头

~ de tube de production 油管接箍

~ de tube prolongateur 隔水导管连接器

~ de tubes 直管接头

~ débrochable à clips 推拉接头

~ d'échappement 排出管

~ en croix 十字接头

~ en té 三通

~ fileté 螺纹接套

~ isolé 绝缘接头

~ orientable 万向接头

~ tournant 拧口接头

~ triaxial 三芯接头

~ union 连管节

radar *n.m.* 雷达

~ à agilité de fréquence 频率捷变雷达

~ à antenne latérale 旁视雷达

~ à haute résolution 高分辨率雷达

~ à image relative 相对运动雷达

~ à image vraie 真运动雷达

~ acoustique 声雷达

~ aéroporté 飞机雷达,机载雷达

~ anti collision　避碰雷达
~ anticollision　防撞雷达
~ appliqué à la navigation　导航雷达
~ bilobé　双波瓣雷达
~ chauve souris　声纳雷达
~ cohérent　相干[脉冲]雷达
~ côtier　海岸雷达
~ d'appontage　甲板降落雷达
~ d'approche　进场指挥雷达
~ d'artillerie　炮瞄雷达
~ de batterie　炮瞄雷达
~ de bord　船用雷达,舰载雷达
~ de chenalage　航道雷达,水面航行雷达
~ de conduite d'artillerie　炮瞄雷达
~ de guet　警戒雷达
~ de manœuvre　操船雷达
~ de port　港口雷达
~ de poursuite　跟踪雷达
~ de route　航路监视雷达
~ de service de bac　渡船值勤雷达
~ de surveillance　警戒雷达
~ de veille　警戒雷达
~ de veille de surface　海面警戒雷达
~ de veille embarqué　舰载警戒雷达
~ de visée　瞄准雷达
~ d'entrée de port　进港雷达
~ d'interception　截击雷达
~ diversité　[频率]分集雷达
~ en état de marche　操作雷达
~ fluvial　内河雷达
~ maritime　海用雷达
~ pare collisions　防撞雷达
~ pour la défense côtière　海防雷达

~ rétroviseur　后视雷达
~ télémétrique　测距雷达
rade *n.f.*　锚地,停泊地
~ abri　遮蔽锚地,港口避风水域
~ close　遮蔽锚地
~ dangereuse　危险锚地
~ de refuge　避风港
~ extérieure　港外锚地
~ fermée　隐蔽锚地
~ foraine　外海锚地
~ ouverte　开放泊地
~ saine　安全锚地
~ sûre　安全锚地
radeau *n.m.*　木筏;渡船
~ cible　靶筏
~ de circonstances　应急救生筏
~ de sauvetage　救生筏
~ pneumatique　汽艇
~ pneumatique de sauvetage　充气式救生筏
radiotélégraphie *n.f.*　无线电报学
radiotéléphone *n.m.*　无线电话
radiotéléphonie *n.f.*　无线电话学
radome *n.m.*　雷达天线罩,天线屏蔽器
raidisseur *n.m.*　加强槽,加固件
~ longitudinal du fond　底纵横
~ renforcé　深腹板
ralingue *n.f.*　帆边绳
~ d'acier　钢帆边绳
~ de bodure　帆边索
~ de chute　帆垂直边索
~ de flotteur　浮子纲
~ de point d'écoute　帆耳索
~ de ventre　沉子缘纲
~ d'un taud　天篷边缘
ramoneur *n.m.*　刮管器,清管器
rampe *n.f.*　斜坡;跳板;发射架;船

R

首吊门

~ arrière　船尾跳板

~ arrière pivotante　船尾旋转跳板

~ d'accès　登岸跳板

~ d'accès à la cale　进舱跳板

~ d'alimentation　供弹带

~ d'aspersion　喷淋管

~ de chargement　装料斜[台、坡],装油栈桥

~ de débarquement　登陆跳板

~ de devant de derrick　井架坡板

~ de hissage　起网滑道

~ de lancement pour torpilles ASM　反潜鱼雷发射架

~ d'extraction　退弹槽

~ guide　定向槽

~ tubulaire de purge　排污管

rapport *n.f.*　关系,关联

~ d'avarie　海损报告

~ de déviation　偏移系数

~ de mer　海事声明

~ de prospection　申请报告

~ de sûreté　安全分析报告

~ de transmission　传动比

~ de vitesse　速度比

~ d'échappement　排气比

~ d'engrenage　齿轮转动比

~ écrit　书面汇报

~ verbal　口头汇报

ratelier *n.m.*　系索栓架

rayon *n.m.*　半径,辐射线

~ d'action　续航力;巡航半径

~ incident　入射线

~ infrarouge　红外线

~ métacentrique　定倾半径

~ métacentrique longitudinal　纵[向]稳心半径

~ métacentrique transversal　横[向]稳心半径

~ réfléchi　反射线

~ séismique　地震波射线

~ ultraviolet　紫外线

réa *n.m.*　【航海】滑车

récepteur *n.m.*　接收器,感受器

~ d'azimut　方位接收机

~ de balise　信标接收机

~ de cap　航向接收机

~ de la pression　压力感受器

~ de téléthermomètre d'eau　遥测水温计接收机

~ de volume　容量感受器

~ d'infrarouge　红外接收机

~ moniteur　监听接收机

~ radio portatif　便携式收音机

~ sonore　声纳接收机

~ synchrodyne　同步接收机

~ télégraphique　收报机

~ témoin　监控器

~ transmetteur asynchrone　异步收发送机

réceptionnaire *n.*　收货人,验收人

recette *n.f.*　收入,收益;方,食谱

~ brute　毛收入

~ de décoction　汤头

~ et dépense　收支

~ marginale　边际收入

~ moyenne　平均收益

~ totale　总收入

~s des finances　财政收入

~s fiscales　税收

~s nettes　净收入

~s tarifaires　关税收入

réchauffeur *n.m.*　加热器,加温器

~ à circulation　循环加热器

~ auxiliaire　辅助预加热器,辅助加温器

~ d'air　空气预热器

~ d'air en tubes ordinaires　管式空

气预加热器

~ d'eau　水加热器

~ d'huile　油预加热器,油热器

~ tubulaire　管式空气预加热器

réclamation *n.f.*　索赔,投诉,要求

~ concernant les marchandises　货物理赔

~ d'assurance　保险索赔

~ des abonnés relatifs aux dérangements　用户故障申请

rectification *n.f.*　校正,调正;磨削

~ à bande abrasive　砂带磨削

~ circulaire　外圆磨削

~ d'adresse　地址更正

~ de l'enregistrement　注册更正

~ électrochimique　电解磨削

~ en chariotage　纵向磨削

~ en plongée　切入磨削

~ intérieure　内圆磨削

~ par bande abrasive　砂带磨削

~ plane　平面磨削

~ sans centres　无心外圆磨削

reçu *n.m.*　收据,收条

~ de cargaison　货运收据,货单

~ de remise　付款收条

~ d'entrepôt　仓库收据

~ d'entrepôt　仓库收据,库单

~ du paiement　付款收据

~ émis par un officier du navire　货运收据

~ en blanc　空白收据

~ pour documents d'expédition　装运文件

redondance *n.f.*　冗余

réducteur *n.m.*　还原剂;减速器

réduction *n.f.*　减少,缩小

~ de carte marine　海图缩图

~ de classification　降低船级

~ des coûts　成本降低

~ d'impôts　减税

reflexion　反射,反射波

~ acoustique　声反射

~ de fond　海底反射

~ sur la mer　海面反射

~ sur le fond　海底反射

reflux *n.m.*　退潮 落潮

refoulement *n.m.*　逆航,溯流;排放,压入

refouler *v.t.*　船逆流而上

réfrigérant *n.m.*　冷却器,冷却装置

~ à ailettes　翼片冷凝器

~ à air　空气冷凝器

~ à bâche　箱式冷凝器

~ à biseau d'écoulement　水淋倾斜冷凝器

~ à boules　球管冷凝器

~ à cascades　水淋冷却器

~ à cheminée　冷却塔

~ à chemise d'eau　水套冷却器

~ à colonne　冷凝柱

~ à eau douce　淡水冷却器

~ à immersion　浸液冷凝器

~ à l'huile　油冷却器

~ à poche d'eau　套筒水冷凝器

~ à reflux　回流冷凝器

~ à ruissellement　淋水式冷却器,喷洒式冷凝器,水淋冷凝器

~ à serpentin　蛇管冷却器

~ à serpentin chemisé　套层蛇管冷凝器

~ à serpentins multiples　多蛇管冷凝器

~ à tour　冷凝塔

~ à tubes concentriques　套管冷凝器

~ ascendant　回流冷凝器

~ atmosphérique　冷却塔

~ de gaz　煤气冷却器,气体冷

R

却器
~ de l'eau 水冷却器
~ des purges 馏出物冷凝器,排污冷凝器,泄水冷凝器
~ descendant 下流冷凝器
~ en cuivre 铜质冷凝器
~ en verre 玻璃冷凝器
~ par aspersion 喷淋冷却
~ par circulation 循环冷却
~ par circulation d'air forcée 强制空气循环冷却
~ par circulation d'eau 水循环冷却
~ par compression 压缩冷却
~ par détente directe 直接膨胀致冷
~ par eau atomisée 喷雾冷却
~ par eau glacée 冰水冷却
~ par écoulement direct 直接流动冷却
~ par évaporation 汽化冷却,蒸发冷却
~ par évaporation d'eau 水蒸发冷却
~ par film liquide 液膜冷却
~ par hélice creuse 空心螺旋冷凝器
~ par hélium 氦冷却
~ par immersion 浸液冷凝器
~ par le bismuth fondu 熔融铋冷却
~ par l'eau 水冷却器
~ par l'huile 油冷却器
~ soufflé 强制通风冷凝器
~ tubulaire 管式冷却器
regard *n.m.* 检视孔,观测孔
registre *n.m.* 航海日志
~ à air chaud 热风门
~ à ventelle 叶片式风门

~ antagoniste 双阀瓣风门
~ de bord 航海日志
~ de classification 船级登记簿
~ de réclamations 索赔登记簿
~ de réglage 调节风门
~ des attachements 施工日志
~ des navires 船籍登记簿
règle *n.f.* 规则,条例;尺
~ à calcul 计算尺
~ à calculer 计算尺
~ à compensation 校正尺
~ à coulisse 计算尺
~ de conduite uniforme 统一的操作规则
~ de jaugeage 量油杆
~ de sécurité 安全条例
~ fondamentale de sûreté (R. F. S.) 安全基本条例
~ grandée 测深杆
~ locale 当地规则
~s de barre et de route 操舵和航行规则
règlement *n.m.* 支付,结算,结算书;规则,规范,章程;评定
~ à tempérament 分期结算
~ à terme 定期结算
~ au comptant 现款支付
~ au comptant à la commande 订货付现
~ bilatéral 双边结算
~ commercial 贸易结算
~ d'avarie 海损清理,海损额评定
~ d'avarie commune 共同海损额评定,共同海损结算
~ d'avarie particulière 单独海损额评定
~ d'avaries 海损理算
~ d'avaries communes 共同海损理算书

~ d'avaries particulières　单独海损理算书

~ de navigation　航行章程

~ de sécurité　安全技术规则

~ du bord　船舶章程

~ du passif　债务清算

~ en nature　实物结算

~ extérieur　对外结算

~ multilatéral　多边结算

~ périodique　定期结算

~ sur l'inspection maritime　航海检查规范

~s de maintenance　技术维护规程

~s de navigation　航海法规

~s de service　技术维护规程

~s d'exploitation　操作规程

~s d'opération　操作规程

~s du port　港口规程

~s échelonnés　分期支付

~s internationaux préventifs des collisions navales　国际海上避碰规程

~s relatifs aux opérations techniques　技术操作规程

~s sur les voies d'eau maritimes　海路章程

~s techniques　技术规程

~s technologiques　技术工艺规程

régression *n.f.*　后退,消退

~ marine　海退

régulateur *n.m.*　舰队向导舰;调节器;调节员

~ à boules　离心式调节器

~ à résistance　电阻控制器

~ atmosphérique　空气调节器

~ automatique d'alimentation　自动进料调节器

~ automatique de niveau　液面身动调节器

~ centrifuge　离心式调节器

~ de chaleur　温度调节器

~ de champ　励磁调节器

~ de chauffage　调热器

~ de contre pression　反压调节阀[门]

~ de débit　流量调节器

~ de décompression　减压调节器

~ de distribution d'heure　主船钟

~ de l'alimentation　给料调节器

~ de l'humidité　湿度调节器

~ de niveau d'eau constant　恒定水平[液面]调节器

~ de phase　相位调节器

~ de polymérisation　聚合调节剂

~ de pression　调压阀[门];调压器;减压阀[门]

~ de pression à action directe　喷嘴式调压阀[门]

~ de pression à action inverse　杆式调压阀[门]

~ de pression de gaz　气压调节器

~ de pression d'huile　油压调节器

~ de quantité　数量调节器

~ de résonance　谐振调节器

~ de sécurité　安全调节器

~ de shunt　分流调节器

~ de sûreté　安全调节器

~ de surpression　超压调节器

~ de tension　电调压器

~ de triage　分选调节器

~ de tube fluorescent　镇流器

~ de vapeur　蒸汽调节器

~ de vide　真空调节器

~ de vitesse　调速装置

~ d'excitation　激磁调节器

~ différentiel　差动式调节器

~ digital　数字式调节器

~ d'immersion　定深仪(鱼雷艇);

R

（水雷的）水压仪
~ d'oxygène 氧气调节器
~ d'oxygène à demande 氧气压力调节器
~ du débit de gaz 气体流量调节器
~ du pouvoir calorique 热值调节器
~ électro hydraulique 电液压调节器
~ électronique 电子稳压器
~ électropneumatique 电力气动式调节器
~ en dérivation 分流调节器
~ hydraulique 液压调节器
~ indirect 间接作用调节器
~ individuel 单个调节器
~ pneumatique 风动调节器
~ principal 主调节器
~ progressif 连续作用调节器
~ proportionnel 比例调节器
~ thermique 热量调节器
régulation *n.f.* 调整，调节
relais *n.m.* 继电器，中继器
relevé *n.m.* 测绘；记录；清单
~ bathymétrique 水深测量
~ de compte 账单
~ de position de navire 船位测定记录
~ de températures de puits 井温测量
~ de terrain 地形测绘
~ des achats 购买清单
~ des dépenses 支出清单
~ des fonds 海底测量
~ des varangues 船底斜度；舭部升高；(舯)横斜高
~ hydrographique 水道测量
~ topographique 地形测绘

relève *n.f.* 换班
~ du quart 换班
relèvement *n.m.* 方位，定向
~ à la boussole 罗盘方位
~ astronomique 天文定向
~ au compas 罗经方位
~ auditif 声学定向
~ corrigé 修正方位
~ croisé 交叉方位角
~ d'arrière-plan 背景方位
~ d'avant-plan 前景方位
~ de départ 起航方位
~ d'hémicycle 半圆方位
~ du beaupré 船首斜度
~ du gisement 测方位
~ du mouillage 锚泊方位
~ goulo 无线电船位测量
~ magnétique 磁向位，磁方位
~ optique 光学方位
~ orthodromique 大圆方位
~ par hydrophone 水听器定向
~ sur la carte 海图上方位
~ vrai 真方位
~s croisés 交叉定方位法
~s réciproques 交叉定方位法
relief *n.m.* 地形，地面起伏
~ du fond 海底起伏
~ sous marin 海底起伏，海底地势
~ océanique 海底地势
~ marin 滨海地势
remboursement *n.m.* 偿还，清偿
~ de taxes 退税
~ des droits de douane 出口退税
~ des sinistres 损失赔偿
remontage *n.m.* （船舶的）溯流而上
remorquer *v.t.* 拖曳，拖带
remorqueur *n.m.* 拖轮，拖船
~ à hélice 螺旋桨拖船
~ à poussée 顶推拖船

R

~ à propulseur épicycloïdal 直叶
推进器拖船

~ à roues 明轮拖船

~ à une hélice 单桨拖船

~ anti incendie 消防拖船

~ brise glace 破冰拖船

~ chaland 载货拖船

~ de bassin 船坞拖船

~ de flotte 舰队拖船

~ de haute mer 远洋拖船

~ de mer 远洋拖船

~ de port 港口拖船

~ de queue 后拖拖船

~ de rade 港湾拖船

~ de relevage de haute mer 远洋
打捞拖船

~ de sonar 声纳拖船

~ de tête 前拖拖船

~ pousseur 顶推拖船

~ sans gouvernail 无舵拖船

rendement *n.m.* 效率,功效,效益

~ à charge réduite 部分装载效率

~ de chaudière 锅炉效率

~ de combustible 燃料效率

~ de combustion 燃烧效率

~ de coque 船身效率

~ de détection 探测效率,探测灵
敏度

~ de déviation 致偏效率

~ des plateaux 塔板效率

~ électrothermique 电热效率

~ en air soufflé 通风效率

~ manométrique 流体压力效率

~ mécanique 机械效率

~ net 净效率

~ par moteur 发动机效率

~ volumétrique 容积效率

renflouer *v.t.* 使再浮起,使脱浅

~ un navire échoué 使搁浅的船

脱浅

reniflard *n.m.* 排气阀,吸入阀

rentrée *n.f.* 舷侧内倾;回收,收进

~ à bord de l'ancre 收锚入船

~ d'ancre 收锚

~ de flamme 逆火

~ de la chaîne 收锚链

~ des bossoirs 吊艇架拉起

~ des fonds 资金回笼

~ du loch 呈交记录

renversement *n.m.* 潮汐的交替,转
潮;反转,逆转

~ de la course 航向改变

~ de la marée 潮汐的交替

~ de marche 反向运行

renvoi *n.m.* 返航;返回,送回;转移

~ de chaînes 链轮机构

~ de courant 交错水流

~ de l'effet impayé 退回未付票据

~ temporaire 临时转拨

réparateur, trice *n.* 修理工,检修者

~ de navire 修船工

réparation *n.f.* 修理,修复

~ à flot 航修

~ capitale 大修

~ courante 小修

~ de navire 船舶修理

~ générale 大修

~ menue 零星修理

~ préventive 预防性修理

répartition *n.f.* 分布,分配

~ d'avaries 海损分摊

~ de flux 通量分布

~ de pression dynamique 动压
分布

~ des contraintes 应力分布

~ des gisements de pétrole 油田
分布

~ des pressions 压力分布

R

~ du débit　流量分布
~ par pavillon　船籍分布
~ planifiée　统配

répétiteur *n.m.*　复示器;信号船
~ d'angle de barre　舵角复示器
~ de cap　航向复示器
~ de compas　罗经复示器,罗盘分罗经
~ de compas gyroscopique　电罗经复示器
~ de gyro　陀螺罗经复示器
~ de gyrocompas　分罗经

représentant *n.*　代表,代理人
~ à l'exportation　出口代理人
~ de commerce　商务代理
~ exclusif　独家代理人
~ plénipotentiaire　全权代表

réseau *n.m.*　网;交通网;网络,网路
~ à large bande　宽带网
~ de communication　通讯网
~ de diffusion de données　数据分配网
~ de large bande　宽带网
~ de rivières　河道网
~ de sauvegarde　应急电网
~ de sécurité　安全网
~ de télécommunication　通讯网
~ de transport　运输网络
~ de transport public　公共交通网
~ d'écoulement　流网
~ des lignes maritimes　海运航线网
~ fluvial　河运航道网
~ navigable　航运网

réserve *n.f.*　预留,保留
~ de flottabilité　储备浮力

réservoir *n.m.*　油舱,油箱;仓库,储藏库;池,水库
~ à air comprimé　压缩空气罐

~ à calotte gonflable　圆顶气柜
~ à carburant　储油罐,油箱
~ à combustible　燃料槽,燃料箱
~ à cut back　稀释罐
~ à dépression　真空罐
~ à essence　汽油箱,汽油储槽
~ à fond concave　蝶形底储罐
~ à gaz　储气罐
~ à pétrole　油罐
~ à produits noirs　污油罐;黑色石油产品槽
~ à résidus　废油罐
~ à sable　储砂器
~ à toit conique　锥形顶储罐
~ à toit flottant　浮顶油罐,活盖水箱,弹性顶油罐
~ à toit mobile　升降顶油罐
~ à toit sphérique　球顶储罐
~ alimentaire　供应槽
~ ammortisseur　中间储罐
~ amortisseur　平衡罐,缓冲罐
~ au radon　氡气罐
~ boulonné　螺栓油罐
~ calorifuge　保暖油罐,绝缘储罐
~ couvert　封闭储存器
~ cylindrique　圆筒形储槽
~ d'accumulation　储蓄槽;集油罐
~ d'acide　储酸罐
~ d'agitation　搅动罐
~ d'air　储气罐,气舱
~ d'alimentation en eau　给水罐
~ de charge　供应罐,送料罐
~ de compensateur　补偿储槽,调压储槽
~ de contrôle compteur volumétrique　仪表校准储罐
~ de côté　舷柜
~ de décantation　池析槽,倾析槽
~ de décatissage　汽蒸罐

~ de production　油矿油罐

~ de réserve　备用罐

~ de secours　储油罐,油箱

~ de stockage　储槽

~ de stockage sur ponton　趸船上油罐

~ d'eau　水箱;水库;水槽

~ d'eau potable　净水槽;饮用水储槽

~ d'emmagasinage　平衡罐,缓冲罐

~ d'expansion　缓冲槽;油枕

~ d'exploitation　日用罐

~ d'huile　储油罐,油箱

~ d'huile brute　原油罐,原油储槽

~ en service　工作油罐

~ enveloppe　软油箱

~ épuisé　衰竭油气层

~ évaporateur　蒸发容器

~ flottant　浮箱

~ galvanisé　镀锌油罐

~ hémisphéroïde　半球形储罐

~ humide　饱和蒸汽缓冲器

~ immergé　水下油罐

~ intermédiaire　中间罐

~ lenticulaire　透镜状油藏

~ lithologique　岩性油藏

~ marginal　陆缘油藏

~ nourrice　进料槽

~ pellerin　废液箱

~ principal　主燃油箱

~ protégé　自动封闭罐

~ régulateur du débit　流量调节储槽

~ respirant　升降顶油罐,呼吸式油罐

~ sous pression　压力槽,高压罐

~ souterrain　地下油[罐、槽]

~ sphérique　球形储槽,球状罐

~ sphéroïde　球形储槽,球状罐

~ supplémentaire　副油箱

~ tampon　平衡罐,缓冲罐

résistance *n.f.*　阻力,电阻;抵抗力,耐力

~ à la chaleur　耐热

~ à la compression　抗压强度

~ à la compression à vert　湿压强度

~ à la corrosion　耐蚀性,抗腐蚀

~ à la fatigue　耐久极限

~ à la flexion　抗弯强度

~ à la lumière　耐光性

~ à la rupture　断裂强度,破坏强度,折断强度

~ à la surcharge　抗过载性

~ à la traction　抗压强度

~ à l'abrasion　耐磨性

~ à l'eau　耐水性

~ à l'écrasement　抗碎强度

~ à l'huile　耐油性

~ à l'humidité　耐潮性

~ au frottement　抗擦度

~ au glissement　摩擦阻力

~ au vent　风阻

~ aux craquelures　抗裂强度

~ aux rayonnements　耐辐射性

~ de carène　船身阻力

~ de fragilité　抗脆裂强度

~ de frottement　船体摩擦阻力

~ de l'air　空气阻力

~ de l'eau　水阻力

~ de navire　船舶阻力;船体强度

~ de rencontre　船体波阻力

~ d'écoulement　流动阻力

~ des matériaux　材料力学;材料强度

~ du toit　顶板强度

~ due à la pression　压阻力

R

~ due à la rupture de la vague　破浪阻力

~ longitudinale de navire　船舶纵向强度

~ magnétique　磁阻

~ magnétique spécifique　磁阻率

~ mécanique　机械强度

~ ohmique　欧姆电阻

~ périphérique　外周阻力

ressort *n.m.*　弹簧,发条

resurchauffeur *n.m.*　再热器

retenue *n.f.*　支索,牵索,支索;蓄水;阻力

~ de chaîne　制链器

~ de gui　帆横桁拉放索

~ de navire　船舶阻力

~ de vapeur　蒸汽截留量

~ des crues　蓄洪

revenu *n.m.*　收入,收益

~ de fret　运费收入

réverbération *n.f.*　混响,交混回响;返焰

~ de fond　海底混响

~ sur le fond　海底混响

~ de surface　水面混响

~ diffuse de surface　海面混响

~ en océan libre　自由海洋混响

ridoir *n.m.*　【航海】松紧器,螺栓扳手

~ à vis　螺丝筒紧缆器,松紧螺旋扣

risque *n.m.*　险,风险,危险

~ à terme　定期险

~ d'abordage　碰撞风险

~ d'allège　驳船险

~ de casse　破损险

~ de chaland　驳船险

~ de coulage　沉船风险;渗漏险

~ de dommage　损坏风险

~ de grève　罢工险

~ de guerre　兵险,战争险

~ de mer　海上险

~ de péniche　驳船险

~ de pontée　舱面货物险

~ de transbordement　换船险

~ de vol　盗窃和提货不着险;偷窃险

~ d'incendie　火险

~ financier　金融风险

~ maritime　海上风险

~ mixtes maritimes et terrestres　海陆混合险

~ portuaire　港内险

~ pour la navigation　航行危险物,航行障碍物

~ sur pont　舱面险

ristourne *n.f.*　海上保险合同的取消;回扣,折扣

ripage *n.m.*　缆索的滑动

~ de la cargaison　货物转移

robinet *n.m.*　龙头,阀门

robinetterie *n.f.*　龙头(集);阀门类

rocher *n.m.*　岩石,岩礁

rodage *n.m.*　研磨,磨光

rose *n.f.*　罗经方位标

~ mobile　浮动刻度盘

rotor *n.m.*　转子,转片,转轮

roue *n.f.*　轮,舵轮,车轮

~ à aubes　叶轮

~ à augets　杓轮

~ à caractères　字轮

~ à chien　棘轮

~ à cliquet　棘齿轮,棘轮

~ à denture　齿轮

~ à denture corrigée　变位齿轮

~ à denture de modification position　变位齿轮

~ à denture extérieure　内齿轮

~ à meuler　砂轮

R

~ à palettes 叶轮

~ à rochet 棘轮

~ à soleil 太阳轮

~ à talon 楔形轮缘摩擦轮

~ à vis 蜗轮

~ à vis sans fin 蜗轮

~ à vis tangente 蜗轮

~ arrière 后轮

~ avant 前轮

~ conique 圆锥齿轮;锥形齿轮

~ conique cycloïdale 摆线齿锥齿轮

~ conjuguée 配对齿轮

~ cycloïdale 摆线齿轮

~ de champ 平面齿轮

~ de charrue 地轮

~ de friction 摩擦轮

~ de friction cylindrique 平轮缘摩擦轮

~ de guidage 导轮

~ de raie 沟轮

~ de rechange 挂轮

~ de sillon 沟轮

~ de support 托轮;限深轮;支重轮

~ de tension 张紧轮

~ d'échappement 摆轮

~ dentée 齿轮

~ dentée de la fusée 发条轮

~ dentée hypoïde 准双曲面大齿距

~ d'entraînement 主动轮

~ des fuseaux 钝齿齿轮

~ des secondes 秒针齿轮

~ désaxée 偏心轮

~ différentielle 差动齿轮

~ du gouvernail 舵轮

~ en porte à faux 悬臂式叶轮

~ entraînée 从动轮

~ entraîneuse 主动轮

~ folle 空转轮

~ harmonique 谐调齿轮

~ hélicoïdale 斜齿轮

~ hydraulique 水车

~ menante 主动轮

~ menée 被动轮,从动轮

~ motrice 主动轮

~ normale 非变位齿轮

~ octoïde 锥齿轮,字啮合锥齿轮

~ parasite 空转轮

~ pelle 叶轮

~ pivotante 旋转轮

~ plate 冠轮,字啮合冠轮

~ rail 轨道轮

~ rigide 刚轮

~ satellite 行星齿轮

~ ventilateur 风扇叶轮

~ voilée 庠水链轮

~s à denture de rabotage 刨齿

~s de rechange 交换齿轮

rouet *n.m.* 【船】(吊货杆的)滑轮

roufle *n.m.* 甲板室

roulis *n.m.* 【船】横摇;左右摆动,滚

route *n.f.* 航向,航线;路;路线

~ commerciale 贸易路线

~ corrigée 直航向

~ d'abordage 碰撞航向

~ d'accès 引[桥]

~ de la Soie 丝绸之路

~ droite 直航向

~ fort fréquentée 拥挤航线,繁忙航线

~ maritime 航海路线

~ suivie sur le fond 对地航向,航迹向

~ suivie sur l'eau 对水航向

~ sur le fond 航迹象,直航向,实际航向

R

~ sur l'eau 船首向

~s opposées 相对航向

~s réciproques 相对航向

rumb *n.m.* 罗经点;罗经方位[一格

等于 11°14]

rupteur *n.m.* 断路器,断续器

rythme *n.m.* 节奏,频率

~ de marées 潮汐涨落

R

S

sable *n.m.* 沙;砂,砂层

~ à gaz 含气砂
~ à grains moyens 中粒砂
~ à l'huile 油砂
~ à noyaux 芯砂
~ à vert 湿砂
~ alluvionnaire 冲积砂
~ anguleux 多角砂
~ aquifère 含水砂,含水砂层
~ argileux 泥质砂岩,砂质黏土
~ arrondi 圆粒砂
~ asphaltique 沥青砂岩
~ au silicate de soude 水玻璃砂
~ bigarré 杂色砂岩
~ bitumineux 沥青砂岩
~ boulant 流沙
~ brûlé de décochage 废砂
~ calcaire 灰质砂岩
~ calcareux 钙质砂岩
~ calciné 枯砂,烧结砂
~ carbonifère 碳质砂岩
~ ciment 水泥稳定砂
~ colmaté 致密砂,致密砂层
~ compact 致密砂,致密砂层
~ consolidé 固结砂
~ coquillier 介壳砂
~ côtier 海滩砂
~ d'auto durcissement 自硬砂
~ de contact de surface 面砂
~ de décochage 旧砂
~ de diluvien 洪积砂

~ de fonderie 型砂
~ de laitier 粒状渣
~ de mer 海砂
~ de moulage 型砂
~ de moulage en aciérie 铸钢型砂
~ de noyaux décochés 旧芯砂
~ de remplissage 背砂,填充砂
~ de soutènement 支撑砂
~ de zircon 锆砂
~ décoché 旧砂
~ d'émeri 金刚砂
~ demi synthétique 半合成型砂
~ dolomitique 白云砂
~ en circuit 回用砂
~ enrobé à froid 冷法覆膜砂
~ éolien 风积砂
~ étuvé 干砂
~ exédent 散落砂
~ fin 细砂,细砂岩
~ fort （强黏力）肥砂
~ frais 新砂
~ glaciaire 冰川砂
~ glauconieux 含海绿石砂
~ granitique 花岗砂
~ gras （强黏力）肥砂
~ graveleux 砾砂
~ grossier 粗砂,粗砂岩
~ hydatide 棘球沙,囊沙
~ impalpable 极细砂
~ lacustre 湖砂
~ lié à résine 树脂砂

S

~ lié à résine furanique　呋喃砂
~ liquide　流态砂
~ maigre　瘦砂
~ marin　海砂
~ marneux　泥灰砂岩
~ naturel　天然型砂
~ neuf　新砂
~ pétrolifère　油砂
~ phosphaté　含磷砂
~ poreux　多孔砂
~ pour verrerie　玻璃砂
~ préparé　再生砂
~ quartzeux　石英砂
~ réfractaire　耐火砂
~ régénéré　再生砂
~ sédimentaire marin　海洋沉积砂
~ semi gras　（中强黏力）中肥砂
~ silicaté　水玻璃砂
~ siliceux　石英砂
~ stérile　荒砂
~ unique　标准型砂；单一砂；面背混合砂
~ urinaire　尿沙
~ zurifère　含金砂

sabord *n.m.*　舷窗，舷门，舷孔，侧舱口；舷炮门
~ d'aérage　方舷窗
~ de charge　货门，装货舷门
~ de chargement　装货舷门
~ de décharge　舷墙排水口
~ de nage　舷墙门

safran *n.m.*　舵板

saisie *n.f.*　查封，扣押；采集
~ de magasin　仓库查封
~ des marchandises　堆装货

saisine *n.f.*　缆，系索

salinité *n.f.*　盐度，含盐量

salinomètre *n.m.*　盐度计，盐量计

salle *n.f.*　房间，室

~ de bain　浴室
~ de commutation　配电室
~ de contrôle　操纵室
~ de machines　机舱
~ de malades　病房，病室
~ de réunion　会议室
~ de soins　治疗室
~ de stérilisation　消毒间，消毒室
~ de traitement　治疗室
~ des transformateurs　变电室
~ d'outils　工具间
~ technique　机房

sans *prép.*　无，没有
~ emballage　散装
~ escale　不停靠
~ tirant d'eau　非排水状态
~ différence　平浮
~ différence de tirant d'eau　平吃水

sardine *n.f.*　沙丁鱼

saumon *n.m.*　鲑鱼；三文鱼

secteur *n.m.*　区域；部门；产业；扇形
~ angulaire　斜剖面，扇形角
~ circulaire　扇形
~ de croisement　交叉区域
~ de feu　防火区
~ de visibilité　能见弧，明弧，视野
~ des services　服务部门
~ des transports　交通运输部门
~ obscur　遮蔽扇形
~ primaire　第一产业部门
~ quaternair　第四产业部门
~ rattrapement　超越形态
~ secondaire　第二产业部门
~ tertiaire　第三产业部门

section *n.f.*　截点，截线，截面
~ mouillée　过水，流体截面
~s longitudinales　纵向剖面，纵截面
~s longitudinales du plan des formes

前体纵剖线

~ s obliques　对角线

sécurité *n.f.*　安全

　~ de la navigation　航行安全

semelle *n.f.*　锚垫板,护舷板;(帆船)侧龙骨;底座

　~ de fondation　基板

　~ d'étambot　舵踵

　~ d'étampe　下模座

senne *n.f.*　地曳网,大拉网

　~ halée à terre　向岸拖的浅水网

　~ tournante　环行网,围网

　~ traînante　拖网

séparateur *n.m.*　分离器,分离装置

série *n.f.*　(游艇的)系列;系列,组,一套

serre *n.m.*　【船】纵梁,纵桁

　~ de muraille　舷侧纵桁,边纵桁

　~ file　殿舰,尾舰

service *n.m.*　服务;部;业务,作业;保养

　~ après vente　售后服务

　~ contrôle et statistiques　统计和管理部门

　~ d'approvisionnements　供应部

　~ d'armement　航运部

　~ de commande　订货部

　~ de consolidation　集箱作业

　~ de ferries　交通船服务,轮渡业务

　~ de groupage　联合货物服务

　~ de la comptabilité　会计部门,会计处,会计科

　~ de pilotage　引航工作

　~ de quarantaine　检疫站

　~ des achats　供应部

　~ des conférences　会务部

　~ d'exploitation　业务科

　~ du personnel　人事部,人事科

　~ en commun　公共服务

　~ juridique　法律部门

　~ maritime　船舶服务,海运服务

　~ par période　定期保养

　~ périodique　定期保养

　~ portuaire　港口服务,港口业务

　~ régulier　定期保养,定期航行

　~ transbordeur　交通船服务,轮渡业务

seuil *n.m.*　槛

　~ d'une cale sèche　干船坞槛

　~ d'une écluse　闸门底坎

sextant *n.m.*　六分仪

siège *n.m.*　座,底座,支撑表面

　~ de soupape　气门座,阀座

sifflet *n.m.*　汽笛,号笛

　~ directionnel　定向汽笛

signal *n.m.*　信号

　~ artificiel　人工信号

　~ au sifflet　汽笛信号

　~ avec fanions　旗语

　~ avertisseur　呼救信号

　~ bruit　干扰信号

　~ continu　连续信号

　~ d'assistance　呼救信号

　~ d'attention　警告信号

　~ d'avertissement　报警信号

　~ d'avertisseur　报警信号

　~ de brume　雾信号

　~ de changement de route　操纵灯号

　~ de chrominance　彩色信号

　~ de commande　控制信号

　~ de danger　危险信号

　~ de départ　启动信号

　~ de détresse　遇难求救信号,求援信号

　~ de jalonnement　路标

　~ de ratrapement　超船信号

S

~ de sécurité 安全信号

~ d'orientation 指路标志

~ géodésique 觇标

~ horaire 报时信号,时间信号

~ horaire radiotéléphinique 无线电时号

~ indicateur 指示信号

~ lumineux 灯光信号

~ numérique 数字信号

~ par pavillon 旗语,旗信号

~ sonore efficace 有效声号

~ SOS 呼救信号

silencieux *n.m.* 消音器

sillage *n.m.* 航迹;航速;尾流

~ hydromagnétique 磁流体尾迹

~ plan 平面尾流

siphon *n.m.* 虹吸管,虹管

société *n.f.* 公司,单位,协会

~ à capitaux mixtes 合资公司,合营公司

~ à joint venture 合资公司,合营公司

~ à mixte 合资公司,合营公司

~ à responsabilité illimitée 无限公司

~ à responsabilité limitée 责任有限公司

~ commerciale 商行

~ de classification 船级社

~ de gérance 管理公司

~ de navigation 航运公司

~ mère 母公司

~ multinationale 跨国公司

~ par actions 股份公司

sole *n.f.* (平底船的)船底,底板;鳎鱼,目鱼

sommier *n.m.* 横梁;底座

~ longitudinal 翼梁

son *n.m.* 声,音,笛声

~ bref 短笛

~ prolongé 长笛,长声

~ sous marin 水声

~ subaquatique 水声

sonar *n.m.* 声纳,声波定位仪

~ à lalayage 扫描声纳

~ balayeur 扫描声纳

~ de navigation 导航声纳

~ d'imagerie des fonds marins 海底成像声纳

~ en service 现役声纳

~ panoramique 全景声纳

~ pour pêche 渔用声纳

~ remorqué 拖曳声纳

~ sur le fond 座底声纳

sonde *n.f.* 测深器,测深船,水砣

sondeur *n.m.* 测深水手,水砣手;测深管,探测器

~ acoustique 回声测深仪

~ de pêche 渔探仪

~ de vase 泥浆探测器

~ hydrostatique 测深器

~ Thomson 汤姆森测深仪

sortie *n.f.* (出海)航次;出口,输出

soufflet *n.m.* 风箱;折箱

soupape *n.f.* 阀,阀门

~ à aiguille 针阀

~ à boisseau 塞阀

~ à boulet 球阀

~ à bride 法兰阀

~ à charnière 瓣形阀

~ à clapet 瓣形阀

~ à cloche 杯形阀

~ à commande électrique 电动阀

~ à cône 锥形阀

~ à contrepoids 平衡[安全]活门

~ à détente étagée 多级减压阀

~ à diaphragme 隔膜阀

~ à double plateau 双盘阀

S

~ à fermeture rapide 速动阀
~ à flotteur 浮子阀
~ à lamelle 叶片阀
~ à levier 杠杆阀
~ à pointeau 针阀
~ à trois voies 三通阀
~ annulaire 环形阀
~ casse vide 真空安全阀
~ cryogénique 低温阀
~ d'admission 进气阀
~ d'arrêt 截止阀
~ de branchement 支阀
~ de by pass 旁通阀
~ de contre pression 止回阀
~ de décompression 放空阀
~ de démarrage 起动阀
~ de détente 安全阀
~ de déviation 旁通阀
~ de distribution 分配阀
~ de flottation 浮子阀
~ de gaz lift 气举阀
~ de mise en marche 起动阀
~ de pression 压力控制阀
~ de pression différentielle 差压阀
~ de réduction 减压阀
~ de refoulement 输送阀
~ de réglage 调节阀
~ de respiration 通气阀
~ de retenue 止回阀
~ de retenue d'équerre 直角单向阀
~ de retour 回流阀
~ de retour d'eau 回水阀
~ de sécurité 安全阀
~ de sûreté 安全阀
~ de surpression 安全活门
~ de tige 杆阀;提升阀;钻杆浮阀
~ de trop plein 安全阀

~ de vidange 排泄阀
~ de vidange à flotteur 浮子放泄阀
~ d'échappement 排气阀
~ d'égalisation 平衡阀
~ d'équilibre 平衡阀
~ d'éruption à pointeau 节流阀
~ d'étranglement 节流阀
~ d'évacuation 排泄阀
~ d'évacuation d'air 放泄阀,放水阀;卸气阀
~ d'injection pilote 喷射控制阀
~ d'introduction de l'échantillon 气体采样阀
~ droite 直通阀
~ électrique 整流阀
~ électrochimique 电化整流器
~ électrolytique 电解整流阀
~ électromagnétique 电磁阀
~ électronique 电子阀
~ en champignon 蕈形阀,蘑菇阀
~ en chapeau 钟形阀
~ en tête 顶阀
~ équilibrée 平衡阀
~ haute pression 高压阀
~ hydraulique 液压阀
~ inclinée 倾斜阀
~ ionique 充气整流管;离子管;离子整流阀
~ latérale 旁阀
~ modératrice 截止阀
~ mono anodique 单阳极整流阀
~ pilote 导阀;控制阀
~ pneumatique 气阀
~ polyanodique 多阳极整流阀
~ pour radiateur 辐射器阀,汽炉阀,散热器阀
~ principale 主阀
~ progressive 递开阀

~ rapportée　插入阀
~ régulatrice　调节阀
~ régulatrice de pression　压力调节阀
~ renversée　逆止阀
~ rotative　回转阀,旋转阀
~ scellée　密封式整流阀
~ sèche　接触整流器
~ sphérique　球阀
~ thermo ionique　热离子整流阀
~ thermostatique　热调节阀,热虹吸阀

source *n.f.*　泉,水源,源
~ acoustique　声源
~ artésienne　自流泉
~ ascendante　上升泉
~ bouillante　沸泉
~ calcaire　含钙泉
~ chaude　温泉,热泉
~ cohérente　相干声源
~ d'alimentation　动力源
~ de boue　泥喷泉
~ de contact　接触泉
~ de dépression　沉没泉,陷落泉
~ de fission　裂变源
~ de gravitation　下降泉
~ de la formation des crachats　痰浊滋生之源
~ de lumière　光源
~ de lumière cohérente　相干光源
~ de pompage　光泵
~ de rayonnement　放射源
~ de référence　标定源
~ de revenu　收入来源
~ de trop plein　溢流泉
~ de vallée　山谷泉
~ d'eau salée　盐泉
~ d'eau sulfureuse　含硫矿泉
~ d'électricité　电源

~ d'engrais　肥源
~ d'infection　传染源
~ d'infiltration　渗流泉
~ électrique　电源
~ ferrugineuse　铁盐[矿]泉,铁质泉
~ financière　经费来源
~ froide　冷脆性
~ geysérienne　温水间歇泉
~ hypogène　深成泉
~ intarissable　常年泉
~ intermittente　间歇
~ jaillissante　喷泉
~ juvénile　初生泉
~ karstique　喀斯特泉,岩溶泉
~ lumineuse　光源
~ minérale　矿泉
~ pérenne　常流泉
~ pétrolière　油泉
~ pneumatique　气动源
~ point　点源
~ ponctuelle　点源
~ ponctuelle d'énergie　点能源
~ pure　净水源
~ purifiée　净水源
~ radioactive　辐射源
~ saline　盐泉,盐井
~ scellée　密封[放射]源
~ séismique　震源
~ simple　单源
~ sous marine　海底泉,溺泉
~ structurale　构造泉
~ sulfureuse　硫磺泉
~ thermale　温泉
~ vive　净水源

sous *prép.*　在……之下
~ affluent　小支流
~ bassin　次级流域
~ bief　回水

~ carreau 下舷缘列板
~ catalogue 分目录
~ charge 欠载
~ charriage 俯冲断层
~ charrié 俯冲的
~ chef de quart 副值班长
~ continent 次大陆
~ cortical 壳下的
~ coucheanticorrosion 防腐蚀底层
~ couched'antigel 防冻底层
~ couchedrainante 排水底层
~ couchedu fond 海底地槽
~ criticité 次临界度
~ delta 前三角洲
~ digue 子坝,子堤
~ douane 保税的;海关监管的
~ écoulement 底流;潜流
~ entrepreneur 分包[商、人]
~ glaciaire 冰[川]下的
~ la croûte 地壳下
~ lacustre 湖底的
~ le courant 顺流的,向下游,顺流而下
~ le vent 顺风的,(在)下风
~ marin 海底的,潜艇
~ marin atomique 核潜艇
~ marin atomique à fusées Polaris “北极星”导弹核潜艇
~ marin de recherche 潜水研究船
~ marin de sauvetage 营救潜艇
~ marin habité 载人潜艇
~ marin humide 湿式潜艇
~ marin mouillé 湿式潜艇
~ marin multitâche 多用途潜艇
~ marin nucléaire 核潜艇
~ miniature 超小型
~ miniaturisation 超小型化
~ niveau 次级,亚级,子级
~ nucléaire 亚核的

~ plaque 次板块
~ porteuse 副载[波、频]
~ pression 承压
~ structure 次级构造;子结构,亚组织
~ suite 子序列
~ système 分系统,亚系,子系统
~ tâche 子任务
~ task 子任务
~ traité 分包,转包契约
~ traitement 子处理
~ traiter 分包,转包
~ traiter un projet 工程分包
~ traiter une affaire 交易分包

soutage *n.m.* 装燃料
soute *n.f.* 舱,船舱
~ à charbon 煤层
~ à combustible 燃油箱
~ à essence 汽油库
~ à gasoil calorifugée 保温柴油箱
~ à mazout 重油库
~ à sable de remplissage 背砂斗
~ d'eau douce 淡水舱
~ haute 深舱

soutirage *n.m.* 抽出,提取
stabilisateur *n.m.* 稳定器,防摇鳍
~ de courant 稳流器
~ tribord 右舷稳定器,右防摇鳍
stabilisation *n.f.* 稳定
~ en azimut 方位稳定性
stabilité *n.f.* 稳定性,稳度
~ à l'état intact 完整稳性(非破损时的稳定性)
~ après avarie 破损稳度;破舱稳性
~ contre le bruit 抗干扰[性、度]
~ de fréquence 频率稳定
~ de marche 行驶稳定性
~ de viscosité 黏度稳定性

S

~ dimensionnelle　尺寸稳定性

~ d'inertie　惯性稳定性

~ d'oxydation　氧化稳定性

~ dynamique　动态稳定性

~ initiale　初稳度,初稳性

~ longitudinale　纵稳性

~ nord en haut　稳定北向

~ transversale　横稳性

station *n.f.*　警戒海域,警戒海域的巡逻艇;站,所

~ de chargement pour conteneurs　集装箱货运站,集装箱运输站

~ de groupement pour conteneurs　集装箱集散站

~ de pilotage　引航台,引航站

~ de remplissage　装箱作业中心

~ radio　电台

statistique *adj.*　统计的

stator *n.m.*　定子

stockage *n.m.*　储存,贮存,备品

~ à ciel ouvert　露天仓库

~ de brut　原油库

~ de rassemblement　备品收集

~ en terre　地下贮存

~ et transport　储运

~ et transport de gaz　集输气

~ et transport de pétrole　集输油

~ non permanent　非永久性贮存

~ permanent　永久贮存

~ souterrain　地下贮存

~ sur le gisement　油矿油罐

stoppeur *n.m.*　制动器

structure *n.f.*　结构,组织

~ des fonds　海底结构

~ réservoir　储油构造

submergé *adj.*　淹没的,下沉的

subrécargue *n.m.*　（商船的）商务负责人,管货监督

superpétrolier *n.m.*　超级油轮,巨型油轮

superstructure *n.f.*　上层建筑,上层构造

supplément *n.m.*　超载,追加罚款,额外费用

supplémentaire *adj.*　附加的,额外的,追加的

support *n.m.*　支撑,支架,支座

~ central　中线纵梁,中桁材

~ console　悬臂式支架

~ de levage　承吊支座

~ de manœuvre　系索箍

~ latéral　边桁,旁桁材

sur *prép.*　（介词）表示位置、方式、状态等

~ attente　主机备车,等待,守候,预备

~ l'arrière　在船尾,在船身的后部

~ l'arrière du travers　在船的正横以后的方向

~ le départ　即将出发

~ terre　陆上的

~ tout l'horizon　多方面的,全周,周围,四周

suralimentation *n.f.*　（内燃机的）增压

surbau *n.m.*　舱口围槛,舱口围板

surcapacité *n.f.*　产能过剩,超负荷

surchauffeur *n.m.*　过热器

surface *n.f.*　表面,面积

~ à couper　切削表面

~ à courbure　曲率面

~ à usiner　待加工表面

~ bâtie　建筑面积

~ bombée　弯面

~ brute　毛面

~ concave　凹面

~ conique　圆锥面,锥面

~ conoïdale　劈锥曲面

~ courbe 曲面
~ criblante 多孔面
~ curviligne 垂曲面
~ cylindrique 圆柱面
~ d'absorption 吸收表面
~ d'acuité 锐面
~ de base 基准平面
~ de cassure 断面
~ de cisaillement 剪切面
~ de combustion 燃烧面
~ de contact 接触面
~ de contre pression 反压面
~ de dépouille 铲齿面;后面
~ de foudroyage 崩落面
~ de glissement 滑面
~ de la flottaison 水线面,水线面积
~ de la mer 海水表面
~ de l'océan 洋面
~ de pied 齿槽底面
~ de portage 支承面
~ de référence 基准面
~ de révolution 旋转曲面
~ de section transversale 横截面积
~ de sustentation 升力面
~ d'empennage 尾翼表面
~ des flottaisons isocarènes 吃水截面
~ développée 展开面积
~ d'onde 波面
~ du corps 体表
~ en plan occupée par les murs 结构面积
~ équiamplitudinale 等幅面
~ équidistante 等距曲面
~ équipotentielle 等势面,等势曲面
~ équivalente 等面积
~ frontière 分界面

~ gauche 曲纹面
~ gondolée 纹形面
~ hélicoïdale 螺旋面
~ immergée 发射面,传动面
~ intégrale 积分曲面
~ isométrique 等距曲面
~ isostère 等比容面
~ léchée 整流面
~ mate 毛面
~ mouillée 浸水面,湿面
~ nominale 理想表面
~ osculatrice 包容表面
~ photosensible 光敏面
~ podaire 垂足曲面
~ portante 支承面
~ primitive 分度曲面
~ projetée 投影面积
~ réelle 实际表面
~ réfringente 折射面
~ réglée 直纹面
~ rigoureuse 粗糙面
~ rugueuse 粗糙面
~ sphérique 球面
~ spirale 螺壳曲面
~ sustentatrice 升力面
~ thermodynamique 热力面
~ torique 复曲面,环面
~ tourbillonnaire 涡面
~ transcendante 超越曲面
~ usinée 已加工表面
surliure *n.f.* 【船】扎紧绳头
surpression *n.f.* 超压,过压
surveillance *n.f.* 监测,监视,巡逻
surveillant *n.m.* 监督人,监理人
~ de la marchandise 货物负责人
symbole *n.m.* 符号,标记
~ d'acquisition 捕获目标标记,探测目标记号
symétriquement *adv.* 对称地

synoptique *n.m.*   天气图;方框图
système *n.m.*   桨栓,固定装置;系统
- ~ à ancre   杠杆系统
- ~ à bande   传送带系统
- ~ anti-collision   避碰系统
- ~ automatique crossbar   自动坐标制
- ~ d'amarrage   系泊系统
- ~ de balancier   平衡系统
- ~ de conférence   公会系统
- ~ de cyclage à eau   水循环系统
- ~ de défense   缓冲系统
- ~ de guidage   制导系统
- ~ de navigation   导航系统
- ~ de pilotage   操纵系统
- ~ de pompage   石油泵送系统
- ~ de référence   参照系
- ~ de tarif double   双重运费制
- ~ de transmission   传送系统
- ~ fluvial   水系
- ~ longitudinal de construction   纵构架式
- ~ métrique   米制单位
- ~ navigateur   导航系统
- ~ pneumatique   气动系统
- ~ transversal de construction   横构架式

S

T

table *n.f.* 台,桌;表,表单
- ~ à digitaliser 数字化桌
- ~ à instruments 器械架台
- ~ à objet 载物台
- ~ à paroi pleine 空管
- ~ à rouleaux 辊道工作台
- ~ à secousses 震实台
- ~ analogique 模拟台
- ~ analogique électrique 电气模拟台
- ~ circulaire pivotante 回转工作台
- ~ de conversion 换算表
- ~ de fixation à aimants permanents 永磁吸盘
- ~ de fixation à électro aimant 电磁吸盘
- ~ de fixation magnétique 磁性吸盘
- ~ de fonction 函数表
- ~ de probabilités 概率表
- ~ de Pythagore 九九表
- ~ de réception 接箱台
- ~ de rotation 转盘
- ~ de vérité 真值表
- ~ d'écoute 窃听器
- ~ des corrections 校正表
- ~ des déviations 磁罗经自差表
- ~ des matières 目录
- ~ des profits et pertes 损益表
- ~ d'essai 实验台
- ~ d'intérêt 利息表
- ~ logarithmique 对数表
- ~ rotative 回转台
- ~ traçante 绘图仪
- ~ vibrante 振动台

tableau *n.m.* 板,框架;仪表盘
- ~ arrière 尾板
- ~ de commande 控制台,控制面板
- ~ de contrôle 控制台,控制盘
- ~ de roulement 轮班表

tablette *n.f.* 板,搁板
- ~ de l'avant 船首肘板,尖蹼板

tablier *n.m.* 挡板,裙板,船首帷板;桥面

talon *n.m.* 龙骨尾端

tambour *n.m.* 鼓;滚筒
- ~ chauffant 鼓式加热器
- ~ cribleur 滚筒筛
- ~ d'admission 螺旋输送器
- ~ de classage 滚筒筛
- ~ de frein 制动轮
- ~ pour polissage 滚筒

tamponnage *n.m.* 封炉;缓冲

tangage *n.m.* 纵摇,前后颠簸

tangon *n.m.* 系艇杆

tanguer *v.i.* 纵摇,前后颠簸

tape *n.f.* (锚链孔的)塞子;堵头,封头

taquet *n.m.* 系缆双角钩,系索耳

tare *n.f.* 皮重
- ~ conventionnelle 惯用包装
- ~ d'usage 惯用包装

T

~ moyenne 平均皮重

~ réelle 实际皮重

tarif *n. m.* 费率,税率,关税;定价,运价

~ ad vaolorem 从价税率

~ autonome 自主税

~ commun 共同税则

~ communautaire 共同体税则

~ complexe 复式税则

~ contractuel net 净合同费率

~ conventionnel 协定税率

~ de courtage 经纪费率

~ de pointe 高关税

~ de réciprocité 互惠税率

~ des prélèvements 差价税率

~ différenciel 差别税率

~ d'intérêt 利息税率

~ douanier 关税

~ douanier commun 共同关税税则

~ fiscal 税率

~ flottant 浮动税率

~ général 通用税则,普遍税率

~ légal 法定税率

~ mixte 混合税率

~ non-contractuel 非合同费率

~ préférentiel 优惠关税

~ protecteur 保护税率

~ spécifique 从量税率

tassement *n. m.* 压紧;下沉

~ des citernes 油罐压力

taux *n. m.* 率,利率,效率,速率;价格

~ à court terme 短期汇率

~ à long terme 长期利率

~ à vue 即期汇票

~ au poids 按重计费

~ central 中心汇率

~ d'achat 出价

~ d'actualisation 贴现率,实现率

~ d'adhérence 附着系数

~ d'amortissement 损耗率;折旧率;阻尼比

~ d'amplitude 峰谷比

~ d'atténuation 衰减率

~ d'augmentation de pression 增压比

~ d'avarie 失效率

~ de capitalisation des bénéfices 收益比率

~ de change 兑换率,汇[兑]率

~ de change à long terme 远期汇率

~ de change associé 联系汇[兑]率

~ de change croisée 交叉汇率

~ de change effectif 实际汇率

~ de change fixe 固定汇率

~ de change flottant 浮动汇[兑]率

~ de change variable 可变汇率

~ de chargement déchargement 装卸率

~ de combustion 燃烧率

~ de compression 压缩比

~ de compression critique 临界压缩比

~ de comptage 计数率

~ de conversion 转化速率;换算率;折算率;转换比值

~ de défaillance 故障率

~ de déport 贴水率

~ de détection 探测率

~ de filtrage 过滤速[度]

~ de fret 运费费率

~ de groupement 聚速率

~ de marge 毛利,销售营利

~ de pénétration 渗透率;贯穿

速度
~ de pH　酸碱度
~ de porosité　孔隙比,孔隙率
~ de prêteur　卖方开价
~ de prime　保险费率;(外汇)升
　水率
~ de production　生产率
~ de productivité　生产率
~ de réaction　反应速率;回授
　系数
~ de récupération　回收率
~ de recyclage　循环比
~ de réduction　还原率
~ de reflux　回流比
~ de rendement　收率,收益率,回
　报率
~ de rentabilité　效益率
~ de report　升水率
~ de rotation　周转率
~ de saturation　饱和率
~ de saturation en eau irréductible
　束缚水饱和率
~ de saturation irréductible　残余
　饱和率
~ de sécurité　安全系数
~ de sûreté　安全系数
~ de survie　存活率
~ d'échantillonnage　取样率,采
　样率
~ d'échauffement　发热率
~ d'écrouissage　冷变形度
~ d'embranchement　分支比
~ d'épuisement　燃耗深[度]
~ d'erreurs　误差率
~ des virements télégraphiques　电
　汇汇率
~ d'évaporation　蒸发率
~ d'extraction　提取率
~ d'humidité　含水率,湿度

~ d'impôt　税率
~ d'infiltration　渗透率;贯穿速度
~ d'intérêt　利率,利润率
~ d'intérêt de la banque centrale
　中央银行贷款利率
~ d'intérêt préférentiel　优惠利率
~ d'ionisation　电离速[度]
~ d'oxydation　氧化率
~ du retrait　收缩率
~ d'utilisation　利用率
~ effectif　实际利率
~ équivalent　全期收益率
~ flottant　浮动利率
~ fluctuant　波动利率
~ global de pression　总增压比
~ hors banque　市场利率
~ légal　法定利率
~ marginal d'imposition　边际税率
~ mobilité　活动比例
~ multiple　多种汇价
~ normal　正常值
~ officiel　法定汇价;官价
~ optimum　最佳比
~ optimum d'humidité　最佳湿度
　(含水率)
~ pivot　中央汇率
~ plafond　最高汇率
~ plancher　最底汇率
~ poids poussée　重量推力比
technique *n.f.*　技术
~ du navire　船舶技术
température *n.f.*　温度
~ absolue　绝对温度
~ adiabatique　绝热温度
~ caractéristique　特性温度
~ centésimale　摄氏温度
~ constante　恒温
~ critique　临界温度
~ critique de dessous　下临界温度

~ critique de dessus　上临界温度

~ d'allumage　闪燃点

~ d'auto allumage　自燃温度

~ de brillance　发光温度

~ de calcination　煅烧温度

~ de combustion　燃烧温度

~ de condensation　冷凝温度,凝结温度

~ de coulée　浇铸温度

~ de couleur　比色温度,色温度

~ de filtration　过滤温度

~ de fond de puits　井底温度

~ de fusion　熔化温度

~ de point sec　终点温度

~ de réduction　还原温度

~ de saturation　饱和温度

~ de stagnation　临界温度

~ de surchauffe　过热温度

~ de transition　转化温度

~ d'ébullition　沸点,极热的温度

~ d'écoulement　倾点

~ d'équicohésion　等凝聚温度

~ d'évaporation　蒸发温度

~ d'impact　阻滞温度

~ d'inflammabilité　发火点

~ d'inversion　逆温

~ du réservoir　油层温度

~ égale　恒温

~ et pression constantes　恒温恒压

~ finale　终温

~ initiale　初温

~ limite　极限温度

~ optimale　最适温度

~ proximale　相关色温

tempête *n.f.*　风暴,暴风雨

~ de neige　暴风雪,雪暴

~ de poussière　尘暴

~ de sable　尘暴

~ ionosphérique　电离层风暴

~ magnétique　磁暴

~ rude　暴风

temps *n.m.*　天气;时间;行程,冲程

~ chronométrique　天文钟时间

~ d'admission　进气冲程

~ d'arrêt　停顿,滞期,延期

~ de base　生产时间

~ de blocage　闭塞时间

~ de compression　压缩冲程,压缩行程

~ de détente　膨胀冲程

~ de latence　潜伏期

~ de retard　滞后时间

~ de séjour　停留时间

~ de service　用机时间,使用寿命

~ d'écho　回声时间,回波时间

~ d'exécution　操作时间

~ d'inefficacité　失效时间

~ limite　极限时间;时限

~ moteur　工作行程

~ moyen de Greenwich　格林尼治时间

~ moyen du premier méridien　格林尼治标准时间

~ nécessaire pour effectuer un voyage complet　完成航次时间

~ non réel　非实时

~ partagé　分时

~ passé au port　在港时间,停泊时间

~ réel　实时

~ total par pièce　工时定额

~ universel　世界时间

~ utile　有效时间

~ vrai　视时

~ zonal　标准时

tenir *v.t.*　执;使处于

~ au sec　切勿受潮

~ la mer　耐波

~ la route 保持航向
~ le gouvernail 操舵

terminal *n.m.* 终点站,转油库
~ de chargement de pétrolier 油轮
装油码头
~ de production et de stockage 储
油生产转运站
~ marin 海洋转运油库
~ portuaire 港口码头
~ pour transbordeur 渡口,轮渡
码头

tête *n.f.* 头部,顶端
~ de mèche 车床头,机头座

tige *n.f.* 杆,活塞杆,拉杆
~ de commande 传动杆
~ de commutation 换向拉杆
~ de liaison 连杆
~ de manœuvre 操纵杆
~ de piston 活塞杆
~ de pompage 抽油杆
~ de vanne 阀杆
~ guide 导杆
~ polie 深井泵的光杆
~ poussoir 推杆
~ témoin 油量标杆

timonerie *n.f.* 操舵;操舵室,驾驶
室;舵柄
~ de frein 刹车联动装置;制动
杆系

tirage *n.m.* 抽风,换气,排放
~ d'air 扎通气孔
~ de trous d'air 扎通气孔
~ forcé 强制抽风
~ naturel 自然通风

tirant *n.m.* 吃水,吃水深;拉杆
~ d'eau 吃水,吃水深;排水量
~ d'eau en charge 满载吃水深,
载货吃水
~ d'eau lège 空载吃水深
~ d'enlèvement 起吊链钩,起

模钩

tirer *v.t.* 拉,拖;拖锚,拖缆扫海
~ des bordées 抢风航行

tiroir *n.m.* 滑阀,进气阀

toile *n.f.* 布,帆布;网
~ à émeri 砂布
~ abrasive 砂布
~ bitumée 油毡
~ caoutchoutée 橡皮布
~ cirée 漆布
~ cuir 人造革
~ de chanvre 麻布
~ de fibres de verre 玻璃布油毡
~ de jute 麻布
~ de lin 麻布
~ émerissée 金刚砂布
~ filtrante 滤布
~ goudronnée 柏油布
~ huilée 油布
~ imperméable 防水布
~ métallique 金属丝布,金属丝网
~ métallique filtrante 金属滤布
~ renforcée 增强纤维
~ verrée 玻璃纤维布

tôle *n.f.* 钢板,板材
~ d'acier 钢板
~ de bouchain 舭板
~ du bordé extérieur 船壳板
~ bandeau 檐板
~ chaudronnée 炉板
~ de côté 内底边板
~ normale 边板
~ de flanc de ballast 内底边板
~ de roulis 制水舱壁,缓冲舱壁
~ entretoise 横木,支撑板
~ de tablier 船首帷板
~ tirant 横木,支撑板

tonnage *n.m.* 吨位,载重量
~ net 净吨位

T

~ brut 总吨位

~ de jauge brute 总容积吨

tonne *n.f.* 吨

~ américaine 短吨

~ anglaise 长吨

~ équivalent charbon（TEC） 煤炭当量吨

~ équivalent pétrole（TEP） 石油当量吨

~ forte 长吨

~ longue 长吨

~ métrique 公吨

~ volume 容积吨

tonture *n.f.* 【船】甲板脊弧

toron *n.m.* 股,绞线

~ de câble 电缆股

torsiomètre *n.m.* 转矩计,扭力计

tour *n.f.* 塔,导航塔;转动

~ à garnissage 填充塔

~ à parois mouillées 湿壁塔,无填充料塔

~ atmosphérique 常压塔

~ complet 完整回转圈

~ d'amarrage 系留桩

~ de forage 钻塔

~ de forage flottante 浮泊钻探架

~ de lavage 洗涤塔

~ de lavage à pulvérisation 洗涤塔

~ de loch 计程仪绳卷车,测速绳卷车

~ de pont 桥塔

~ de prise d'eau 进入塔

~ de remontée des tiges de forage mobile 起油管

~ de ruissellement 喷淋洗涤塔

~ de servitudes 维修塔

~ de sondage 钻架

~ de stabilisation 稳定塔

~ d'égouttage 沥罐

~ d'entretien 维修塔

~ d'épuration 洗涤塔

~ d'observation 瞭望台

~ garnie 填充塔

tourillon *n.m.* 轴,耳轴,轴颈

~ à collet 轴颈

~ cannelé 环式推力轴颈

~ conique 圆锥轴颈

~ d'appui 尾柄

~ de butée 推力轴颈

~ de manutention 起吊耳轴

tournage *n.m.* 系索栓,带缆桩

tourniquet *n.m.* 【船】（辘轳上的）滚轮

tourteau *n.m.* 黄道蟹

trace *n.f.* 踪迹,痕迹

~ d'écho 回波探测

trafic *n.m.* 交通,运输

~ à grande distance 长途运输

~ à longue distance 长途运输

~ des marchandises 货运

~ d'esclaves 奴隶运输

~ direct 联运,全程运输

~ fluvial 内河运输

~ frontalier 边境贸易,边贸

~ maritime 海运

~ maritime international 国际海运

~ maritime national 国内海运,内河航运

~ mixte 联运

~ voyageurs 客运

traite *n.f.* 汇票;人口贩卖

~ des esclaves 奴隶贩卖

~ d'exportation 出口汇票

~ d'importation 进口汇票

~ documentaire 跟单汇票,押汇汇票

~ payable à l'arrivée 货到付款

汇票

~ sur l'étranger 外国汇票

~ sur l'intérieur 国内汇票

tramping *n.f.* 不定期航行；无固定航线航行

transbordement *n. m.* 换船，中转，转载

~ des marchandises 货物换船

transborder *v.t.* 换船，中转

transbordeur *n. m.* 渡船，渡轮，转运船

transformateur *n.m.* 变压器

~ à bain d'huile 油浸变压器

~ à colonnes 内铁型变压器

~ à dispersion 漏磁变压器

~ à entrefer 气隙变压器

~ à huile 油冷变压器

~ à isolement sec 干式变压器

~ à moyenne fréquence 中周变压器

~ à noyau de fer 铁芯式变压器

~ accordé 调谐变压器

~ anti pompage 防振变压器

~ antidéflagrant 防爆变压器

~ antirésonnant 非谐振变压器

~ barre 母线穿芯式电源互感器

~ blindé 屏蔽变压器

~ comparateur 差接变压器

~ condensateur à résonance 共振电容互感器

~ cuirassé 壳式变压器

~ d'adaptation d'impédance 匹配变压器

~ d'amortissement 灭弧变压器

~ de charge 负载变压器

~ de couplage 耦合变压器

~ de courant 变流器

~ de liaison 级间变压器

~ de radiofréquence 射频变压器

~ différentiel 差动变压器，微分变压器

~ d'intensité（TI） 变流器

~ dissymétrique 平衡-不平衡变压器

~ élévateur 升压变压器

~ hydraulique 压力转换器

~ pince 钳形电流互感器

~ push pull 推挽变压器

~ réducteur 降压变压器

~ réglable 调压变压器

~ rotatif 回转变压器

~ tampon 升压变压器

transport *n.m.* 运输，交通，物流

~ à courte distance 短途运输

~ à grande distance 长途运输

~ à l'élingue 吊索运输

~ à longue distance 长途运输

~ aller et retour 往返运输

~ civil 民用运输

~ combiné 联合运输

~ côtier 沿海运输

~ de chaleur 热量输送

~ de ligne 定线运输

~ de marchandises 货物运输，货运

~ de porte à porte 门到门运输

~ en commun 公共交通

~ en masses 大宗货物运输

~ entre usines 厂际运输

~ ferroviaire 铁路运输

~ fluvial 河运，内河运输

~ maritime 海运，海上运输；水运

~ maritime industriel 工业化海运

~ mixte 客货运输

~ multimodal 多种方式运输

~ navette 穿梭服务

~ océanique 海运，海上运输；水运

~ par mer 海运，海上运输；水运

T

~ par oléoduc　管线通讯
~ public de voyageurs　公共客运
~ sous froid　冷藏运输
transporteur *n.m.*　运输船;运输机,
传送带;承运人;支座托架
~ à air　压缩空气输送机
~ à auges　斗式输送机
~ à balancelles　摆锤输送机
~ à bande　输送带
~ à bande articulée　裙式输送机
~ à barrettes　板条式输送机
~ à benne preneuse　抓斗式输送机
~ à câble　索道
~ à chariots　小车链式输送机
~ à courroie　输送带
~ à courroie en auge　槽式皮带输送机
~ à galets　辊轴输送机
~ à godets　斗式输送机
~ à palettes métalliques　金属帷裙式输送机
~ à raclettes　刮板式输送机
~ à rouleaux　滚筒运输带,滚装机,输送辊道
~ à rouleaux d'assemblage　辊式传送带
~ à secousses　振动式运输带
~ à tabliers　鳞板输送机
~ à vis　螺旋输送机
~ aérien　悬挂输送机
~ circulaire　圆盘式输送机
~ de bennes　抓斗式输送机
~ de colis lourds　重货船,配重吊的船
~ de produits chimiques　化学品运输船
~ de voitures　汽车运载船,载车船

~ degaz　气体运输船
~ élévateur　升降运输机
~ en section　分段输送机
~ mixte　兼用船,联运承运人
~ non imposé　自由承运人
~ pas à pas　步进传送装置
~ pendulaire　摆式输送机
~ sur coussin d'air　气垫式输送机
~ va et vient　往复式输送机
~s en commun　公共交通
~s publics　公共交通
transversal, e *adj.*　横向的,横对船体的
travail *n.m.*　功,做功;工作
~ à chaud　热加工
~ à froid　冷加工
~ d'accélération　加速功
~ d'adhésion　黏附能
~ d'aimantation　磁化功
~ d'arrachement　输出功
~ d'arrêt　制动功
~ de compression　压缩功
~ de détente　膨胀功
~ de freinage　制动功
~ de piston　活塞功
~ d'échappement　排气功
~ d'entretien et de réparation　保养和修理
~ dépensé　消耗功
~ d'expansion　膨胀功
~ d'extraction　逸出功
~ d'incrément de décrément　盈亏功
~ d'ionisation　电离功
~ effectif　有效功
~ électronique de sortie　电子逸出功
~ élémentaire　元功
~ et capital　劳资

~ négatif 阻力功

~ par déformation 压延

~ polytropique 多变功

~ résistant 压气消耗功

~ spécifique 单位功;比功

~ sur barge 浮船式钻井、作业两用[钻]机

~ utile 有用功

~ virtuel 虚功

traverse *n.f.* 横梁,横档;渡口

~ d'équilibrage 横通管

traversée *n.f.* 横穿,横渡

traverser *v.t.* 横穿,贯穿

~ les voiles 转舵

trémie *n.f.* 料斗

tresse *n.f.* 油麻绳,缆绳

treuil *n.m.* 绞车,绞盘;绞缆机,卷扬机

~ à câble 卷扬机

~ à filet 起网机

~ à palangre 牵索绞盘

~ à vapeur 蒸汽卷扬机

~ d'amarrage 系泊用绞车

~ de forage 绞车

~ de levage 卷扬机

tribord *n.m.* 右舷,右舵,船舷

~ amures 右舷抢风

~ toute! 右满舵(令)

trompette *n.f.* 喇叭,电雾号

trop-plein *n.m.* 溢流口,溢水口

trou *n.m.* 洞,孔;桅楼升降口

~ alésé 沉孔

~ calibré 校准孔

~ d'air 空气陷坑;通气孔

~ d'alimentation 给料孔

~ de dégagement 泄放孔

~ de lumière 通气口

~ de positionnement 定位孔

~ de purge 泄水孔,排泄孔

~ de sombrer 沉孔

~ de visite 检查孔

~ d'échappement 排出孔

~ déchiré 破裂孔

~ déchiré antérieur 破裂孔

~ d'évacuation des eaux 排水孔

~ d'éventage 通风孔

~ d'huile 注油孔

~ d'injection 注入孔

~ d'inspection 检查孔

~ graisseur 注油孔

~ grand rond 圆孔

~ ischio pubien 闭孔

~ souffleur 溢流口

tube *n.m.* 管,电子管;浇口

~ à acide carbonique 二氧化碳吸收管

~ à ailettes 散热管

~ à ailettes planes 平翅片管

~ à air 空气管

~ à boue 污水管

~ à capacitance 容抗管

~ à distillation fractionnée 分馏柱

~ à double enveloppe 双层管

~ à eau 供水管,水管

~ à essais 试管

~ à feu 点火管

~ à flammes 火焰筒;燃烧管

~ à fourche 分岔管

~ à fumée 火烟管

~ à genouillère 吊管

~ à image 摄像管

~ à lavage 冲洗管

~ à point de fusion 熔点管

~ à ponce 浮石吸收管

~ à réaction 反应管

~ à rectifier 精馏管

~ à réduction 还原管

~ à succion 吸引管

T

~ à tare 称量管

~ à télescope 伸缩管

~ à tirage 伸缩管

~ à trois branches 三通管

~ à trois voies 三通管

~ à vapeur 蒸汽管

~ abducteur 排出管

~ abducteur de gaz 排气管

~ absorbant 吸收管

~ ascendant 虹吸浇口

~ aspirant 进气管

~ aspirateur 吸管, 吸气管

~ au néon 氖管

~ barométrique 气压管

~ cathodique 阴极射线管

~ cochléaire 蜗管

~ coincé 冷冻管

~ collecteur 集合管

~ collecteur de chaleur 集热管

~ collecteur thermique 集热管

~ compteur 计数管

~ compteur proportionnel 正比计数管

~ conductuer 导管

~ contenant de radium 镭管

~ croisé 十字管

~ d'acception 接收管

~ d'acier 钢管

~ d'acier sans soudure 无缝钢管

~ d'admission 进入管

~ d'affluence 引入管

~ d'alimentation d'air 供气管

~ d'aspersion 吸管

~ d'asservissement 回路管

~ de caméra 摄像管

~ de caouctchouc 橡皮管

~ de centrifugeuse 离心试管

~ de charge 加料管

~ de chargement 装料管

~ de choc 激波管

~ de circulation 循环管

~ de communication 连接管

~ de condenseur 冷却管

~ de connexion 连接管

~ de descente 输种管

~ de dessication 干燥管

~ de déviation 支管

~ de drainage 引流管

~ de gélatine 明胶管

~ de graissage 油管

~ de laminage 节流管

~ de protection 套管

~ de puissance 功率管

~ de réchauffage 加热管

~ de revêtement 套管

~ de séparation du débit 隔流管

~ de télévision 显像管

~ de transport oscillant 振动输送管道

~ de traverse 四通管

~ de Venturi 文丘里管

~ de verre 玻璃管

~ d'échappement 排气管

~ d'écoulement 排泄管

~ d'induction 感应管

~ d'isolation calorifique 绝热管

~ d'isolation thermique 绝热管

~ éclair 闪光管

~ écran 显像管

~ efférent 输出管

~ électronique 电子管

~ en croix 十字管

~ en crosse 倒钩形出水管

~ en U U 形管

~ explorateur 扫描管

~ filtrant 滤管

~ foyer 烟囱

~ fuyant 渗漏管

~ gland 橡实管
~ guide 导管
~ isolant 绝缘管
~ jaugeur 计量管
~ laveur 洗气管
~ lisse 光滑管
~ mélangeur 搅拌管
~ mélangeur oscillant 振动搅拌管
~ mémoire 记忆管
~ mémoire électrostatique 静电记忆管
~ mesureur 量筒
~ multigrille 多栅管
~ oculaire 观察管
~ ondulé 波纹管
~ oscillateur 振荡管
~ perdu 空管
~ phare 塔形管
~ photographique 照相望远镜
~ piézométrique 测压管
~ plastique 塑料管
~ plongeur 浸入管,浸渍管
~ pour essais 试管
~ profilé 型管
~ prolongateur 隔水管
~ protecteur 保护管
~ radiant 辐射管
~ réchauffeur 加热管
~ régulateur de tension 稳压管
~ résistance 镇流管
~ sans soudure 无缝管
~ scellé 封闭管
~ séparateur 分离管
~ stabilisateur 稳压管
~ stabilovolt 稳压管
~ témoin 指示管
~ toroïdal 环状管
~ unipolaire 单极管
tubulure *n.f.* 管口,接管

tunnel *n.m.* 轴隧;隧道,地道,洞
~ à eau 水槽
~ d'amenée 引水隧道
~ d'assèchement 泄水洞
~ de cavitation 空化水洞
~ de drainage 排水隧洞
~ de la mire 瞄准缺口
~ de l'arbre d'hélice 轴隧
~ de prise 引水隧道
~ d'évacuation des eaux 排水隧洞
~ sous fluvial 水下隧道
~ sous le détroit 海峡隧道
~ sous marin 海底隧道
turbine *n.f.* 涡轮,涡轮机
~ à action 冲动式汽轮机,冲击式涡轮
~ à air 气涡轮牙钻机
~ à combustion 燃气涡轮机
~ à condensation 凝汽式涡轮机
~ à contre pression 背压式涡轮机
~ à deux étages 双级涡轮
~ à deux roues 双级涡轮
~ à étages de détente 多级膨胀涡轮
~ à étages multiples 多级膨胀涡轮
~ à gaz 燃气轮机
~ à impulsion 冲动式涡轮机
~ à réaction 反冲式涡轮机,反作用式涡轮机
~ à vapeur 汽轮机
~ actionnée par gaz 燃气涡轮机
~ axiale 轴流式涡轮机
~ axipète 向心径向式涡轮机
~ biétagée 双级涡轮
~ centrifuge 离心式涡轮机
~ d'appoint 应急涡轮机
~ de détente 膨胀式涡轮机
~ de réfrigération 冷却式涡轮机

T

~ de type centripète 向心式涡轮机

~ dentaire fonctionnant par l'air 气动涡轮牙钻

~ diagonale 斜流式涡轮机

~ double 双级涡轮

~ hydaulique 水轮机

~ monoétagée 单级涡轮

~ multiétagée 多级涡轮

~ pompe 泵-涡轮机,可逆机组

~ radiale 径向涡轮

~ réfrigérée 冷却式涡轮机

~ refroidie 冷却式涡轮机

turbopompe *n.f.* 涡轮泵

~ hydraulique 水轮泵

turbosoufflante *n.f.* 涡轮式鼓风机,涡轮增压机

turbot *n.m.* 大比目鱼,大菱鲆

tuyau *n.m.* 管子,管;筒

~ à ailettes 翅片管

~ à anche 簧管

~ à bout mort 死头管

~ à brides 凸缘管

~ à combustion 燃烧管

~ à emboîtement 承插管

~ à tôle ondulée 波纹铁管

~ ascendant 增压管

~ bifurgué 叉形管

~ by pass 旁通管

~ collecteur de vapeur 集气管

~ d'admission d'air 进气管

~ d'aération 通风管

~ d'air 通风管

~ d'amenée 送丝软管

~ de bague 盘管

~ de battage 竖管

~ de chute 溢流管

~ de décharge 放气导管

~ de descente 排泄管,下水管

~ de drainage 排水管,通气管

~ de gonflement 充气软管

~ de raccord 连接管

~ de raccordement 连接管

~ de refoulement 增压管

~ de trop plein 溢流管

~ de vapeur d'échappement 蒸汽管

~ d'eau 水管

~ d'échappement 排水管,通气管

~ d'égout 污水管

~ d'évacuation 排水管,通气管

~ d'incendie 消防水龙

~ en bout droit 承插管

~ en terre cuite 陶管

~ flexible 软管

~ flexible à pression 耐压皮管

~ lisse 光滑管

~ moulé 铸管

~ normal 标准管

~ ondulé 波纹管

~ serpentin 蛇形管

~ sonde 探针

~ souple 软管

tuyauterie *n.f.* 管线,管道系统

~ alimentaire 供管

~ d'arrivée 供管

~ de frein 制动管道

~ d'inondation 浸舱管系

tuyère *n.f.* 喷口,喷管

type *n.m.* 型,类型

~ à baionnette 卡口,带槽反锥连接

~ de navire 船型

~ tableau 船尾板型

U

ultrasonique *adj.* 超生的, 超声波的

ultrasonore *adj.* 超声波的, 超音速的

union *n.f.* 协会, 联盟
~ des armateurs 船东协会
~ Européenne 欧洲联盟, 欧盟

unité *n.f.* 单元; 单位, 部队; 海军军舰
~ cohérente 一贯制单位
~ composite 联合单体
~ de compte 记账单位
~ de compte monétaire européenne 欧洲货币单位
~ de crossing over 交换单位
~ de décompression 减压舱
~ de forage en mer 近海钻井装置
~ de pompage à balancier 游梁式抽油机

~ de pompage de pétrole 抽油机
~ de temps 时间单位
~ de valeur 学分
~ d'emballage 成组化, 统一化
~ dérivée 导出单位
~ électrostatique (UES) 静电单位
~ internationale 国际单位
~ monétaire 货币单位
~ pilote 中试装置
~ sur barge 钻井驳船

urgence *n.f.* 紧急情况, 事故, 应急

usure *n.f.* 磨损, 磨耗量

utilisation *n.f.* 使用, 利用
~ de capacité 舱容利用, 能力利用

utilité *n.f.* 效用, 用途
~ de place 地方效用
~ de temps 时间效用
~ marginale 边限效用

U

V

vacuostat *n.m.* 真空调节器

vague *n.f.* 波,浪,浪潮

  ~ cambrée 驻波

  ~ d'air 气浪

  ~ d'assaut 强击波

  ~ de chaleur 热辐射波,热流

  ~ de fond 潮波

  ~ de froid 寒流

  ~ de mer 海浪

  ~ de recul 回波

  ~ de solidification 固化波纹

  ~ de spéculation 投机风波

  ~ d'oscillation 旋转波

  ~ forte 强浪,涛

  ~ haute 巨浪,狂浪

vaigrage *n.m.* 护板,护货板

valeur *n.f.* 价,价格,价值

  ~ absolue 绝对价值

  ~ admissible 容许值

  ~ affichée 显示值

  ~ ajoutée 附加值,增值

  ~ approchée 近似值

  ~ assurée 保值

  ~ calorifique 热值,热卡

  ~ comptable 账面价值

  ~ crête à crête 峰,峰值

  ~ d'achat 购买价格

  ~ d'ajustage 定值,给定值

  ~ de consigne 定值,给定值

  ~ de crête 峰,峰值

  ~ de crête à crête 峰-峰值

  ~ de crête à creux 峰-谷值

  ~ de démolition 残值,报废时的价值

  ~ de déviation 偏差值

  ~ de division d'échelle 刻度值

  ~ de facture 发票价值

  ~ de la production 产值

  ~ de marchandises à assurer 货物保值

  ~ de monnaie 币值

  ~ de pleine échelle 满刻度值,满标值

  ~ de seuil 阈值

  ~ déficitaire 亏值

  ~ d'époxydation 环氧值

  ~ désirée 理想值

  ~ d'usure 磨耗值

  ~ économique 经济价值

  ~ efficace de courant 电流均方根值

  ~ en fabrique 成本价

  ~ extrinsèque 法定价值

  ~ globale de la production 总产值

  ~ hors de marge 越限值

  ~ incorporelle 商誉

  ~ intermédiaire 介值,中间值

  ~ juste 公平价值

  ~ légale 法定价值

  ~ marchande 市场价值

  ~ marginale 边际价值

  ~ mesurée 测量值

~ négligeable　可忽略值

~ nette　净值

~ nominale　面值,额定值

~ osmotique　渗透浓度

~ probable　概率值

~ reçue en marchandises　货物收讫

~ réelle du navire　船舶实际价值

~ résiduelle　剩余价值

~ scalaire　标量值

~ spécifique　比值

~ totale　总值

~ totale de la production　总产值

~ virtuelle　有效值

~ vraie　真值

vanne *n.f.*　阀门,闸门,闸板

~ à boisseau　旋塞活门

~ à boisseau sphérique　球阀门

~ à boulet　球[形]阀门

~ à clapet　瓣阀门

~ à coulisse　闸阀门

~ à flotteur　浮动阀门

~ à joint hydraulique　液压逆止阀门

~ à opercule　活塞阀门

~ à passage intégral　全开阀门

~ à piston　活塞阀门

~ à pointeau　针阀门

~ à trois voies　三通阀门

~ d'admission　进口阀门

~ d'anti retour　逆止阀门

~ d'arrêt　止回阀门

~ de by pass　旁路阀门

~ de chasse　冲沙闸

~ de contrôle de cave avant puits　井口控制阀

~ de garde　安全阀门

~ de production　生产闸门

~ de récurage　冲沙闸

~ de réglage　调节阀门

~ de régulation　调节阀门

~ de répartition　分配阀门

~ de retenue　止回阀门

~ de sectionnement　切断阀门

~ de sécurité　安全阀门

~ de tubage　套管闸门

~ de vidange　排空阀门

~ d'évent　放气阀门

~ déversoir　溢流阀门

~ d'interconnection　连通阀门

~ d'isolement　隔离阀门

~ électromagnétique　电磁阀门

~ hydraulique　液封

~ maïtresse　生产总闸门

~ motorisée　电动阀门

~ ouverte par manque d'air　失气开启阀门

~ papillon　蝶形阀门

~ pneumatique　气动阀门

~ secteur　扇形闸门

~ segment　节阀门

~ sphérique　球阀门

~ tout ou rien　全开全关阀门

~ turbine　截止阀门

vapeur *n.f.*　蒸气;蒸汽船,轮船

~ à toute!　全速(令)

~ citerne　运油轮船

~ de mer　海船

~ marin　海船

varangue *n.f.*　肋板,底肋材

variation *n.f.*　罗经差,罗盘磁偏角;变更,变化

~ de température　温差

~ s périodiques　周期性变化

vecteur *n.m.*　向量,矢量

~ accélération　加速度矢量

~ axial　轴矢量,轴向量

~ de vitesse　速度矢量

V

~ d'onde 波矢

~ unité 单位矢量

veille *n.f.* 夜班船员;监视

~ ASM 反潜监视

vendre *v.t.* 卖,出售,经售

~ à la mesure 按尺寸出售

~ au compte 按数量出售

~ au détail 零售

~ au poids 按重量出售

~ en bloc 大量出售

~ en gros 批发

~ en vrac 散装出售

~ sur le marché intérieur 内销

vent *n.m.* 风;气流

~ alizé 信风

~ anabatique 上升气流

~ arrière 顺风

~ ascendant 上升气流

~ catabatique 下降气流

~ de mer 海风

~ de sable 风沙

~ de tempête 烈风(九级)

~ de travers 横风行驶

~ debout 逆风

~ descendant 下降气流

~ dominant 主导风

~ du nord 朔风

~ d'un boulet 游隙

~ en poupe 尾风

~ favorable 顺风

~ frais 强风

~ solaire 太阳风

~ violent 大风

vente *n.f.* 销售,出售

~ à crédit 赊售

~ à découvert 卖空

~ à emporter 外卖

~ à la boule de neige 传销

~ à la chaîne 传销

~ à l'échantillon 凭样品出售

~ à l'encan 拍卖

~ à l'enchère 拍卖

~ à l'essai 试销

~ à réméré 活卖

~ à tempérament 分期付款出售

~ au détail 零售,零卖

~ au rabais 拍卖

~ aux enchères 拍卖

~ dans le pays 内销

~ de chèque 支票卖出

~ de gros 批发

~ difficile 滞销

~ directe 直销

~ en consignation 寄售

~ en solde 拍卖

~ facile 易销

~ par adjudication 拍卖

~ par consignation 寄售

~ par correspondance 通信销售

~ par réseau 网络销售

~ porte à porte 直销

~ sans garantie 无担保销售

~ sur dénomination 凭品名出售

~ sur description 凭说明书出售

~ sur échantillon 按样品销售

~ sur envoi d'une liste de prix 凭价单出售

ventilation *n.f.* 通风,换气

~ à fort tirage 强制通风

~ forcée 强制通风

~ maximale 最大通气量

verge *n.f.* 杆,金属杆

~ d'ancre 锚杆

vérification *n.f.* 检查,检验

vérin *n.m.* 千斤顶,起重器;液压缸

~ à air comprimé 压气千斤顶

~ à bras 手力千斤顶

~ à châssis 支点式千斤顶

V

~ à main 手摇千斤顶

~ à vis 螺旋千斤顶

~ de fermeture de la coquille 合型缸

~ de précontrainte 预施应力千斤顶

~ de retenue 下水扳机

~ d'éjection 顶杆液压缸

~ d'injection 压射缸

~ hydraulique 液压千斤顶

~ pneumatique 气压千斤顶

~ tire noyau 型心出缸

vernier *n.m.* 游尺,游标

~ circulaire 度盘游标,圆形游标

vertical, e *adj.* 垂直的

vêtement *n.m.* 服,衣服

~ à eau chaude 暖水潜水服

~ de plongée 潜水服

~ de scaphandrier 潜水服

~ de travail 工作服

vibration *n.f.* 振动

~ électrique 电振动

~ mécanique 机械振动

~ sonique 声波振动

~ sonore 声振

~ sous l'action du vent 风力振动

vidange *n.f.* 排放,排空

vilebrequin *n.m.* 曲轴,曲柄

virer *v. t.* ; *v. i.* 转动;回旋,转弯;(船)转向

~ de bord (船只)掉头

~ l'ancre 起锚,拔锚

~ le cabestan 卷绞盘

~ sur l'ancre 定锚转向

vireur *n.m.* 盘车,转动装置

virole *n.f.* 环,环状物

virtuel, le *adj.* 潜在的,虚拟的

virure *n.f.* (船壳)列板

~ de bouchain 稳定翼侧板,船底板条

~ de carreau 舱梁

~ de galbord 龙骨邻板,龙骨翼板

~ de pointe 合并列板

~ sous carreau 副舷侧厚板列

vis *n.f.* 螺丝,螺栓,螺旋

~ à ailettes 元宝螺钉

~ à bois 木螺钉

~ à cheville 双头螺栓

~ à droite 右旋螺钉

~ à filet triangulaire 三角丝扣螺钉

~ à gauche 左旋螺钉

~ à œil 吊环螺钉

~ à os 接骨螺钉

~ à ressort 扣紧螺钉

~ à scellement 地脚螺钉

~ à six pans creux 内六角螺钉

~ à tête 有帽螺钉

~ à tête bombée 半圆头螺钉

~ à tête cylindrique 圆柱头螺钉

~ à tête fraisée 埋头螺钉

~ à tête hexagonale 六角头螺栓

~ à tête noyée 埋头螺钉

~ à tête semi noyée 半沉头螺钉

~ ailée 元宝螺钉

~ autofileteuse 自攻螺钉

~ bouchon 螺旋塞

~ calante 地脚螺钉

~ cruciforme 十字螺钉

~ d'ajustage 定位螺钉

~ d'Archimède 阿基米德螺旋

~ de blocage 锁紧螺钉

~ de calage 定位螺钉

~ de fondation 地脚螺钉

~ de parallélisme 并联螺栓

~ de perpendicularité 垂直螺栓,垂直紧固

~ de purge 带孔螺钉

~ de rallonge　加长螺钉

~ de rectification　调节螺丝

~ de réglage　调节螺钉

~ de sécurité　锁紧螺钉

~ de serrage　紧固螺丝,夹紧螺钉

~ de tension　拉紧螺钉,强力螺钉

~ filetée à droite　右旋螺钉

~ filetée à gauche　左旋螺钉

~ graduée　刻度螺钉

~ hexagonale　六角头螺栓

~ mère　导螺杆,丝杠

~ normalisée　标准螺钉

~ noyée　埋头螺钉

~ sans fin　蜗杆

~ sans fin à billes　传动螺杆

~ sans fin à développante　渐开线蜗杆

~ sans fin cylindrique　圆柱蜗杆

~ sans fin d'Archimède　阿基米德蜗杆

~ sans fin de mouvement　传动螺杆

~ sans fin globique　环面蜗杆

viseur *n.m.*　观测器,瞄准器

~ à pinnule　后视镜

~ auxiliaire　辅助瞄准具

~ infrarouge　红外瞄准器

~ optique　光学瞄准镜

visibilité *n.f.*　能见度,视野

~ de nuit　夜间能见度

~ réduite　能见度受限,狭视距

~ sous fouillis　混乱能见度

~ vers l'arrière　后视野

~ vers l'avant　前视野

visite *n.f.*　检查;探视

~ de partance　出航检查

~ douanière　验关

vitesse *n.f.*　速度,航速

~ toute!　全速(令)

~ à l'aide d'un flotteur　漂物测速法

~ acoustique　声速

~ adiabatique　绝热率

~ admissible　容许速度

~ angulaire　角速度

~ aux essais de navigation　试航航速度

~ but　目标速度

~ critique　临界速度

~ d'approche　接近速度

~ d'aspiration　（泵的)空吸速率

~ d'avancement　钻进速度

~ de coupe　切削速度

~ de courant　流速

~ de croisière　巡航速度

~ de débit　流速

~ de dérive　漂移率

~ de formation　编队航速

~ de la houle　波速度

~ de lumière　光速

~ de mise de barre　转舵速度

~ de phase　相速

~ de plongée　潜速率

~ de pompage　泵速

~ de projet　设计速度

~ de propagation　传导速度

~ de rapprochement　接近速度

~ de remorquage　牵引速度

~ de rotation　转速

~ de route　航速

~ de sécurité　安全行驶速度

~ de tangage　纵摇速度

~ de transfert　正横距速度

~ débitante　流速

~ d'engorgement　溢流速度

~ d'évasion　脱离速度

~ du flux　流速

~ d'une onde marée　潮汐波水速

~ en avant　前进挡

~ en marche arrière 倒挡
~ en marche avant 前进挡
~ en mer 海上航速
~ en plongée 水下航速度
~ en surface 水面航速度
~ généralisée 广义速度
~ horaire 时速
~ induite 诱导速度
~ inférieure à celle de la lumière 亚光速
~ initiale 初速度
~ inoffensive 安全行驶速度
~ normale 法向航速
~ nulle 零速度
~ opérationnelle 编队航速
~ optimale 最佳速度
~ par rapport au fond 相对海底速度
~ prédéterminée 预选档
~ réelle 实际速度
~ relative 相对速度
~ résultante 合速度
~ sol 地速度
~ subsonique 亚音速
~ sur le fond 真速度
~ surmultipliée 超速传动挡
~ synchrone 同步转速
~ transversale 横向速度
~ virtuelle 虚速度

vitre *n.f.* 窗玻璃
voie *n.f.* 路,路线,航线;途径;轮距
~ à câble aérien 索道
~ centrale 主航道
~ critique 关键途径
~ d'abord 切口
~ d'accès 专用线;引道
~ de circulation 通航分道
~ de circulation appropriée 适当的航线

~ de conduction 传导路径,传导路线
~ de débord 装卸线
~ de déviation 支路
~ de dissémination 传播途径
~ de navigation 航道
~ de navigation intérieure 内陆航行路线
~ d'eau 水路
~ d'eau navigable 可通航道
~ d'eau restreinte 狭航道
~ dérivée 支路
~ efférente 传出途径
~ fluviale 内河航道
~ latérale 副线
~ maritime 海道
~ normale 标准轮距
~ principale 干线
~ secondaire 副线

voile *n.f.* 帆;帆船;纱
~ aurique 方帆,纵帆
~ lumineux 遮光纱
~ triangulaire 纵帆

volant *n.m.* 【航海】动索;操纵盘
volet *n.m.* 舱窗盖板;舵面
volume *n.m.* 容积,体积;仓容;数量
~ apparent 毛体积
~ constant 等密,定容
~ courant 潮气
~ critique 临界体积
~ de cale 舱容
~ de carène 排水容积
~ de production 产量
~ de tarif 吞吐量
~ de tarif de port 港口吞吐量
~ de ventilation 通气量
~ déplacé 排水量
~ des ordres 订货量
~ équivalent 等体积

~ immergé 水下部分容积

~ minute 每分输出量

~ par unité 单位容积

~ sorti 输出量

~ unité 单位体积

voûte *n.f.* 船尾突出部

voyage *n.m.* 航程,旅程

~ avec chargement 载货航行

~ continu 连续航程

~ d'agrément 游览

~ de retour 返航,返回航程

~ d'essai 路试,试航

~ en ballast 压载航行

~ en lest 压载航行

~ inaugural 初航

voyant *n.m.* (灯船的)信号球,指示灯;测标

~ de bouée 顶标

vrac *n.m.* 散装货物

~ liquide 散装液体货物

~ moins important 小宗散货

~ solide 干散货

~s particuliers 特殊散货

~s principaux 大宗散货

~s speciaux 特殊散货

vraquier *n.m.* 散装货船

vue *n.f.* 视力,视野;图

~ à vol d'oiseau 鸟瞰图

~ aérienne 鸟瞰图

~ antérieure 前视图

~ arrière 后视图

~ avec interruption 局部剖视图

~ axonométrique 等角透视图

~ d'avant 前视图

~ de coupe 剖面图

~ de dessous 底视图,仰视图

~ de dessus 俯视图

~ de droite 右视图

~ de face 前视图

~ de gauche 左视图

~ d'en haut 顶视图

~ d'ensemble 总图

~ éclatée 分解图

~ écorchée 剖视图

~ en coupe 剖面图

~ en écartelé 剖视图

~ en plan 平面图

~ extérieure 外视图

~ fantôme 透视图

~ frontale 前视图

~ générale 全视图

~ latérale 侧视图

~ panoramique 鸟瞰图

~ partielle 局部视图

~ perspective 透视图

~ sur tout l'horizon 全方位视野

V

W

warrant *n.m.* 仓单,库存单,栈单
  ~ de dock　码头仓单
  ~ d'entrepôt　仓单

water *n.m.* 水
  ~ drive　水驱动
  ~-ballast　压载水

Y

yacht *n.m.*　游艇,快艇
　　~ à moteur　机动游艇

youyou *n.m.*　橡皮艇;(大船的)交
　通艇

Z

zéro *n.m.* 零,零度

~ de l'échelle 零刻度

~ vrai 真零点

zone *n.f.* 区,区域,地带

~ à aménagement différé 从缓发
展区

~ à séjour limité 停留限制区

~ à séjour réglementé 控制停留区

~ abyssale 深海底带;深水区

~ alluviale 冲积土区

~ antarctique 南极带

~ anticyclonique 反气旋区

~ après feu 防火隔离区

~ arctique 北极带

~ aurorale 极光带

~ aveugle 盲区

~ barrée 禁区

~ bathyale 半深海域;海盆地带

~ bloquée 封锁区

~ clé 关键区

~ consignée 监管区

~ contrôlée 控制区

~ convective 对流层

~ côtière 海岸带

~ critique 临界区

~ cyclonique 气旋

~ d'aération 曝气层,曝气区

~ d'aménagement concerté（Z. A.
C.） 商定发展区

~ de balayage 扫描区;扫油面积

~ de brouillage 防波堤区

~ de cémentation 渗碳层,渗碳区

~ de charge 干舷带

~ de convergence 会聚区域

~ de cracking 裂化层

~ de craquage 裂化层

~ de décantation 沉淀区

~ de décharge 减压区

~ de déferlement 破浪区

~ de déminage 扫雷水域

~ de dépôt 沉淀区

~ de diffraction 绕射区

~ de dragage 疏浚水域

~ de drainage de puits 井泄油
面积

~ de foudroyage 崩落区

~ de fraction 断裂区

~ de frittage 烧结区

~ de givrage 结冰区

~ de grands fonds 深水海域

~ de jetées 防波堤区

~ de libre échange 自由贸易区

~ de manœuvre 操船水域

~ de mer 海域

~ de mouillage 锚泊水域

~ de navigation côtière 沿岸通
航带

~ de nuages 云带

~ de pêche 捕鱼区域,渔区

~ de pénétration 渗水区

~ de pilotage 领航水域

~ de préchauffage 预热区

~ de précipitations 降水区
~ de rectification 汽提段
~ de respect 邻近水域
~ de sécurité 安全带
~ de séparation du trafic 分隔带
~ de silence 盲区,死区
~ de stabilisation 定常区
~ de subsidence 下沉区
~ de tourbillon 涡流区
~ de transition 过渡带,过渡区
~ de travail 工作范围
~ de turbulence 湍流区
~ de visibilité 能见区
~ d'ennoyage 浸侵带
~ des alizés 信风带
~ des brisants 破浪带,岩礁区
~ des calmes tropicaux 回归线无风带
~ des marées 潮汐区,涨潮区
~ des vents 风带
~ d'évitage 回转水域
~ d'évolution 机动水域
~ d'exclusion 禁区;隔离区
~ d'incubation 潜伏区
~ d'inefficacité 死区,不灵敏区
~ d'inflexion 电离层
~ d'interférence 干扰区
~ dollar 美元区
~ douanière séparée 单独关税区
~ drainante 过滤区
~ drift 漂移区
~ économique 经济区
~ économique exclusive 专属经济区
~ économique spéciale 经济特区
~ élastique 弹性区
~ envahie 泛滥区
~ externe 大陆架升水域
~ faillée 断层区

~ franche 免税区
~ frontière 边境地区
~ gelée dans le sol 冻土区
~ glaciale 寒带
~ glaciale antarctique 南寒带
~ glaciale arctique 北寒带
~ glaciale nord 北寒带
~ glaciale sud 南寒带
~ houillère 含煤带
~ hybride 杂交地带
~ industrielle 工业区
~ inexplorée 未勘探区
~ infectée 污染区
~ infrapélagique 亚深海区,亚远洋区
~ interdite 禁区;隔离区
~ jaune 黄区(控制停留区)
~ limpide 无云区
~ littorale 海岸带
~ marécageuse 沼泽区
~ marine 海域
~ maritime 海区
~ minée 布水雷区
~ morainique 冰碛带
~ morte 盲区,死区
~ néritique 浅海区
~ non contrôlée 非控制区
~ non prouvée 未探明区
~ non réglementée 非控制区
~ océanique 洋区
~ ombrée 阴影区
~ orange 橙区(停留限制区)
~ pélagique 深海区
~ perforée 射孔层段
~ périphérique 表层区
~ petits fonds 浅海区
~ portuaire 港区
~ productrice 生产层厚度
~ prouvée 探明区

Z

~ réglementée 控制区
~ sédimentée 沉积区
~ sismique 地震带
~ sous douane 保税区(海关管制区)
~ spéciale économique 经济特区
~ stérile 无矿带,无油气带
~ subtropicale 亚热带
~ tampon 缓冲地带;参考区
~ tempérée 温带
~ tempérée nord 北温带

~ tempérée sud 南温带
~ torride 热带
~ tourbillonnaire 湍流区
~ tropicale 热带
~ ultraabyssale 超深渊带
~ vadeuse 渗流水带
~ verte 绿区(安全工作区)
~ zodiaque 黄道带
~s climatiques 气候带
~s équatoriales 赤道带
~s subtropicales 亚热带

Z